臧长风 ◎ 著

商者

图文古人生活

人民东方出版传媒
People's Oriental Publishing & Media
东方出版社
The Oriental Press

图书在版编目（CIP）数据

商者 / 臧长风 著 . —北京：东方出版社，2024.3
ISBN 978-7-5207-3086-0

Ⅰ.①商… Ⅱ.①臧… Ⅲ.①商业史－中国－通俗读物 Ⅳ.①F729-49

中国国家版本馆 CIP 数据核字（2023）第 214132 号

商者
（SHANG ZHE）

作　　者：	臧长风
责任编辑：	王夕月
出　　版：	东方出版社
发　　行：	人民东方出版传媒有限公司
地　　址：	北京市东城区朝阳门内大街 166 号
邮　　编：	100010
印　　刷：	天津旭丰源印刷有限公司
版　　次：	2024 年 3 月第 1 版
印　　次：	2024 年 3 月第 1 次印刷
开　　本：	650 毫米 × 920 毫米　1/16
印　　张：	18
字　　数：	200 千字
书　　号：	ISBN 978-7-5207-3086-0
定　　价：	88.00 元
发行电话：	（010）85924663　85924644　85924641

版权所有，违者必究
如有印装质量问题，我社负责调换，请拨打电话：（010）85924602　85924603

图文中国文化系列丛书

总序

  中国文化是一个大故事,是中国历史上的大故事,是人类文化史上的大故事。

  谁要是从宏观上讲这个大故事,他会讲解中国文化的源远流长,讲解它的古老性和长度;他会讲解中国文化的不断再生性和高度创造性,讲解它的高度和深度;他更会讲解中国文化的多元性和包容性,讲解它的宽度和丰富性。

  讲解中国文化大故事的方式,多种多样,有中国文化通史,也有分门别类的中国文化史。这一类的书很多,想必大家都看到过。

  现在呈现给读者的这一大套书,叫作"图文中国文化系列丛书"。这套书的最大特点,是有文有图,图文并茂;既精心用优美的文字讲中国文化,又慧眼用精美图像、图画直观中国文化。两者相得益彰,相映生辉。静心阅览这套书,既是读书,又是欣赏绘画。欣赏来自海内外二百余家图书馆、博物馆和艺术馆的图像和图画。

"图文中国文化系列丛书"广泛涵盖了历史上中国文化的各个方面，共有十六个系列：图文古人生活、图文中华美学、图文古人游记、图文中华史学、图文古代名人、图文诸子百家、图文中国哲学、图文传统智慧、图文国学启蒙、图文古代兵书、图文中华医道、图文中华养生、图文古典小说、图文古典诗赋、图文笔记小品、图文评书传奇，全景式地展示中国文化之意境，中国文化之真境，中国文化之善境，中国文化之美境。

这是一套中国文化的大书，又是一套人人可以轻松阅读的经典。

期待爱好中国文化的读者，能从这套"图文中国文化系列丛书"中获得丰富的知识、深层的智慧和审美的愉悦。

王中江

2023 年 7 月 10 日

前言

商人，无论古今中外，都被认为是一个掌握财富密码的社会群体。中国人很早就懂得经商。据《易经》记载，神农氏曾经在日中设市，以"聚天下之货，交易而退"，这算得上最原始的市集了。在远古时期，商部落因为善于物品交换出名，并使部落势力得以强大，并最终在汤的带领下灭掉夏朝，建立商朝。传说汤的先祖曾经驾着牛车，带着民众在各部落之间以物易物。后来，武王灭商后，商朝的遗民又重操旧业。日子久了，周人就把他们称为"商人"，把他们的职业称作"商业"，并由此引出"商品"，叫法一直延续到今天。

中国商业发展的历史源远流长。商朝时期主要是物品交换。西周开始出现了货币：骨贝和铜贝。春秋战国时期，出现巨商和商业中心，不过活跃的商人主要是各诸侯国贵族。西汉丝绸之路的开通，促进了中西文明的交流。唐代不仅陆运发达，还开通了海运，除官府管辖的城市商业外，还有农村的"草市"。宋元商业活动繁荣，突破了官府坊市的管辖，还出现了世界上最早的纸币"交子"。明清时期，随着经济的发展，中国出现了早期资本主义萌芽，推动了商帮的兴起。但农耕文明的属性决定了中国古代农业与商业之间的矛盾不可调和，从商鞅变法开始，"重农抑商"成为历朝历代帝王巩固统治的基本经济政策。"士农工商"的社会地位排列，也显示出商人不识五谷、善于取巧经营的负面形象，让商人在手握巨额财富的同时，又深受社会的唾弃。但其实，商人也是凭借着智慧和胆识，不辞辛劳，积累经营，把财富的雪球越滚越大，最后富甲一方，为世人所知的。

中国农耕文明的深厚，也历来让人们忽视了商业的发展。如今，商业的浪潮席卷全球，世界本质上就是一个大市场，国家也鼓励大众创新创业。在商业繁荣的今天，中国的商业环境也变得日益复杂，很有必要回顾历史，从中吸取经验教训。基于此，本书以中国历代著名商人的故事为主线，梳理了中国商业在各个时期的发展状况，并配以200多张图片，希望读者能从中一窥中国古代商业发展的面貌。

第一章　商者的历史

王亥：商界鼻祖 / 002

伊尹：以绢易国 / 009

弦高：远途贸易第一人 / 019

子贡：孔子门下的儒商 / 024

卓文君：当垆沽酒的富商千金 / 032

桑弘羊：帮汉武帝理财的商人 / 040

张骞：叩开丝绸之路的大门 / 046

刘宏：乐于经商的皇帝 / 055

刘备：从卖草鞋到治国 / 061

石崇：还有谁来跟我比富 / 068

何明远：安禄山背后的金主 / 075

王酒胡：为皇帝修筑宫门 / 083

《清明上河图》里的商业繁华 / 088

沈万三：江南第一富 / 099

大盛魁：商号的杰出代表 / 106

乔贵发：抓住机遇就能逆袭 / 123

胡雪岩：历史上著名的红顶商人 / 136

第二章 商者的情感

回家的路 / 148

商人背后的妻子 / 152

女人的商业价值 / 157

赢得青楼薄幸名 / 167

第三章 商者的钱财

唯有善者留其名 / 180

陶朱公的黄金 / 185

无与伦比的豪宅 / 191

渴望先人的庇佑 / 196

宗祠的"道德绑架" / 201

目录

第四章　商者的精神世界

供奉的只有财神　/　208

商人还是文人　/　216

书是最雅的商品　/　225

商业资本演绎的一出好戏　/　234

第五章　商者江湖

商者表演的舞台　/　248

请遵守行会规矩　/　260

同在异乡为异商　/　266

一起做大做强　/　272

第一章 商者的历史

王亥：商界鼻祖

3800多年前那个温暖的夏日，王亥带着他的商队走出古易水河畔那片高大的树林时，太阳刚刚落到对面的山顶。那是一个寂寞的黄昏，美丽的夕阳透过茂密树林的缝隙，在河道两旁洒下无数斑斑驳驳的光影。河面很静，十几只与卵石颜色相似的石鸡正悠闲地在河边散步。一只石鸡最先听到王亥牛车发出的响声，它警觉地发出一声鸣叫，抢先扑棱着翅膀飞上天空，身后的同伴紧跟着也都飞起。在石鸡们消失的同时，几个肌肤裸露、体格健壮的赤脚汉子驾驭着一辆辆满载布帛的牛车从林间小路依次走出，走上了卵石零乱的河道。王亥走在他们的前面。牛车顺着蜿蜒的水流缓缓而行，最后在一处宽阔的河谷中停下。王亥撩起衣服的下摆，小心地蹚水过河，走上对岸，然后扬起手招呼人们赶牛车下河。于是，一头头健硕的牛儿在人们的吆喝声中踏入河水，一时间水花四起，人的肌肤和牛儿宽阔的脊背上不时溅上晶莹剔透的水珠。太阳渐渐落尽，有牛儿在高声哞叫，河谷里响彻浑厚的回音。

　　车子全部驶过了对岸。在一处地势稍高的地方，牛儿们被人从长长的车辕里卸下，它们各自找了平缓些的地方卧下，汉子们则生起几堆篝火，准备在此宿营。王亥在几堆篝火旁转了几圈，不时对围着火堆的人们吩咐些什么，不断跃动的火苗把他映在地上的影子拉得短短长长，显示出几分诡异的气氛。他来回走着，后来站到一块巨石上，仰望着远处的山口。他知道那是要过的最后一道山口，出了山便到了那个叫有易氏的部落，车上的布帛就会顺利地出手。他已不是第一次来这里了，因而对自己此行的收获充满了信心，他甚至开始盘算如何支配即将到手的财富。他想起了自己的儿子，想起了儿子现在替自己掌管的那个叫商的部落。那是一个很遥远的地方，他已有好多天没回那里了。

王亥图 选自《钦定补绘离骚全图》册 （清）萧云从／原作 （清）门应兆／补绘 收藏于中国台北故宫博物院

王亥，子姓，商丘（今河南省商丘）人，夏代商国第七任国君。据载，王亥在商丘服牛驯马发展生产，用牛车拉着货物，去其他部落进行交易，使商部落得以强大，因此人们把从事贸易活动的商部落人称为"商人"。后来有易氏部落首领绵臣见财起意，杀害了王亥。商朝建立后，追尊王亥庙号为"商高祖"。因此，后世尊称王亥为"华商始祖""中斌财神"。

王亥的部落被称作商，处在黄河的下游。其先祖契是帝喾的后裔，而他本人则是契的六世孙，也是后来建立了殷商王朝的成汤之七世祖。

王亥的仆牛队伍无疑是中国最早的商队。尽管在王亥之前，已有"舜贩于顿丘"的记载，但王亥作为中国商业第一人的地位却丝毫不可动摇。在王亥之前，各地虽然也有商业活动发生，但更多时候只是个人与个人之间根据生活需要而进行的简单的商品交换。作为商部落的首领，王亥带领部落成员同其他部落进行的商业贸易则早已超出这个范畴，他的行为已演变成为一种以营利为目的、具有了一定规模的部落与部落之间的贸易活动，其经商的专业性和清晰的动机已非偶贩陶器的舜所能相比。可以毫不夸张地说，王亥就是中国商业的鼻祖，他率领的仆牛所踏出的古道正是中国最早的行商之路。

在王亥在外经商的日子里，他的儿子上甲微并没有感到过分的担心。上甲微的全部心思都用在了部落的生产上面。当时的商部落是夏王朝最发达的地区之一，手工业发展迅速，畜牧业初具规模，部落成员拥有的剩余产品逐渐增多，商品交易之风日盛，开创了商业贸易活动之先河的商人正经历着部落建立以来最兴旺的时期，上甲微的日常工作也因此显得格外繁忙。上甲微以为和平时一样，父亲会很快回来的。他努力把所有的事情都安排得井然有序，等待父亲的归来，分享父亲通过交易带回物品的喜悦。

但上甲微很快就觉出不妙，王亥此次出行的时间之长超出了以往任何一次。现在，早过了该回归的日子，却依然没有一点儿有关他们的音讯。几个月后，一个不幸的消息传入了他的耳朵：在这次贸易中，王亥与有易氏部落的人们发生争执，被有易氏的头领绵臣抓起来杀掉了，仆牛与绢帛等物品也全都被夺。上甲微是在自己简陋的屋子里得到这个消息的，一个从有易氏部落逃回的奴仆向他陈述了王亥被杀的全部经过。

三皇五帝

三皇五帝,是"三皇"与"五帝"的合称。《尚书大传》的三皇为:燧人、伏羲、神农,《大戴礼记》中的五帝为:黄帝、颛顼、帝喾、尧、舜。

神农氏像
选自《历代帝王圣贤名臣大儒遗像》册 (清)佚名 收藏于法国国家图书馆

炎帝,号神农氏,为中国上古时期姜姓部落的首领。传说神农氏由于懂得用火而得到王位,所以被称为炎帝。传说,炎帝牛首人身,曾亲自尝百草,教部落人民刀耕火种。还有,炎帝部落和黄帝部落结盟,共同击败蚩尤部落。华夏民族自称炎黄子孙,就是将炎帝与黄帝共同尊为华夏人文初祖的体现。

伏羲氏像
选自《历代帝王圣贤名臣大儒遗像》册 (清)佚名 收藏于法国国家图书馆

伏羲,即太昊,风姓,燧人氏之子。相传华胥在雷泽踩了巨大的脚印而有孕,在成纪生了他。据《易·系辞下》载:"古者包牺氏之王天下也,仰则观象于天,俯则观法于地,观鸟兽之文,与地之宜。近取诸身,远取诸物,于是始作八卦。"因此,伏羲被后世尊奉为华夏文明的始祖。《世本·作篇》载:"又教民结绳,以作网罟,捕鱼猎兽,嫁娶以俪皮为礼。"又创制琴瑟。

黄帝像
选自《历代帝王圣贤名臣大儒遗像》册（清）佚名 收藏于法国国家图书馆

黄帝，本姓公孙，后改姬姓，名轩辕。在《山海经》里『黄帝』只是诸帝之一，直到春秋战国时期才被定于一尊。黄帝部落建都于有熊，因有土德的祥瑞，故号黄帝。黄帝在位期间，播种百谷草木，发展生产，始制衣冠，造舟车，制音律等，被尊为华夏『人文初祖』。

颛顼像
选自《历代帝王圣贤名臣大儒遗像》册（清）佚名 收藏于法国国家图书馆

颛顼，姬姓，黄帝之孙。《史记·五帝本纪》记载颛顼为『静渊以有谋，疏通而知事』。颛顼因为辅佐少昊有功，封地高阳（今河南省杞县高阳镇），故号高阳氏。少昊死后，颛顼打败共工氏，成为部落联盟首领。刚开始建都穷桑，后迁都商丘。在《山海经》神话中，颛顼是主管北方的天帝。

这是一位非常聪明的奴仆，而且能言善辩。他一再地说，自己之所以冒险逃回，只是为了能给首领报信，否则他宁愿同王亥死在一起。他反复渲染着事件发生时的惊险场面，王亥最后的挣扎因此得以清晰地展现在上甲微的眼前，这让上甲微陷入了难以承受的悲痛之中。他愤怒地站起来，将手中把玩的一件物品狠狠地砸向墙壁。那是一块经过精心雕琢的绿玉，被墙壁撞碎的玉片反弹回来，在他的脸上划出了一道伤口，血顺着伤口滴落到地上。

经过了最初的伤心后，上甲微终于恢复了平静。几天后的一个早晨，一个大胆的念头从他心里滋生，他要征伐有易氏部落，这样既可替父亲报仇，同时也能使商的实力增强。

上甲微找来了部落里有威望的人，把自己的想法和盘托出。激烈的争论自然会有，最后，主张讨伐有易氏的想法占了上风。不久，上甲微起兵北上，开始了讨伐有易氏的征程。这次征战出乎预料地顺利，借助河伯的力量，商部落的军队很快征服了有易氏，并杀死了他们的头领绵

007

帝喾像

选自《历代帝王圣贤名臣大儒遗像》册（清）佚名 收藏于法国国家图书馆

帝喾，姬姓，名俊，号高辛氏。帝喾30岁继承颛顼帝位，成为天下共主，定都亳（今河南省洛阳市偃师区）。帝喾在位时，因广施恩德，深受百姓爱戴。在神话中，帝喾与简狄因玄鸟生契，为商的祖先。

尧像

选自《历代帝王圣贤名臣大儒遗像》册（清）佚名 收藏于法国国家图书馆

尧，祁姓，名放勋，原封于唐，故称唐尧。尧代帝挚为天子，都平阳。在部落争雄的乱世，他团结亲族，联合友邦，征讨四夷，统一华夏诸族，被举为联盟首领。相传，尧在主政期间，派羿射日，派鲧治水，并且制定历法，推广农耕，整顿百官。晚年，尧禅位给舜，因此被司马迁看作"最理想的君主"。

舜像

选自《历代帝王圣贤名臣大儒遗像》册（清）佚名 收藏于法国国家图书馆

舜，姚姓，号有虞氏，重华，史称"虞舜"，为东夷族群的首领。舜生有重瞳，善良孝顺，擅长制陶。继位后，舜建立有虞国，都于蒲阪（今山西省永济）。《史记》载："天下明德皆自虞帝始。"舜惩罚奸佞，流放四凶（共工、驩兜、三苗、鲧），开创了政通人和的局面，致使有虞国因此成为中原地区最强大的部落。晚年听从四岳的建议，禅位给大禹，后乘车巡游天下，死于苍梧郡，葬于九嶷山。

臣。在绵臣的庭院里，商部落的士兵发现了被夺去的牛车及绢帛等物。带他们征战的首领指了指这些东西，说："带回去，这些是商的仆牛！"

上甲微在商丘的家里看到了父亲带走的东西。此时，失去父亲的痛苦已被征服有易氏部落的快感代替。事实上，讨伐有易氏的成功也确实使商部落的势力大增。至此，原属于有易氏的大片土地归商部落所有，夺走贸易物品的事情自然不会重演，更重要的是，商人经商的脚步借此得以走得更远。之后的一段时间，商部落的生产发展更加迅猛，社会分工愈发细致，整个部落人们的经商意识不断增强，周边各地都出现了他们经营货物贸易的身影。因为这些货物的经营者大多来自商部落，他们所到之处的人们便自然地以商人的称谓称呼这些从事货物交易的人群，在相对固定的范围内，他们经营的货物也开始被称为商品，中国商业文化的基础初步奠定。

王亥死后135年，他的七世孙成汤当政，并得到了在历史上颇有名气的右相伊尹辅佐。这时，依靠经商而兴盛起来的商部落商业贸易更加繁荣，商及周边的一些地方开始出现了中国最早的"市"和"肆"一类的交易场所，商人聚居的商丘成为中国最富庶的地区。与此相对应的是，曾经风光无限的夏王朝正步入它的暮年时期。此时，统治这个没落王朝的君王正是夏禹的第十四代孙，在历史上赫赫有名的暴君夏桀。

伊尹：以绢易国

"要不要最精美的织绣？"

公元前17世纪末，夏都老丘的街市上常常会听到这样的叫卖声。一些日子，装满绢帛的牛车行走在夏都的古道上，有时竟能使车道受阻。这些驱车至市的商人皆来自成汤统治的商部落，他们源源不断地运绢至夏，想要换到的商品是粟。在他们的身后，站着深受民众爱戴的商部落右相伊尹。没有人能想到，这场规模宏大的以绢换粟的商业行为，却是这位名相精心策划的一场政治阴谋。

这时的伊尹应该算是一位精明的官商了。他以绢为本，以牛车做运载工具，以民为仆，得到的是粟，图谋的是国，其胃口之大足以让后来的豪商巨贾自叹不如。

其实右相伊尹变成官商伊尹是有着特殊背景的。伊尹在商为相时期，奢侈之风正弥漫整个夏王朝的都城。据说夏桀荒淫无度，光后宫的宫女就有3万多人。在这些宫人中，有一位叫施妹喜的女子，深得夏桀的宠爱。施妹喜有一个特殊的癖好，喜欢听绢帛撕裂的声音，为满足她的这一嗜好，夏桀命人将库存的绢帛成匹地搬出，令宫女撕给她听，以博美人笑颜。在夏朝的时候，绢帛还是非常稀罕的物品，即便是帝王也不会拥有很多，夏桀纵容妹喜至此，可见爱其之深。出于自己和妹喜享乐的需要，夏桀还大兴土木，专门建造了一个巨大的酒池，酒池面积共有5平方公里，装满美酒之后竟能载船。为了造得足够的酒液，成千上万的匠工被召集到京师，日夜酿造，酿酒剩下的酒糟堆得像山一样高，十里之外都能看到。每当妹喜想要寻求欢乐时，夏桀便和她乘船游荡在酒池之中，命岸上乐师伴奏，再让3000多人趴在酒池边上，只待一声鼓响，便把头伸到酒池里"牛饮"，面对这一狂欢景象，妹喜芳心大悦，夏桀更觉得高兴，根本顾不上去管朝中大事。

▶ 脯林酒池
选自《帝鉴图说》法文外销画绘本（明）佚名　收藏于法国国家图书馆

图为讽刺夏桀挖酒池，建肉林享乐的场面。桀是夏朝末代君主，相传他很有政治才能，但生性暴虐，嗜酒好色，荒淫无度。据载，桀命人挖了一个酒池，大到可以航船。又命人在宫里到处挂满煮熟的肉，看起来如同"肉林"一般。他与妹喜坐在船上，没日没夜地喝酒享乐，还命大臣们也在池边喝，落入池中淹死。经常有人喝醉，落入池中淹死。除此之外，桀还鱼肉百姓，总是把自己比作太阳。百姓不堪其苦，指太阳而诅咒："时日曷丧，予及汝偕亡！"最终，夏朝被商汤所灭。

在当时，夏的属国商境内的亳州生产一种服装，施妹喜和夏桀宫中的其他女子都爱穿这种精美的文绣衣服。受宫廷的影响，有些身份的夏人也纷纷以穿着文绣衣裳为荣，使得文绣的销量大增。这时的商王成汤已嗅出了夏王朝败落的气息，因此他接受伊尹的建议，命令自己部落的妇女赶织"文绣篡组"，换取夏朝大量的粮食，为灭夏做物资上的准备。通过持续不断的商业活动，商部落的粮食日益增加，国力日渐强盛，逐步具备了灭夏的资本。精于商道的商部落以商富国，同时使夏的经济遭受重创。伊尹以商谋国的策略初见成效。

实际上以政令经商的伊尹并非纯粹的商部落人氏。他起初是夏桀手下一名得力的大臣，官居宰相。只因看到夏桀整日沉迷女色，荒淫暴虐，却又不听劝阻，夏朝显然气数已尽，他才自行投奔成汤。伊尹初到商部落时，成汤并没有认识到他是个人才，只安排他到厨房里做活。为了引起成汤的注意，伊尹故意在做饭时做些手脚。他有时把饭做得鲜美无比，有时又专门做得难以下咽。伊尹的做法终于起到了作用，一天，成汤果然把他叫去问话。趁着这个机会，伊尹以菜喻国，陈述了自己的治国理念，他说："做菜不能太咸，也不能太淡，只有把作料放得恰到好处，吃起来才有味道。治理国家的道理与此相似，既不能操之过急，也不能松弛懈怠，只有恰如其道，才能办好事情。"伊尹的一席话使成汤茅塞

伊尹像
选自《历代帝王圣贤名臣大儒遗像》（清）佚名 收藏于法国国家图书馆

伊尹，己姓，名挚，有莘国人。伊尹聪明好学，好尧舜贤王之道，最初耕作于有莘国，求贤若渴，远近闻名。成汤听说后，经过3次聘请，伊尹才肯担任他的右相。联合仲虺辅佐商汤打败了夏桀。商朝建立后，伊尹又"以鼎调羹""调和五味"的政治理念治理天下，他积极整顿吏治，洞察民心民情，推动经济发展，为商朝兴盛富强立下了汗马功劳。

顿开，这才将他拜为右相。为相后的伊尹给成汤提出了很多治国的主张，以商富国来推翻夏桀便是其中之一。

由夏禹之子启建立的夏朝在夏桀的统治下日渐腐朽，曾经坚固的根基被彻底动摇。公元前1766年，蓄谋已久的成汤见时机已到，在伊尹的辅佐下率军向夏都进发，开始了对夏声势浩大的征讨。夏桀听说成汤进攻的消息，连夜调集军队，准备同商军决战。在士气旺盛的商军面前，夏朝的大军斗志全无，一败再败，夏都商丘很快面临被成汤军队攻破的危险。夏桀见大势已去，只带了几个随从向南巢（今安徽省巢湖市西南）逃窜。成汤带领军队紧追不舍，最终擒获了暴虐的夏桀，建立了中国历史上第二个奴隶制王朝——商。伊尹随着商朝大军进入商丘，看着满街身着文绣的夏人，心中不由得百感交集。只有他清楚，这些华丽的服饰与商的崛起也有不可分割的联系。夏桀的奢侈使善于经商的商人完成了历史上最大最实惠的商业行为。

商建国后，伊尹又帮助成汤制定了一系列典章制度，协助三代君王治国安邦，使得经济更加强盛，商业贸易活动也随之有了飞跃式的发展。商灭夏后相当长的时间内，国家政治形势相对稳定，固定的城郭开始大规模出现，社会生产能力日渐提高，农副产品和手工产品产量大增，品种也日趋丰富。与此同时，货币开始进入商贸领域并逐渐流通，交通工具也得到进一步改进。这些都为商品交易的专业化、正规化发展提供了有利的条件。到商代后期，其城邑数量已达70余座，都城殷经过几代统治者的经营，扩大成为一座方圆5公里多、房屋鳞次栉比的大型城市。在这些城邑中，从商部落时沿袭下来的城中设市、市内有肆的经商传统被完整地继承下来，且规模越来越大，无数的商贾流连其中，负贩经营，促进了市的繁荣。相传，后来成为周朝开国功臣的姜子牙，就曾在朝歌城内从事卖酒和屠宰的生意。这也侧面说明了商业在商朝经济中占据着重要地位。

商朝从建国到灭亡总共经历了500多年，这期间，精于商道的商人积蓄了大量的财富。公元前1046年，曾为商之属国的周国国君周武王凭借曾做过小商贩的姜子牙辅佐，趁着商纣王帝辛只顾平定东夷，无暇西顾的大好时机，兴兵伐纣，推翻了商朝的统治，建立起了周王朝。周朝大军攻陷纣王居住的朝歌城后，光从王宫和贵族的府邸中，就搜出宝玉14多万块，佩玉18万块。商人的富有由此可见一斑。

周灭商后，许多曾富贵一时的商朝遗民被迫迁居到洛阳东郊和其他一些地方，成为周朝严加监视和管理的对象，家境自然不似从前。为了补贴家用，他们中的好多人重操旧业，不得不以商人擅长的经商手段来谋生，从事商业贸易的商人数量于是大增。活跃于全国各地的商人使人们心目中经营货物贸易者皆为商人的印象更加深刻，商人逐渐从对某个部落、族群的称谓演变为对从事货物贸易者的称谓，商品的含义也随之得到了延伸。

在整个周代，商人的职业化经历了曲折的发展过程。由于以商品贸易为生的特点，他们总会得到比当时一般平民多得多的财物，这使他们的社会地位逐步发生了转变。到春秋战国时期，经商早已不是商人后裔的专利。出于对财富和享乐的追逐，社会各阶层的人纷纷投身此道，使商人队伍结构发生了质的转变，许多历史上的知名人物都加入了这一行列，形成了中国第一代成功的商人群体，并演绎出了一幕幕精彩传奇的故事。这时，一些可在中国商业史上大书一笔的商贾巨富开始登上历史舞台，掀起了中国商业贸易的第一次波澜。

最先走入我们视野的是一位叫弦高的郑国商人。

《中国丝绸图案》
（近代）沈从文、王家树｜编著

在古代，丝绸是用蚕丝织造的丝织品。中国是世界上最早饲养家蚕并缫丝织绸的国家，有5000多年历史。自西汉开辟"丝绸之路"后，中国的丝绸源源不断地销往国外，成为全世界热捧的商品，古代中国也因此被称为"丝国"。四川蜀锦、苏州宋锦、南京云锦是古代丝织品中的佼佼者，被称为"三大名锦"，至今仍享有很高的声誉。在我国古代，丝绸也是身份地位的体现，人们常用"绫罗绸缎"来形容一个人的华丽与富贵。我国古代的丝织品种类繁多，按织造方式、织物花纹、织物色彩等命名，主要包括绫、罗、绸、缎、纱、绢、绮、锦、纨、绒、绡、帛、绨、缟、绉等。《中国丝绸图案》一书编选了自战国到清代的27幅丝绸图案，在此呈现一部分，以窥见古代丝绸的演变历程。

清末淡青地团花加金缎

晋或北朝绿地鸟兽纹彩绸

唐代沉香地瑞虎团花绸

唐代茶色地花树对羊绸

宋代紫地鸟雀穿花革丝

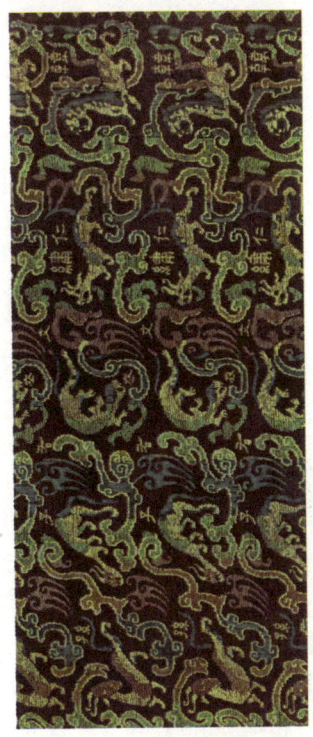

◄ 战国云龙纹图案纺织物

► 汉代绿地「长乐明光」锦

◄ 明代红地织金樽蒲罗

唐代天蓝地牡丹锦 琵琶锦囊

弦高：远途贸易第一人

让弦高名留千古的主要原因来自一次机智的犒劳军队的经历。

弦高是中国历史上有文献记载的第一位具有典型意义的自由商人。中国自由商人的群体形成于东周后期，在此之前的西周初年，中国商业贸易的特点较商代时发生了很大的变化，其中最主要的就是以奴隶主和贵族为主的掌握商业资源的商人已不再亲自进行具体的商业活动了，而是交给了手下的奴隶或家臣来做。其实这种经商方法从商末就开始形成，只是到周时分工更趋明细。像王亥那样以统治者之尊亲自驱车贩运的场面这时早已不存在，奴隶主和贵族只需操纵工商大权，便可坐享其利，得到商业贸易带来的所有好处。为了更好地控制经商的奴隶，周的统治者还设了"工正""工师""贾正"等管理手工业者及从商奴隶的官吏，把工商业和工商从业者都控制在了政府手中，形成了"工商食官"这一特殊的阶层。这样的商业经营模式一直运行到了春秋战国时期，随着奴隶制度的崩溃和社会经济的发展，"工商食官"阶层逐步解体，加在工商业者身上的各种限制和束缚逐渐被解除，一些商贸从业者和部分由商业管理官吏转化而来的商者从经营的过程中脱颖而出，成为新的有产者，并取代官商形成一个庞大的商人阶层。现代意义上的自由商人由此产生。

弦高就是这样一位靠自我奋斗成长起来的商人代表。他生于郑国，从经营一些"贩夫走卒"的小本生意开始，逐步扩大经营规模，最终以远途贩运起家，成为家资巨万的民间商人。弦高所在的郑国是一个传统的重商国家，它不似当时的齐国可以强国之威和丰富的商品作为发展商业的条件，而是依靠自己处在各国经济交往枢纽的有利地理位置，定国策鼓励国人经商，培养起了一大批富有行商经验的自由商人。早在郑桓公在位时，郑国就曾依靠商人的帮助，共同开发了从周宣王那里继承来的位于今陕西省渭南市华州区的一块贫瘠荒凉的封地。桓公因此还赦免了一些商人的奴隶身份，并和他们订立了只要商人不背叛公家，公家就不强买或夺取商人的财物、也不干涉他们经营自由的誓约。在这样一个誓约的鼓励下，郑国的商业得到了迅猛的发展，国家也日渐富强。公元前770年周王室东迁洛阳时，郑国已成为诸侯中最强盛的国家之一。之后，随着各诸侯国长期征战和兼并，郑国国力渐衰，只能依附于晋、楚、齐、秦等几个强国，成为随时会被欺辱的弱者。就是在这样的情况下，郑国的重商传统仍然延续下来，弦高之类的商人才得以做大做强，位居春秋时最富有的商者行列。公元前627年，弦高驱车携皮革、牛以及璧玉等商品，到周天子所在的都城洛阳经商。商队行至途中，弦高忽然得到了秦军偷袭郑国的消息。原来，当时的郑国正与晋国关系密切，秦对此早有不满。晋国国君文公死后，秦国便想趁着晋国举行丧礼的机会，偷偷发兵袭击并控制郑国。此时，郑国国内对此一无所知，秦军袭来必将受到重创。弦高看到这种情况,一面派人赶紧到晋国送信,把秦国想独占郑国的阴谋告诉晋国,一面从商货中挑选出12头牛和4张熟皮,再加上珠宝等其他一些礼物,赶快送往秦军大营。来到秦军宿营的地方,弦高摆出一副郑国使臣的派头,让人赶快禀报秦军统帅,说郑国国君知道秦军从这里路过,特地派自己来慰问。秦军主帅本想趁郑国不备一举偷袭成功,今见郑国早已有所准备,不由得大吃一惊,认为若按计划继续前行,肯定占不了便宜。于是,他马上命令部队后撤。让秦军没有想到的是,得到弦高报信的晋国此时已经用最快的速度到达崤山,埋伏在了秦军撤退时的必经之路上。当秦军到达包围圈时,晋国的伏兵突然从四面攻杀过来,使秦军遭受重创,死伤无数。秦国费尽心思策划的一场阴谋就这样被弦高的12头牛和4张熟皮悄然化解。

吕不韦像 选自《博古叶子》清刻本 (明)陈洪绶

吕不韦(?—前235年),姜姓,吕氏,名不韦,卫国濮阳(今河南省安阳市滑县)人,姜子牙的二十三世孙。早年经商于阳翟,将秦国质子异人带回秦国,扶植其成为秦庄襄王,后被拜为相国,封文信侯,食邑河南洛阳十万户。庄襄王去世后,迎立太子嬴政即位,拜为相邦,尊称"仲父"。受到嫪毐集团叛乱牵连,罢相归国,全家流放蜀郡,途中饮鸩酒自尽。吕不韦经商,靠贱价买进、高价卖出。奇货可居的典故就来源于此。当时,秦王庶出的孙子异人被派到赵国当人质,但秦赵为世仇,见到异人后大不被礼遇,生活很困窘。吕不韦到邯郸经商,见到异人后大喜,说:"异人就像一件奇货,可以囤积居奇,以待高价售出。"归家后,他跟父亲说:"如今努力耕田劳作,还不能做到丰衣足食,若是拥君建国则可泽被后世。我决定去做这笔买卖。"在吕不韦的辅助下,后来当了秦国皇帝。吕不韦还把自己怀有身孕的赵姬送给了子楚,赵姬所生的孩子就是秦王嬴政。可以说,吕不韦"以商谋国"这笔政治投资是很成功的。图为吕不韦饮鸩酒场景。

弦高取一次行商途中所带之物，便可拿出可与国君相比的气派犒劳秦军，可见财力非同寻常。郑国得弦高之助得以保全，使国君郑穆公深为感激，准备用高官厚禄赏赐他。弦高得此信息后坦然一笑，竟自顾驱车迁徙东夷继续从事远程贩运，以至终身不还。弦高为义不取利的故事当然可以从道德的角度去理解，但另一方面，似他这样的商人平日里收入颇丰恐怕也是原因之一。弦高经商所获得的利润，尽可以让他不把付出的这点儿财物放在眼里。发生在郑国另一位商人身上的故事也证明了这一点。据说有一次，晋国一位姓荀的贵族被楚国俘虏后囚禁，贵族的儿子们便托人找上了这位商人，想让他帮忙救出自己的父亲。这位郑国商人打听到荀姓贵族所犯之罪和囚禁他的部门后，便广散财物，打通各个相关环节，开始实施自己的营救计划。为了营救成功，他专门找人做了可放得下一个人的箱子，准备趁出国贸易的时候将那贵族藏在自己的货物中偷运出楚境。正当他把一切都安排妥当时，这位贵族被楚国释放，救人的计划因此没能实施。尽管如此，那位晋国的贵族还是非常感谢他的热心，郑国商人后来到晋国经商时，姓荀的贵族仍然把他当作救命恩人来款待。只是这位商人不愿无功受禄，以"吾小人不可以厚诬君子"为由谢绝优厚招待，离晋转而到齐国经商。史书上记载这件事情的动机同样是从道德的角度去考虑，我们从商的角度去看，也可得出两个结论：一是当时的商业活动涉及范围已非常广泛，商人可自由地出入各国经营，商业规模自然不会很小；二是一个郑国商人有能力营救被楚国囚禁的晋国贵族，足见其同楚国统治集团成员的关系非同一般。以一个商人的身份想要做到这一点，没有巨大的财富做基础是绝对不可能的。

从以上叙述中可以看出，弦高和那位没有留下姓名的郑国商人都是从事远途贩运的行商巨富。据史料记载，春秋时辗转异域远程贩运的商业利润高达1倍到5倍，其收入远远超过其他工商业活动的经营者。也正因为如此，不少富商大贾才不远千里，漂流四方，为的就是利用不同地区物价的差额获取巨额利润。长途贩运的商业贸易方式造就了一大批巨商富贾，上面提到的两位郑国商人自不必说，以商谋国、后成为秦相的吕不韦，曾为越国大夫、后又做过齐相的范蠡，以及白圭和子贡等人都曾从此道中得利。当然，他们成功的原因绝不仅仅是把商品从甲地贩到乙地那么简单。依靠聪明的商业头脑和准确的判断能力，乐观时变，找准时机，才是他们获得丰厚利润的基础。

除弦高外，这些人中最值得一提的是子贡，因为除了商人的角色外，他还戴着一顶圣人贤徒的帽子，其老师正是著名的孔子。

子贡：孔子门下的儒商

　　子贡复姓端木，名赐，与颜渊、子路同为孔子的得意门生，皆居夫子七十二贤徒之列。后世商人所称道的"端木生涯，陶朱事业"中的端木即指此人。孔子的这3位学生中，颜渊以学识过人著称，家境却最贫。子路有企羡富贵之心，但一生随孔子周游列国，讲经学道，也未摆脱"穷"之命运。子贡却大为不同，他既精于学，又精于商，是一位典型的儒商，同时也是春秋战国时期士人经商的代表人物。

　　士人经商是春秋后期才开始产生的一种社会现象。这时，随着官家经营商业贸易制度的崩溃，一个新型的商人群体迅速崛起，包括部分没落贵族、出身卑微的传统商人以及子贡之类目光远大的士人纷纷投身于逐富追利的事业当中，造就了无数富可敌国的自由商人，并取代官贾成为社会商业贸易的主要力量。子贡从师孔子之前就已在卫国从商，学有所成后又先后在鲁国和卫国为官，算得上是一个官运不错的士者。官做了一段时间后，子贡竟挂冠而去，又从事起商人的老本行。子贡弃官从商的真实动机现在不好揣测，但经商的诱惑如果不是特别大的话，绝不可能让受过老夫子"学而优则仕"教育的弟子走上此道。子贡有着与生俱来的经商才能，他虽然也辗转诸侯之间，搞些远程贩运，但主要的经营思想却是囤积居奇。囤积居奇除了需要有足够的商品经营资本，还必须能准确把握市场商情的变化，只有这样才能坐地生财，卒成巨富。在这里，足够的周转资本和审时度势的营利眼光是相辅相成的，二者缺一不可。子贡和春秋战国时期的另两位巨商范蠡及白圭都是此中高手。被后世誉为陶朱公的范蠡经商注重的是"候时转物"，白圭强调的是"乐观时变"，子贡则把"与时转货赀"当作进行商业活动的信条。仿佛约定好了一般，这三人不约而同地提到了"时"字，这显然不是偶然的，其间已经包含了中国商人对经济规律的初步探索。

　　子贡重入商道之后，立刻以其对市场的准确判断能力得到了商界同人的钦佩。很多中小商人入货出货都愿意盯着他的动作而动，以期取得最好的收益。由于是孔子的门徒，子贡经商时便会得到更多人的信任，这也为他的商业行为提供了许多便利。他经常驾驭成队的马车，满载着丝帛珠宝等商品，辗转各诸侯国之间，贱买贵卖，谋取利润，很快成为结驷连骑的商界尊者，连各诸侯国的国君都以上客之礼款待他。历史上有关子贡之富的记载很多，其中有一条提到了子贡在国外经商时，曾看到一位给人为奴的鲁国人，便出钱将他买下，带回了国内。按照鲁国的规定，凡赎回在外为奴的鲁国人者，国家可为其报销全部的费用。子贡却以德者自居，不愿接受国家的补偿。孔子得知此事后还专门批评了这位学生，认为子贡此举破坏了规矩，使其他人不敢再去救赎奴隶，对于在外为奴的鲁国人十分不利。这里我们不讨论子贡与孔子的想法孰是孰非，单从经济的角度去考虑，子贡赎人而不去取回舍弃的钱财，肯定有着与弦高相似的原因，那点钱在他的眼里实在算不了什么。

对于子贡的追利逐富行为，有圣人之身份的孔子竟也没有提出过强烈的反对意见。讲求"物以德为贵"的孔子虽然自己"罕言利"，但对这位善于经商、家累千金的门徒还是偏爱有加，而子贡的富也确实为孔子解决了不少难题。据说孔子到楚国时，困于陈蔡之间，7天找不到一点儿吃食，弟子们脸上皆有饥色。于是，孔子叫子路出去募捐，子路走到一家餐馆门前，对老板说："我是孔子的弟子，我们师徒暂时有困难，请先生给予援助……"老板没等子路说完，便答道："孔子的弟子我不认识，所以也不会援助，只有拿出钱币才能得到食物。"子路只好垂头丧气地回来。这时子贡挺身而出，他取出随身珍藏的珠宝及美玉，没说几句话便换回了很多的食物，孔子师徒才得以渡过难关。

子贡富甲一方，其风光盖过许多身居要职的贵族官吏。相比之下，他的讲究以学治国的老师就要差很多。有一年，子贡的同学颜渊去世，孔子悲痛万分。颜渊的父亲颜路爱子心切，又想起孔子曾为一旧馆人办丧事卖掉一匹拉车的马，便请求他卖掉车子给颜渊买棺椁，没想到孔子一口拒绝了。孔子说："自从当过大夫之后，我便不可徒步而行，所以我的儿子死时都没有卖车买椁，现在当然也不能因此失礼。"颜路听了孔子的辩解有何反应不得而知，但对于讲究"君子爱人以德"的孔子来说，不管理由有多充分，这话总会让他尴尬一回的。只是不知结驷连骑的子贡那时正在何方，否则怎么也不会让老师为一辆少匹马的马车陷入如此的窘境。

子贡以圣人门徒之身份坦然行商，坐收其利；吕不韦以商谋国，攫秦相于怀中；范蠡为经商而宁愿弃相，并获得与为相时同样的尊重；弦高以一商人之身份竟可不受国君之封赏，随意离国，自由迁徙异邦……

孔门十哲

传说孔子的弟子大约有3000人,其中精通礼、乐、射、御、书、数六艺的有72人,被后人誉为"孔门七十二贤"。在《论语》中,被孔子亲口称赞的有10人。《论语·先进》载,"子曰:'从我于陈蔡者,皆不及门也。德行:颜渊、闵子骞、冉伯牛、仲弓;言语:子我、子贡;政事:冉有、子路;文学:子游、子夏。'"这10个人被后世称为"孔门十哲",受儒教祭祀,被历代儒客尊崇。

仲由像
选自《至圣先贤半身像》册
佚名 收藏于中国台北故宫博物院

仲由(前542年—前480年,字子路,鲁国卞(山东省济宁市泗水县)人),字季路,鲁国卞(山东省济宁市泗水县)人。子路性情刚直,好勇尚武,凌暴过孔子,但孔子没有怪罪他,反而诱导他向善。孔子周游列国时,子路为侍卫。后来,子路与蒯聩战时,帽子被砍断,为了不使帽子掉下来(因为仲由说:「君子死,冠不免。」),去系帽带,而被砍成肉泥而死。孔子听说后,再也不吃肉酱。《论语》中记载孔子弟子言行最多的就是子路。

端木赐像
选自《至圣先贤半身像》册
佚名 收藏于中国台北故宫博物院

端木赐(前520年—前456年,复姓端木,字子贡,春秋末年卫国黎(今河南省鹤壁市浚县)人)。子贡有治世之才,曾任鲁国、卫国的丞相。子贡善于经商,孔子弟子中最为富有,孔子周游列国大半费用都是由他资助。子贡爱财,"取之有道","君子爱财,取之有道","端木遗风"说的就是子贡遗留下来的诚信经商品行。

所有这些都足以表明商人在春秋战国时期地位的尊贵，这时的豪商巨贾们已具备了控制国家经济政治政策的能力。因此，可以得出这样的结论：春秋时期的商人在经济上有实力，在社会上有地位，在政治上又不受歧视，是中国历代商人中待遇最高的。这也是中国自由商人们的蜜月期，美好、辉煌却又异常短暂。

不久之后，秦王嬴政统一六国，结束了中国历史上一段漫长的纷争，并推出了一系列不同以往的治国之策，重农抑商就是其中重要的一条。

冉求像
选自《至圣先贤半身像》册
佚名 收藏于中国台北故宫博物院

冉求（前522年—？），字子有，鲁国人。冉求多才多艺，尤擅长理财，担任过季氏宰臣。冉求最初性格懦弱胆小，孔子对其『因材施教』后，其性格才得以完善。但冉求在担任季氏宰臣时，帮助季氏改革田赋，搜刮民财，被孔子批评：『非吾徒也，小子鸣鼓而攻之可也。』不过，最终也是在冉求的劝说下，在外流亡14年的孔子才得以被鲁国迎回。

宰予像
选自《至圣先贤半身像》册
佚名 收藏于中国台北故宫博物院

宰予（前522年—前458年），姬姓，宰氏，名予，字子我，春秋末期鲁国人。宰予能说会辩，善于思考，是孔门学徒中唯一敢质疑孔子的人。他认为孔子的『三年之丧』制度不可取，说『三年之丧，期已久矣。君子三年不为礼，礼必坏；三年不为乐，乐必崩』，并且建议改为『一年之丧』。后来，宰予在大白天睡觉，被孔子批评为『朽木不可雕也』。

刘邦取秦建立西汉王朝后，继承了这一旨在保护农业发展的政策。对于商人来说，这一政策无疑是戴在他们头上的一顶紧箍咒。自此开始的相当长的时间内，虽说富甲一方的商人仍会不时出现，但其总体社会地位的低贱已不可逆转。

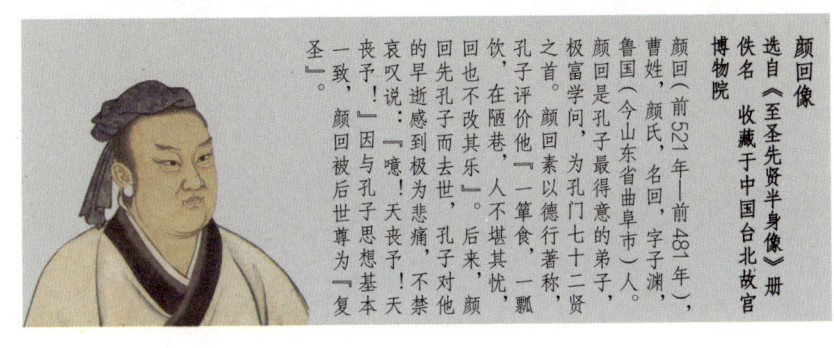

颜无繇像
选自《至圣先贤半身像》册
佚名 收藏于中国台北故宫博物院

颜路（前545年—？），颜氏，名无繇，字路，春秋鲁国人。关于颜路的史料很少，《史记》记载，"颜回死，颜路贫，请孔子车以葬。孔子曰：'材不材，亦各言其子也。鲤也死，有棺而无椁，吾不徒行以为之椁，以吾从大夫之后，不可以徒行。'"

颜回像
选自《至圣先贤半身像》册
佚名 收藏于中国台北故宫博物院

颜回（前521年—前481年），曹姓，颜氏，名回，字子渊，鲁国（今山东省曲阜市）人。颜回是孔子最得意的弟子，为孔门七十二贤之首，极富学问，孔子评价他"一箪食，一瓢饮，在陋巷，人不堪其忧，回也不改其乐"。后来，颜回先孔子而去世，孔子对他的早逝感到极为悲痛，不禁哀叹说："噫！天丧予！天丧予！"因与孔子思想基本一致，颜回被后世尊为"复圣"。

闵子骞像
选自《至圣先贤半身像》册
佚名 收藏于中国台北故宫博物院

闵子骞（前536—前487），名损，字子骞，鲁国范（今河南省濮阳市范县）人。闵子骞出身贫寒，生母早逝，很小就随父亲驾车外出谋生。拜孔子为师，继承和发扬了孔子的「仁」「德」。孔子仕鲁期间季氏曾聘请他出任费宰，闵损婉拒说：「善为我辞焉。如有复我者，则吾必在汶上矣。」终不出仕。

冉伯牛像
选自《至圣先贤半身像》册
佚名 收藏于中国台北故宫博物院

冉耕（约前544—？），字伯牛，春秋末鲁国人。冉伯牛为人端正正派，善于待人接物。在孔子弟子中，冉伯牛以德行与颜渊闵子骞并称，有很高的威望。《史记》载：「受业身通者七十有七人」，皆异能之士也。德行：颜渊，闵子骞，冉伯牛，仲弓。」

冉雍像
选自《至圣先贤半身像》册 收藏于中国台北故宫博物院

冉雍（前531年—？），字仲弓，春秋末期鲁国人。冉雍胸怀大度，孔子称赞他「仁而不佞」，「可使南面」，能担任一方长官。

子游像
选自《至圣先贤半身像》册 佚名 收藏于中国台北故宫博物院

子游（前506—？），姓言，名偃，字子游，春秋末吴国人。子游在任鲁国的武城宰时，子游遵照师训，用礼乐来教化百姓。孔子知道后，认为对武城这个小小地方来说很没有必要，便对他说："杀鸡焉用牛刀！"子游回答："君子学道则爱人，小人学道则易使也。"孔子连忙回答："二三子！偃之言是也。前言戏之耳。"孔子去世后，子游被同门排挤，到南方教学，因此有"南方孔子"之称。

卜商像
选自《至圣先贤半身像》册 佚名 收藏于中国台北故宫博物院

卜商（前507年—前400年），姒姓，卜氏，名商，字子夏，南阳郡温邑（今河南省温县）人。子夏阴柔勇武，以"文学"著称，有经世致用的思想，是战国法家思想的源头之一，李悝、吴起都是他的学生。

卓文君：当垆沽酒的富商千金

在消灭六国的过程中，秦王嬴政曾做出一项重要的规定，那就是每当灭掉一个国家时，就要把这个国家的富商巨贾们迁徙至边远地区，财产则全部没收充公。一时间，在商人们原先往来奔波贩运商品的大道上，每天都上演着他们被迫远走异乡的伤感一幕。统一的秦王朝建立后，秦始皇又让人在琅琊刻石上镌刻了"上农除末""黔首是富"8个大字，表现出了继续实行重农抑商政策的决心。光是在这一时期，秦就"徙天下豪富于咸阳十二万户"，使商人们承受了极为严重的打击。在这些被迫迁徙的商人中，有一位姓卓的赵国巨富常常被后来的文献提及，这除了他本身的原因外，还由于他的后人中出了一位叫卓文君的女子。卓文君容貌出众，才气十足，且做过一段短暂的市井商人。她与才子司马相如当垆卖酒的故事至今仍被认为是最优美的当垆典故。

▲ 秦量
收藏于中国台北故宫博物院

秦国统一度量衡自商鞅变法时就开始，这个举措为秦国统一六国后的治理打下了基础。秦量大多为铜质和陶质。铜量有方升和椭量，图为椭量，陶量则多为圆桶形。

◀《琅琊刻石》拓片
收藏于国家博物馆

《琅琊刻石》又叫「琅琊台刻石」，由两部分组成。其中，「始皇颂诗」部分刻于秦始皇二十八年（前219年），共289字，记述了秦始皇统一六国的功绩；「二世诏书」部分刻于秦二世元年（前209年），共208字，记述了李斯、王绾等随从的名字以及议立碑刻的事迹经过。《琅琊刻石》书法为小篆，传为李斯所作，是秦国统一汉字的重要史证。《琅琊刻石》与《峄山刻石》《泰山刻石》《会稽刻石》合称「秦四山刻石」，从中可以窥见秦始皇气吞山河的志向。

刘邦像
选自《历代帝王半身像》册 佚名 收藏于中国台北故宫博物院

刘邦（前256年？—前195年），字季，沛县丰邑中阳里（今江苏省徐州市丰县）人，汉朝开国皇帝。刘邦出身农家，为人豁达大度。秦朝建立后，出任沛县泗水亭长。陈胜起义后，集合三千子弟响应，攻占沛县，自称沛公，投奔反秦义军首领项梁，任砀郡长，受封武安侯。秦二世三年（前207年）率军进驻霸上，接受秦王子婴投降，废除秦朝苛法，约法三章。鸿门宴之后，受封为汉王，统治巴蜀及汉中一带。同年五月，重返三秦之地，定都栎阳。他能够知人善任，虚心纳谏，充分发挥部下的才能，积极整合反对西楚霸王项羽的力量，最终迫使项羽兵败自刎，于汉五年（前202年）赢得楚汉之争，统一天下。

卓王孙像
选自《博古叶子》清刻本 （明）陈洪绶

卓王孙，祖籍战国关东（今山东），蜀郡临邛人。卓王孙出身冶铁世家，掌握冶铁技术。他招募流民开采铁矿，冶炼生铁，铸造铁制生产工具，贩卖到附近的少数民族地区，甚至还远销到云南。因此，成为巨富，拥有家僮800人。后来，他的女儿卓文君与司马相如私奔后，正是靠着他的资助，才得以改善生活状况。

《卓文君像》 〔日〕司马江汉

卓文君,卓王孙之女,美姿色,通音律,善抚琴,有文才,「中国古代四大才女」之一。《西京杂记》记载,卓文君「眉色如望远山,脸际常若芙蓉,肌肤柔滑如脂」。17岁时,卓文君仰慕司马相如的才华,便不顾一切,与其私奔,被后世传为佳话。他们的爱情故事,成为中国古典文学中「私订终身后花园,落难公子中状元,才子佳人大团圆」模式的蓝本。

《文君听琴图》（清）佚名

司马相如（前179年—前118年），字长卿，因仰慕蔺相如而改名相如，蜀郡成都人，才高好赋，被后世誉为"赋圣"。司马相如出身贫寒，少年喜好读书习剑，汉景帝时为武骑常侍，但汉景帝不喜欢词赋，得不到重用。因此，司马相如以病辞官，去到梁国，与梁孝王的文学侍从邹阳、枚乘等同游，写下《子虚赋》。梁孝王去世后，司马相如返回成都，受好友临邛县令王吉的邀请，前往临邛暂居。王吉很是照顾他。卓王孙看到司马相如是县令的客人，便设宴邀请了他。酒到浓时，王吉将琴摆放在司马相如面前，邀请他弹奏一曲。司马相如知卓文君的美貌与才华，拿起琴就弹起了《凤求凰》。卓文君被琴声吸引，不由得躲在屏风后面偷窥，看到司马相如文质彬彬的样子，更是爱慕。当天晚上，司马相如用赏赐卓文君的侍者，向其表达爱慕之情。于是，卓文君便不顾一切地与司马相如私奔，连夜回到成都。

其实使卓氏等富商深受其害的抑商政策早在秦国就开始实行。春秋战国初期，地处西部的秦国政治经济发展远远落后于其他国家，被中原各诸侯国以"夷狄遇之"排斥在盟会之外。即便在秦穆公称霸西戎的年代，这一状况也没有发生变化。直到秦孝公当政，实行商鞅变法，才使秦国的国力发生了质的变化，发展成为政治、经济和军事皆盛的大国。商鞅变法推出了很多具体措施，重农抑商的政策便是其中之一。

商鞅的抑商政策其实并非不要商业，他打击的主要对象是由农民转化而来的中小商贩和商业劳动者以及小手工业者，目的是为了防止农民经商而无人耕种现象的发生，以发展封建经济、增强国家实力。自秦孝公始，商鞅的抑商政策便成为秦国的基本国策，这一现象只在吕不韦为相时得到了短暂的改变。吕不韦生于卫国濮阳（今河南省安阳市滑县），是一位家累千金的珠宝商人。深知珠玉之利十倍于耕田所得的吕不韦有着敏锐的商业眼光和过人的投资魄力。在邯郸经商时，他看到秦孝文王之子子楚作为人质在赵国的处境十分窘迫，正处在人生最不得意的时候，吕不韦当时就认定"此奇货可居"，后又把自己宠爱且怀有身孕的赵姬献给子楚，并付巨资到秦国活动，做了一次风险巨大的政治投资。在吕不韦的努力下，子楚最终回归秦国，成为太子，进而登上王位。商人吕不韦也得以登上相位。为相后的吕不韦实施了一系列与商鞅抑商政策不同的措施，以提高商人的地位。吕不韦为相初期，乌氏（今甘肃省平凉县西北）一个叫倮的人不顾当时仍在实行的重农政策，使用大量的土地从事畜牧业，并用繁殖的牲畜换取内地精织的缯绢，成为一方巨富。对于这样一位从事牲畜和缯绢贸易的商人，吕不韦不仅不以其违反国家有关法律规定给予惩罚，反而加以褒奖，赐予他可与受封邑的列侯相比的地位。不久之后，吕不韦又听说四川巴郡一个叫清的寡妇，靠着挖掘丹砂聚积起万贯家资，他马上派人把这位寡妇接入京城，"礼抗万乘"并为其建造了一座女怀清台。这一系列抬高商人的举动，使秦的商业资本在这一时期骤然增加，一批商贾巨富也很快成长起来，吕不韦本人更是发展成为一个拥有万名僮仆、"食蓝田十二县"、"食河南洛阳十万户"的巨富。公元前238年，22岁而冠的秦王嬴政亲政，吕不韦的政治生涯终于走到尽头。嬴政亲政的第二年，便免去吕不韦相国之位，接着又下令将他迁往蜀地。眼见前途无望，曾经富可敌国的吕不韦在蜀地自杀身亡，抑商重新成为秦国的国策。

之后，秦国国力日渐增强，终于一揽六国于怀中。崇尚法家学说的始皇嬴政继承发扬了原先的抑商政策，而且还增加了新的内容。以冶铁起家的卓氏就这样从富庶的中原来到了地处西南的蜀郡临邛。

卓氏在赵国时亦工亦商，据称家累万金，是工商合一致富的典型。被迁时，卓氏夫妇只推着一辆小车，跋涉几千里迁徙到蜀地，在临邛安下家来。在临邛的前几年，卓氏重拾经商之旧业，从小商小贩做起，很快走出了穷困的境地。进入西汉后，临邛附近发现了铁矿，同时冶铁也允许由私人经营，已积累了一定资本的卓氏"即铁山鼓铸，运筹策"，没多少年又成为有僮千人的富商。除了冶铁外，卓氏还从汉文帝宠臣邓通处租得了铸造钱币和铜器的经营权，使家资得以飞快积累，财富更超以往。这时，卓家主事者正是历史上有名的才女卓文君之父卓王孙。卓王孙喜结各方名士，尤其爱好音律。精通琴艺的西汉才子司马相如这才得以来到卓府，同这位富商的女儿演绎了一段经典的爱情故事。

司马相如与卓文君抚琴听琴的故事流传千古，世人皆知，我们不再重复。这里必须要提的是卓王孙对此事的反应。汉初建时，高祖刘邦就下过"贾人不得穿丝绸衣服，不准乘车骑马，不准携带防身武器，贾人及子弟不得为官为吏"等内容的贱商令，到文帝时，对商人的政策虽有所好转，但其地位仍不是很高。就是在这种情况下，卓王孙仍然不愿把女儿嫁给颇有些才气的名士司马相如，可见大的商人从来就没把自己看轻。好在卓文君此时已铁心跟定了相如，在父亲死活不依的情况下，毅然随司马相如私奔成都。卓王孙得知此事大发雷霆，认为司马相如有辱读书人的名声，自己的宝贝女儿也太让人失望，与一个穷光蛋黉夜私奔，败坏门风不说，还让他无脸见人。司马相如和卓文君却对此毫不在意，根本不把生活的艰难放在心上。几个月后，他们索性卖掉车马，回到临邛开了一间小酒肆，卓文君淡妆素抹，当垆沽酒，司马相如更是与保佣杂作洗涤酒器，做起了酒肆的跑堂。一时间，这对才子佳人的当垆故事传遍四方，引得无数女子争相效仿，倚台当垆成了一种时尚。文君当垆卖酒的事情传入卓王孙耳中，使得这位富商暴跳如雷，他气愤地对报信的家僮说，她不是我的女儿，卓家没有这样的市井商人。后来，在众人的劝说下，卓王孙才勉强认下了相如这个女婿，分给文君僮仆百人、钱百万，使得这对小夫妻不必再为衣食忙碌，过上了饮酒作赋、鼓琴弹筝的悠闲生活。

卓王孙身在贱商之风正盛的西汉初年，却丝毫不以商为耻。他既看不起小商小贩的市井商人，也不把司马相如之类的名士放在眼里，可见其社会地位一点儿也不似人们想象中的低下。政府的贱商令也好，社会的轻商观念也罢，这时能伤害到的只会是一些中小商人。更多时候，卓王孙等大商人受到的影响只是表面上的政治歧视。实际上这种歧视也不是特别绝对，有了强大的经济基础做后盾，豪商巨贾们一起乘车甚至入朝为官都不是难事。以资为郎，买得一个闲散的官职，就是汉时商人很时兴的做法。汉武帝刘彻在位时，洛阳富商之子桑弘羊就是以这种方式进入朝廷，帮助汉武帝理财兴国，成为中国历史上一位杰出的商人政治家。

让人感到意外的是，商人出身的桑弘羊理财的手术刀首先指向的正是卓王孙之类未被贱商令所伤的豪商巨贾。从商家走出的桑弘羊刀锋高举，巨商卓王孙才真正感到了痛楚。

当垆沽酒 选自《博古叶子》清刻本 （明）陈洪绶

回到成都后，卓文君虽然看一贫如洗，但并没有嫌弃。有商业头脑的卓文君，耐心地劝谏司马相如跟自己回到临邛，买下一家酒店，做起了卖酒的生意。图中，卓文君当垆沽酒，司马相如穿着犊鼻裈干杂活。卓王孙实在看不下去，便分给他们钱100万，家僮100人，他们的生活也因此得以改善。后来，司马相如便冷落了卓文君，卓文君写《白头吟》给司马相如，才令其回心转意，成就了一段佳话。其中诗句"愿得一心人，白头不相离"更是流传至今。

桑弘羊：帮汉武帝理财的商人

桑弘羊出生于公元前152年的洛阳，祖先为秦国大夫子桑，门第应属不低。但到桑弘羊出生时，家中已无仕者，其父亲不过是洛阳城中一个普通的富商。桑弘羊13岁那年，父亲通过"以资为郎"的手段，将他送进宫中。长大后，桑弘羊逐渐成为汉武帝的高级侍从，开始参与内廷决策。39岁那年，桑弘羊出任西汉王朝的大农中丞（主管财政的财政副长官），5年后又升至搜粟都尉兼领大司农，仍然主管全国财政。汉武帝去世后，桑弘羊又升为分管财政的副宰相，直到被大将军霍光所杀。在朝廷为官的几十年间，桑弘羊推出了一系列适合西汉王朝经济发展的商业政策，为汉武帝平定边乱和振兴国家奠定了扎实的经济基础。

桑弘羊入朝初期，西汉王朝国家财政收入尚处在良好的状态之中，达到了"京师之钱累巨万，贯朽不可校，太仓之粟陈陈相因，充溢露积于外"的程度。有了这样的经济基础，汉武帝一改前人对周边态势无为而治的政策，决定平定边乱，解决与周边各民族的矛盾。随着几十年连续的征战，钱物支出锐增，本有盈余的国家财政开始出现赤字。为了补贴亏空，汉武帝首先实行了"入物者补官，出货者除罪"等多项可使财政收入增加的具体措施，公布了买武功爵（每级3万钱，共11级，买者依次可优先为吏、免役、减罪）的具体方法，以"为郎""补吏""买复""卖爵"等手段作为交换条件，从那些靠剥削百姓和战争发了大财的富商手中收敛钱物，以期改善入不敷出的财政状况。但由于支出过于庞大，这些措施带来的收入犹如杯水车薪，根本无济于事。汉王朝的国库空前空虚，有时竟连前方将士的军饷都发不出来，国家的安全受到了直接的影响。桑弘羊就这样被推到了历史的前台。

战争对农民的影响最甚，增加他们的负担已不可能，桑弘羊的目光理所当然地瞄上了那些富商大贾。因为有着经商的家庭背景，桑弘羊十分清楚这些富商大贾的真正实力和聚敛财物的方法，用他自己的话说，就是知道这些商人的命门，他要触及的正是他们的痛处。

在桑弘羊理财之前，汉武帝主要依靠张汤的办法，通过"算缗告缗"来剥夺商人的财富。对于算缗的方法，《史记·平准书》中有较为详细的记述，按照算缗令的规定，商人们折算为财物的物品，均将以百分之六的税率如实纳税。如虚报、漏报，则没收全部财产，并给以充军戍边一年的处罚。算缗令下达后，工商业者纷纷逃税漏税，"终莫分财佐县官"。于是，武帝使出了最强硬的招数，两年后颁布告缗令，任用杨可主持告缗，使酷吏"杜周治之"，并规定凡检举揭发偷税漏税者，检举者即可获得被检举者一半财产的奖励，被检举者则会受到最严厉的处罚。

告缗令的实行，大大调动了社会各界检举揭发的积极性，大部分商贾被告发，一半以上的商贾破产，国家没收的钱物数以亿计，奴婢以千万计，田地大县数百顷，小县也有上百顷，国家财政收入一时大增。"算缗告缗"虽然增加了国库收入，但也带来了不小的负面影响。这期间，中等以上的商人大多破产，商业的再投资严重滞后，国家正常的商业活动不可避免地受到了影响。在桑弘羊的建议下，汉武帝决定逐步废除这种以行政命令敛财的方法，力求通过国家的经济手段调控经济，拉动增长，用发展官营工商业和农业生产的方法增加政府收入。一系列新的商业政策随之出台。

  桑弘羊财政政策的核心是盐铁专卖。

  从小接受家庭商业思想教育的桑弘羊深知盐铁专卖对国家的好处。

汉武帝像 选自《历代帝王圣贤名臣大儒遗像》册 （清）佚名 收藏于法国国家图书馆

汉武帝刘彻（前156年—前87年），为西汉第7位皇帝。汉武帝雄才大略，在位54年间，早年功绩甚多。对内，为加强中央集权，颁行推恩令，设立十三州刺史，为解决财政困难，实行盐铁官营制度，为选拔人才，设立太学，建立察举制度，并"罢黜百家，独尊儒术"。对外，派遣张骞出使西域，开辟丝绸之路；派卫青、霍去病出击匈奴；又广征闽越、东瓯、南越、卫氏朝鲜等。这使得汉朝实力强大，版图规模空前，盛世一时。不过，晚年的汉武帝雄才日暮，好大喜功，迷恋仙道，致使社会矛盾日益尖锐，农民起义不断爆发。

他认为盐铁专卖既可防止富商巨贾垄断生产，操纵市场，又可以"足军旅之费"和国家所需，同时也不直接加重农民负担，于国十分有益。元狩三年（前120年）秋，体现桑弘羊理财观念核心的盐铁专卖政策终于实施，盐和铁这两种关系国民生计的重要商品的经营权全部归公，凡私自铸铁煮盐者都要受到重刑惩罚，西汉政府对商业经济的控制正式拉开序幕。

盐铁专卖实行初期，西汉政府专门请到了家有千金的齐地大盐商东郭咸阳和南阳大铁商孔仅，破格将他们提升为大农丞，专门分管盐铁事务，桑弘羊则负责参与管理财政，同时监督推动盐铁政策的实施进度。东郭咸阳和孔仅都是西汉时大商人的代表，虽受命与政府合作，心里并未完全接受西汉王朝的抑商措施，双方的矛盾一直不断。几年之后，二人便先后被罢去官职，桑弘羊则走上前台，以治粟都尉的身份主管天下盐铁之事。

桑弘羊取代孔仅等人后，西汉的盐铁专卖事业有了更大发展。当时，西汉全境共设盐官37处，铁官49处，这些遍布全国的盐铁官员主要分管盐铁产品的生产、分配和大规模的转运。这一过程使盐铁产销链中的大部分利润都收归国有，迫使富商大贾退出了这块最重要的阵地，在一定程度上抑制了豪强的发展，疏通了商业流通的渠道，调节了市场供求，缓解了区域经济发展极不平衡的状况，取得了"民不益赋而天下用饶"的社会效果。

除盐铁专卖的实施外，理财有方的桑弘羊还帮助汉武帝推行了利用各地贡赋收入做底本，进行大宗商品地区间远程贩运，以调剂物资余缺的均输法和由官府相关部门负责吞吐物资、平抑物价的平准法。盐铁专卖和均输平准法的推出，预示着桑弘羊推崇的官商经济架构的初步建成，这3种政策与国家财政的关系，是一种互相支持、互相促进的发展关系。

桑弘羊的官营商业是在财政的支持和帮助下产生和发展起来的，而官商的利润又是财政收入的重要来源。从产销成本上看，遍布全国的盐铁管理机构和均输平准机构的建立，大批人力的投入，必不可少的基础设施建设如仓库、场地，交通工具的制造和各种运力的组织与运作等都需要官府投入资金。桑弘羊把以往部分财政收入投入到这个巨大的官营商业运行的架构当中，不仅使该部分财政资金在运作中大幅度增值，而且开辟了新的更大的财源。桑弘羊通过抑制其他商人而壮大自己的官家经营商业的高明思路在这里得到了充分的体现。

桑弘羊的理财政策极大地改善了汉武帝的财政状况，但同时也伤害了国内多数豪商巨贾的利益。西汉初期曾富甲一方的大商人田氏、栗氏、卓氏等家族的商业经营都因国家商业的排挤而落入低谷，从此一蹶不振。许多商人对桑弘羊的财政措施恨之入骨。支持桑弘羊财政政策的汉武帝死后，代表了商人利益、与桑弘羊共同辅佐汉昭帝的大将军霍光开始对打击商人的财政政策进行反击。昭帝始元六年（前81年），霍光召集代表各地地主和商人利益的"贤良文学"到长安召开了著名的盐铁会议，在会上代表着豪强利益的贤良们大肆抨击桑弘羊的经济政策，认为这是"与百姓争荐草，与商贾争市利"，强调"王者不蓄聚，下藏于民"，要求政府"罢盐铁，退权利"，将利让与豪强。面对众人咄咄逼人的攻势，桑弘羊据理力争，从抑制兼并、防止割据、抵御外侵、加强中央集权多方面来阐述实行这些政策的必要性，摆出了不能停止执行这些政策的理由。这次辩论会上双方争论的记录后来还被人们整理成书，取名为《盐铁论》，共60篇。迫于霍光等人的压力，会议结束前，桑弘羊在撤销关内铁官和允许京师一带官僚贵戚私人铸铁等方面做出了让步。可惜的是，桑弘羊的让步最终仍没能使矛盾缓解。一年之后，理财有方的桑弘羊终于还是没能逃脱被霍光诛杀的命运,诛杀的理由是谋反。

桑弘羊死后,中国的商业政策又经历了无数次的变故,但抑商措施的严厉程度再没超出汉武帝当政的时代。顽强的商人群体经过短暂的休养,逐渐发展壮大,很快又成为社会发展中一支不可忽视的力量。

张骞：叩开丝绸之路的大门

桑弘羊的抑商政策限制了豪商巨贾的发展，却并没有对西汉王朝的商业基础产生根本性的动摇。原因就是桑弘羊所谓的抑商只是把原先由部分大商人把持的盐铁等关系国民生计的大的商业贸易权利收归国有，其他商业活动并未停止。事实上，西汉时期的商业发展水平也确实不能算差，甚至比其他一些朝代还要兴盛些。除了"算缗告缗"政策实施期间对全国商业造成的短暂损伤外，大部分时间内，高效率的官商经营方式和中小商人的普通商业行为使西汉的商业贸易具有更大的活力。除了国内贸易的兴盛，西汉还开了中国商业外贸之先河，最先同周边国家开展了商业贸易活动，拓宽了商人行商的领域。在世界商业史上颇有影响

张骞出使西域
敦煌莫高窟壁画

张骞（约前164年—前114年），字子文，汉中郡城固（今陕西省汉中市城固县）人。建元二年（前139年），张骞奉汉武帝之命，由匈奴人堂邑父做向导，率领100多人从长安出使西域，打通了汉朝通往西域的南北道路，即"丝绸之路"，架起了东西方文化交流的桥梁，汉武帝以军功封其为博望侯。司马迁称赞张骞出使西域为"凿空"，意思是"开通大道"。

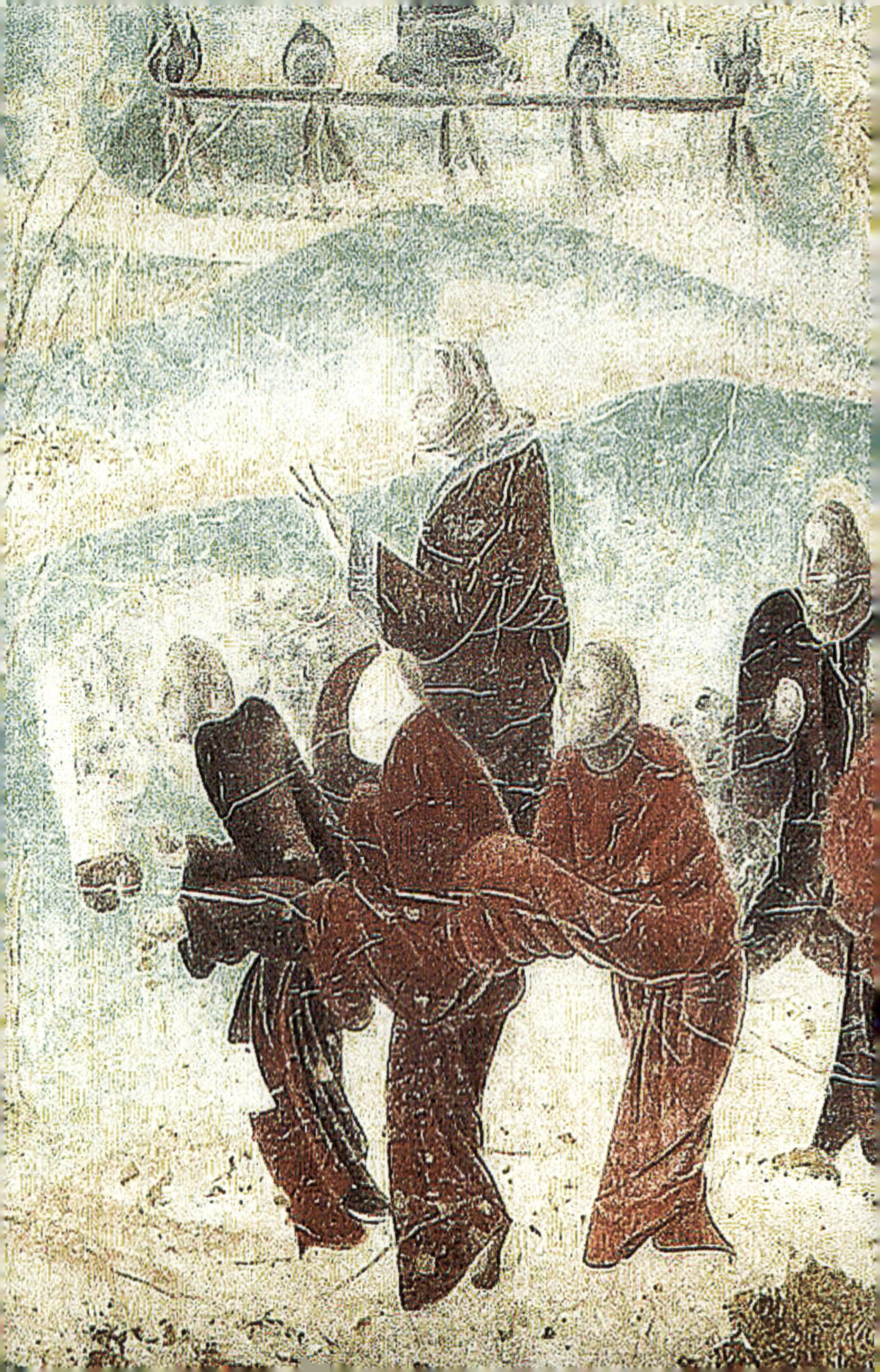

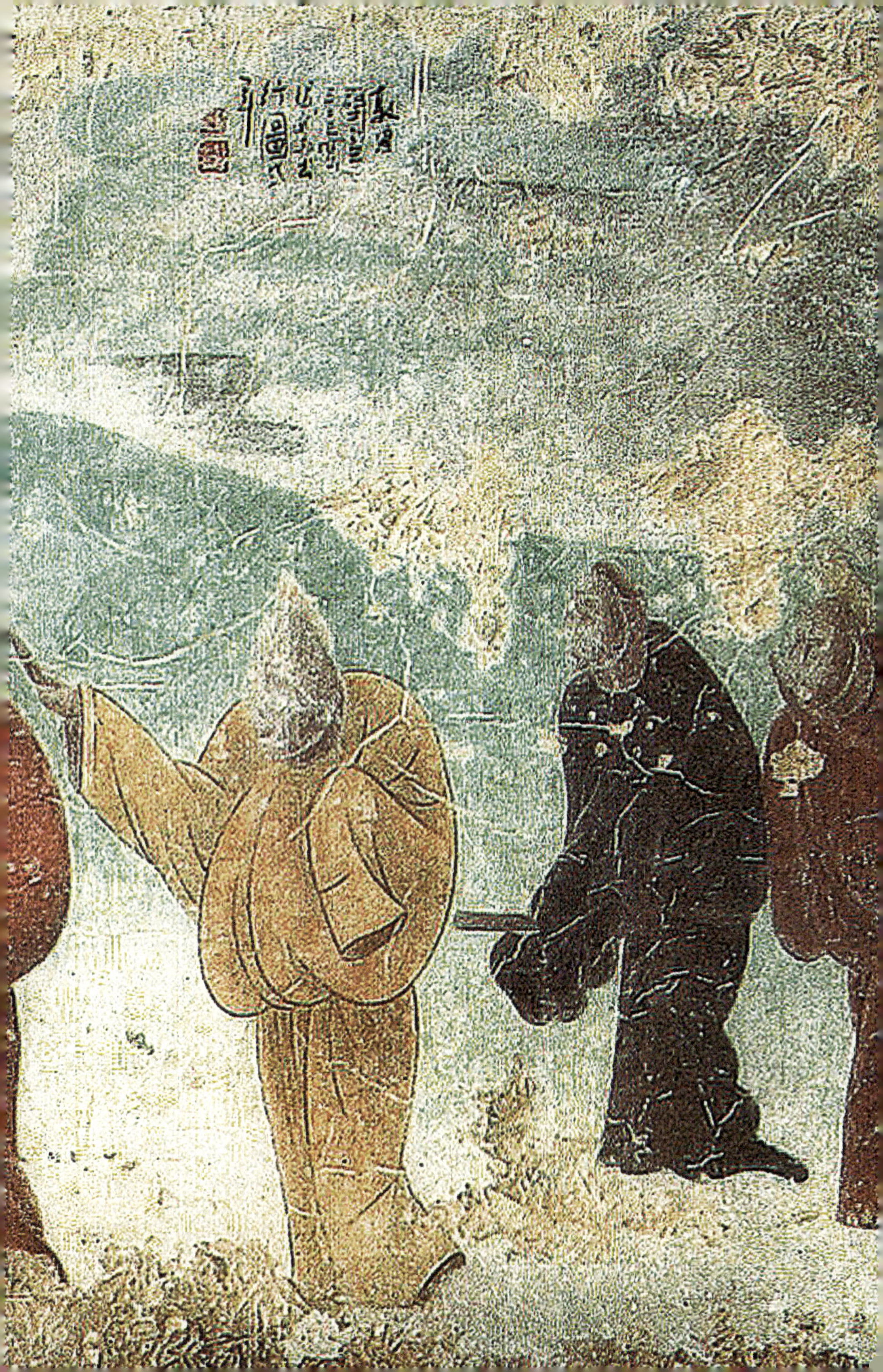

丝绸之路就是在这一时期开始形成。

丝绸之路的开拓者是一位叫张骞的年轻人。

张骞开拓丝绸之路的最初动机是为了抑制匈奴对汉王朝的威胁。汉武帝初年的时候，匈奴征服了西域的许多国家，并以此为根据地不断骚扰西汉王朝。有一年，几个匈奴人投降于汉朝。汉武帝从他们的谈话中得知西域（今新疆和新疆以西一带）有一个月氏国在同匈奴的战争中大败，被侵占了大片的国土。他们与匈奴有仇，一心想收回失地，只是苦于没有人帮助。汉武帝想，月氏国与西汉位于匈奴两边，如果双方能联合起来，切断匈奴跟西域各国的联系，就等于切断了匈奴的胳膊。于是，他下了诏书，征求能干的人到月氏去联络。官拜郎中之职的张骞得知这件事情之后，首先应征报名并被选中，他很快组织起了一支由100名勇士组成的精干队伍。公元前139年，张骞一行在一名叫堂邑父的匈奴人引导下，勇敢地踏上了寻找月氏国的征程。

当时，谁也不知道月氏国在哪里，也不知道路有多远。人们唯一知道的就是要到月氏国必须经过匈奴占领的地界。张骞他们小心地走了几天，不幸还是被匈奴兵发现，全都做了俘虏。好在匈奴人没有杀他们，只是派人把他们分开关押，只有堂邑父跟张骞住在一起。他们没想到这一住就是10多年。时间久了，匈奴对他们的监视也就松懈了。张骞跟堂邑父便趁着匈奴人不防备，骑上两匹快马逃了。他们一直向西跑了几十天，先逃到了一个叫大宛（在今中亚）的国家，后又辗转到达月氏。但月氏国被匈奴打败了以后，都城迁到大夏（今阿富汗北部）附近建立了大月氏国，不想再跟匈奴作战。张骞的这次出使没能达到预期的目的。

张骞在外面足足过了13年才回来，虽然没能完成任务，汉武帝仍然认为他有功于国，封他为太中大夫。张骞向汉武帝详细报告了西域各国的情况。他说："我在大夏见到了邛山出产的竹杖和蜀地出产的细布。

当地的人说这些货物是商人从天竺（今印度、巴基斯坦等南亚国家一带）贩来的。既然天竺可以买到蜀地的东西，想必距离蜀地不远。"汉武帝听了张骞的话，便再派他为使者，带着礼物从蜀地出发，去结交天竺。张骞把人马分为4队分头去找，四路人马各走了1千多公里，历经千难万险，却都没有找到那个叫天竺的国度，只好返回长安。后来，汉武帝手下大将卫青和霍去病在与匈奴的战争中取得了胜利，匈奴被迫逃往大漠北面，对西域各国失去了控制。汉武帝趁这个机会再派张骞带着牛羊和黄金、钱币、绸缎、布帛等礼物去结交西域。张骞首先到了乌孙国（在今新疆境内），给乌孙王送了一份厚礼，建议两国结为亲戚，共同对付匈奴。乌孙王不清楚汉朝的实力，害怕因此得罪匈奴，所以迟迟不敢答应。张骞恐怕耽误时间，便打发他的副手们先带着礼物，分别去联络大宛、大月氏、于阗等国，他自己则在乌孙等待消息。过了好多日子，这些副手都没回来，张骞便带着乌孙王送的几十匹高头大马回到长安。一年之后，张骞病故，他派到西域各国去的副手也陆续回到长安。据后来的统计，他们这次出使到过的地方总共达36国之多。

张骞数次出使西域，了解了西域各民族的风土人情和生活习惯，同时也把西汉盛产的各种产品带到了西域，并让西域人了解了汉朝精美的商品，打通了中国通往西域的道路。张骞去世之后，汉武帝每年都派使节去访问西域各国，汉朝和西域的关系日趋密切，西域派来的使节和商人也络绎不绝。中国的丝绸、漆器、玉器以及铁器等商品源源不断地经过西域运到西亚，再转运到欧洲，中亚和西亚的毛皮和毛织品也经由往来贸易的商人之手大量地输入到中国。由于这条路上贩运的主要商品是丝绸，人们便习惯地把它称作"丝绸之路"。

张骞出使西域，虽然也会带着大宗的商品与各国交流，有时甚至还会有商人同行，却还算不上是一位真正意义上的商人。尽管如此，张骞的名字仍然有资格出现在所有的商业史中。原因很简单，他不经商，却为商人打开了一扇经商的大门。这对世界商业发展的意义绝对不输于甚至超过同时期的任何一件商事。

张骞开拓的丝绸之路架起了中国与世界的贸易桥梁，自汉武帝始直到西汉王朝覆灭，这条古道上整天都会看到商人们忙碌的身影。直到王莽篡汉，兴盛多年的丝绸古道才被迫中断。依靠富豪帮助登上皇位的王莽当政后，为了聚敛财富，对西汉业已走上正轨的商业政策进行了大规模的改制，先后推行了垄盐铁、专山泽、恢复酒类专卖的经济政策和多达 4 次的币制改革措施，并实行了挑起边患、与邻为恶的外交方针，使国内的商业发展和对外贸易大受影响，以至于"贫者无以自存"，"富者不能自保"，国家经济陷入了混乱之中。好在王莽的专制政权只维持了 15 个年头，因此没有对中国的商业造成毁灭性的打击。公元 23 年，王莽的宫阙被农民起义军攻破，一个叫杜吴的屠户商人冲上"渐台"，杀死了躲在那里的王莽。不久，曾和各路义军共同抗击王莽的汉室宗亲刘秀被部下拥上皇位，并铲除各路人马，建立起了东汉政权。刘秀去世后，几位继任皇帝先后数次派班超和班勇出使镇守西域，再通西域通商大门，使两地商人又得以驱车贩运，往来经商。由此，丝绸之路又保持了相当长时间的通畅。

王莽像　佚名

王莽（前45年—23年），字巨君，魏郡元城县（今河北省邯郸市大名县）人。因为王莽是汉元帝皇后王政君的侄子，一开始就被任命大司马。汉哀帝时，曾罢官。汉哀帝死后，王政君以太皇太后的身份临朝辅政，王莽得以官复大司马，并进封安国公。此后，他野心暴露，四处笼络人心，逐渐掌握朝政大权。汉平帝死后，他选用年仅两岁的孺子婴继位，并仿效周公，自称『假皇帝』，皇帝玩弄于股掌之间。最终在初始元年（8年）自立为帝，改国号为『新』，建元『始建国』。王莽篡位后，托古改制，施行了一系列不合理的政治举措，又加上连年旱灾，致使社会极度混乱，民不聊生。终于，地皇四年（23年）九月，绿林起义军攻入长安，王莽被商县人杜吴杀死，新朝灭亡。

王莽新币

王莽新政期间，共进行了4次币制的改革。但由于币制复杂，使得人民交易十分混乱。而且每次的改革致使钱币贬值，经济发展受到巨大影响。所以币制改革的失败也是新朝迅速灭亡的原因之一。

王莽刀币
又称一刀平五千，重20—60克。

◀ 泉币：大泉五十

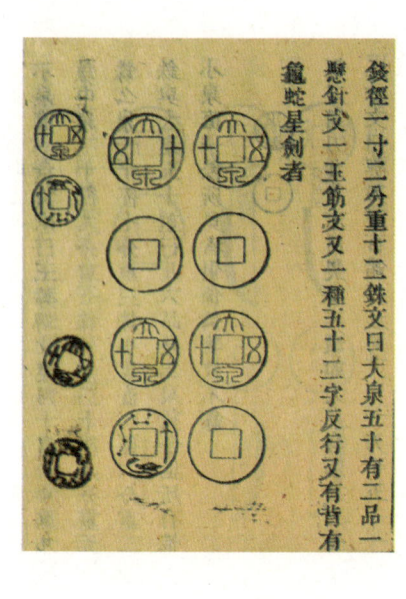

六泉中最大的，意思是一枚当50枚五铢钱的大钱，重量才是五铢钱的两个半重。币值形态分有两大类4种。

◀ 布币：大布黄千

相当于1000枚五铢钱。

◀ 新莽铜诏版

这是王莽建立新朝后，为了统一度量衡的诏书，文字为小篆。

刘宏：乐于经商的皇帝

建立东汉王朝的刘秀原本是南阳郡一个兼营商业的大地主，王莽末年南阳郡受灾闹粮荒，刘秀以高价出售粮食，积蓄了一大笔钱财。后来刘秀起兵反对王莽，这笔钱起了很大的作用。除了本人以外，与刘秀共同起事的皇亲国戚也大多有着商人的背景。刘秀的外公樊重"世善农稼，好货殖"，每年入账达几百万钱，有良田300多顷；刘秀的皇后郭氏之父郭昌有"田宅财产百万"；后立皇后阴氏也出生于商人世家，其先人为春秋时著名的商人政治家管仲；另外，劝刘秀起事的南阳人李通也是"世以货殖著姓"的商人地主，跟随刘秀征战的很多开国功臣也都出生于大地主大商人的家庭。东汉建立后，这些人把持了国家政治经济发展的方向，豪强们的利益因此得到了最大限度的保障。

基于以上原因，东汉的商业贸易活动较西汉时更为活跃，相对自由的经商环境使市场看起来更加繁荣。但是，由于此时的商业服务对象主要是各级当权者和相对富裕的阶层，其繁荣不免带有畸形发展的痕迹。这种畸形繁荣表现在市场上，就是出现了更多的经营奢侈商品的行业。这期间，以洛阳贵戚为代表的富贵人家对衣服、饮食、车舆、装饰和居舍的需求日趋奢侈，比之前历代皆有过之。在这样一种风气影响下，官宦与巨贾之家的妻妾乃至家仆丫环全都身着锦绣绮纨，而他们的家舍更是石山隐饰，金银错镂，穷极奢靡，一派富贵气象。后来，连小商小贾和一些平民百姓也加入了崇奢的浪潮中，使得奢侈之风日盛。奢侈之风的盛行造就了一大批专门经营奢侈品的商人，这个被称为淫商的群体发展迅猛，许多人由此走入了新的富裕阶层，成为新的奢侈品的消费者。这时，出于需求和利益的驱使，商人已成为一个受人羡慕的职业，整个社会都陷入了崇商的氛围中。农民纷纷弃农进城，去搞手工业中的"巧饰"和商贾中的"鬻奇"之事，以至"今举俗舍本农，趋商贾，牛马车舆，填塞道路，游手为巧，充盈都邑，务本者少，浮食者众"。到东汉后期，这种崇商之风终于发展到极致，连汉灵帝刘宏也加入进来，实实在在地做了一回商人，开起了卖货收银的店肆。

汉灵帝的店肆开在皇宫，所售商品与市井商品无异，经营者和购买者皆为宫中嫔妃和宦官，汉灵帝则是这家店肆的主人。

在皇宫开肆的汉灵帝刘宏是汉章帝的玄孙，河间孝王刘开曾孙，解渎亭侯刘淑之孙，刘苌之子。只因汉桓帝一生无子，有着皇室血统的他才得以入宫，并被拥上帝位。可能是来自皇宫外的原因，刘宏做了皇帝后一直有一种孤独寂寞的情怀。这种感觉使得他的行为举止变得格外怪癖荒唐。

据说汉灵帝从来不热衷朝政，他把朝中大权交与宦官赵忠和张让，自己只顾纵情享乐。他常常在西园游乐场与一班无赖子弟玩狗，并给狗

十侍乱政 选自《帝鉴图说》明刊本 （明）张居正／著

"十常侍"指汉灵帝时操纵政权的宦官集团，为首的是张让、赵忠，还有夏恽、郭胜、孙璋、毕岚、栗嵩、段珪、高望、张恭、韩悝、宋典，共12个宦官，皆任职中常侍。他们玩弄小皇帝于股掌之中，以至灵帝称"张常侍是我父，赵常侍是我母"。十常侍玩弄朝政，横征暴敛，卖官鬻爵，搜刮民财，使得原本脆弱的商业形态受到重创。

戴上文官的帽子，暗地里让很多官员颇为不满，感觉受到了侮辱。为了取乐，汉灵帝还经常让宦官模仿驴叫，叫声响的会受到表彰。他还命人在皇城内修建鸡鸣堂，养了很多只鸡，每当天亮的时候就让宦官与鸡同鸣，能博得他的一笑即有赏赐。为了满足自己的淫欲，汉灵帝专门在西园修建了裸游馆。每逢盛夏，他就到这里来避暑作乐，设宴与众嫔妃饮酒作乐。酒酣之余，他会命所有的宫人脱掉上衣，只穿内衣嬉戏打闹，并让她们下水，与自己在裸游馆中裸浴寻欢。每次裸浴后，汉灵帝就令人把余汁倒入渠水中，为渠起名为"流香渠"，看"流香渠"的流水东逝是让他感到最惬意的事情。

有了以上"事迹"做铺垫，汉灵帝在皇宫开肆的做法也就不再让人觉得新鲜。为了让皇宫中的店肆更真实，汉灵帝除了让宦官们设好铺面，摆好商品，还让嫔妃宫女们都穿起商人的衣服，站立在不同的商品后面高声叫卖，并按市价买卖成交。作为开办店肆的倡议者，汉灵帝经常流连其间，看货砍价，不亦乐乎。有时，汉灵帝还亲自上阵，站台卖货，同买货的宫人宦官讨价还价。因为他是皇上，一般人根本不敢真的较劲，这使他的货物经常能卖出比别人高得多的价钱，收到的银两比任何人都多。对于这些银两，汉灵帝竟然毫不客气地都装进了自己的腰包。由于做得过于认真，皇宫的店肆中经常发生一些贸易纠纷。汉灵帝对此也有解决的办法。他专门让办事认真的宫人做管理市场的官员，有了纠纷便由她评判是非，并以她的裁决为准，谁也不得有异议。

汉灵帝在宫中设肆，除了受崇商之风的影响外，主要的目的可能还是找找乐子。但其接下来做的事情更是令人难以想象，为了搜刮钱财，他竟做起了商人，而且做的是无本的买卖，商品是朝廷的官职。就在上文提到过的西园，他开办了一个官员交易所，明码标价，公开卖官。地方官一般比朝官价格高一倍，县官则价格不一。求官的人可以估价投标，出价最高的人就可中标上任。除以上公开叫卖的方法外，他还根据官职的大小明码标价，值2000石的官职就标价2000万钱，400石的官职就标价400万钱，可以现金交易，也可以先打借条，到任后再加倍偿还。其昏庸之程度让人难以相信。

汉灵帝刘宏在位共21年，作为全国最大的黑心商人，他一生昏庸无耻，横征暴敛，欺压百姓，导致国家府库空虚，民穷财尽，民怨沸腾，社会矛盾激化，终于在公元184年引发了黄巾军农民大起义。在镇压黄

曹操像

选自《古先君臣图鉴》清刊本 佚名

曹操，字孟德，小字阿瞒，曹魏政权缔造者，沛国谯县（今安徽省亳州市）人。《三国演义》对曹操的评价有失偏颇，虽然曹操可谓乱世"奸雄"，但他对当时中国北方的治理是功不可没的。统一北方后，曹操兴办屯田，招安流民，迁徙人口，劝课农桑，兴修水利，检括户籍等，恢复了农业生产，保证了粮食供应。这也使得在战乱的年代，中国北方的商业还得以维持运转。如今看来，《后汉书》称其为"清平之奸贼，乱世之英雄"；《三国志》评其为"可谓非常之人，超世之杰矣"，才更为稳妥。

巾军的过程中,地方势力纷纷崛起,东汉王朝终于走到了尽头。曹操、刘备和孙权在军阀混战中脱颖而出,各自建立起了政权,历史进入了魏蜀吴三国鼎立的时期。

在举旗起兵的初期,曹操、刘备和孙权都曾得到过大商人的资助,而刘备的背景更为特殊,因为他起兵前本身就是一个商人,只是经营的商品实在不值一提。

历史上有记载,刘备卖的是草席和鞋子。

孙权像
选自《古帝王图》卷 (唐)阎立本/原作 此为宋人摹本 收藏于美国波士顿博物馆

孙权,字仲谋,孙吴国政权统治者。孙权称帝后,设置农官,实行屯田,设置郡县,剿抚山越,招抚北方南逃的流民,极大地促进了江南的开发,为后来中国经济中心南移奠定了基础。

刘备：从卖草鞋到治国

刘备的家乡在涿郡涿县（今河北省涿州市），据称是中山靖王刘胜之后。他年幼时父亲即已去世，只好与母亲相依为命，以织席贩履为生。对于一个商者来说，卖这些自编的草苇制品应该算是小商贩中的小贩了。备几捆干草，编几双草鞋，然后拿到集上去卖，利虽薄些，但不需要投入资金，还能换口饭吃。背着自制的草鞋走在涿郡的街上，刘备恐怕不会想到日后的荣华。那时他考虑最多的问题应该是：谁买我的草鞋？

后来，黄巾起兵反汉，英雄四起，天下大乱，卖草鞋的刘备也终于被当地两个大人物盯上。这两个人一个叫张世平，一个叫苏双，都以贩马为生，家有钱财万贯，均属涿郡的名流。他们盯上刘备的理由当然不是需要草鞋，他们需要的是和中山靖王一样的一个刘字。

大商人张世平和苏双趁乱以万金资刘备起事，小商贩刘备这才得以

刘备像

选自《古帝王图》卷 （唐）阎立本／原作 此为宋人摹本 收藏于美国波士顿博物馆

刘备（161年—223年），字玄德，涿郡涿县（今河北省涿州）人，三国蜀汉开国皇帝。刘备年少丧父，因家贫曾与母亲贩鞋、织草席为生。他家中有株大桑树，长得十分茂盛，遥望见树顶如同车盖，小时候，刘备与宗族中的小儿于树下玩耍时说过：「我一定会坐有羽饰华盖的车。」他的叔父刘子敬听到后，当下斥责他：「不许胡说，你想招来灭门之祸吗？」可见他志存高远。有歇后语：刘备卖草鞋——本行。刘备宅心仁厚，虽然一生漂泊，但深得百姓爱戴。建立蜀汉政权后，刘备开辟四川邮道，这促进了四川与外界的商业往来。

张飞像

选自《三国人物志图》 佚名

张飞（？—221年），字翼德，涿郡涿州）人。张飞勇猛异常，与关羽并称为「万人敌」。最终，因暴而无恩，被手下范强、张达杀害。受《三国演义》的影响，张飞的暴烈的人物形象深入人心，有很多关于他的歇后语，带有商业性质，如「张飞吃秤砣——铁了心了」「张飞卖针——人强货扎手」「张飞卖肉——光说不割」等。在民间，张飞还被尊为「屠宰业祖师」，从事屠宰行业的人一般都会供奉他。

抛开穷困的生活，组织起一支地主武装，加入了剿灭黄巾军的战争。在不断的征战中，刘备的实力逐渐增强，得到了许多大人物的青睐。家有僮客万人、资产巨亿的东海大商人糜竺主动找上门来，将妹妹进与刘备为夫人，这位夫人即后来关羽千里走单骑所保的甘糜二位夫人之一。为了让刘备有充足的资金扩军，实现夺取天下的宏愿，糜竺还慷慨解囊，为妹夫送上奴客二千和数万金银货币，以充作军资。凭借商人的资助和张飞关羽等一干兄弟及巨谋诸葛亮辅佐，刘备巧妙地周旋于群雄之间，不断扩充实力，最终率军入蜀，驱走前来请求帮助消灭叛将张鲁的东汉宗室刘璋，建立蜀汉政权，自称汉皇帝，与曹操、孙权形成三足鼎立之势。

　　刘备建立的蜀汉政权在三国中地盘最小，人口最少，要想与曹魏及孙吴对抗，必须有过人的手段，否则将难以久存。有商人头脑的刘备深知这个道理，从初入蜀地始，他便采取重视商业发展的政策，实行以商富国的军事政治方针，把经济基础的建设当作自己政权的有力支撑。

　　蜀汉的商业发展主要靠农业生产和当地的盐、铁、金、银、漆、丝织品、朱砂等商品的生产和贸易来支撑。依靠发达的冶铁业、成熟的井盐生产技术和众多蜀锦纺织业者的长期劳作，通过对这些商品在流通过程中征收税利，蜀汉的国库日渐丰盈，军资所需源源不断，整个国家处于一种相对富足丰饶的状态之中。在相当长的时间内，成都的街市上商肆成行，大量的土特产品和手工业商品集中在集市之上，交换贩卖，或等待商者运往各地。每天从早晨开始，这些集市便聚集了来自全国各地的大小商人，他们穿梭在熙熙攘攘的人群中，往来巡视，估价买卖，营造出了"冠带混并，累毂叠迹""喧哗鼎沸则唬聒宇宙"的热闹景象。蜀汉的商业经济从汉末的衰退中逐渐恢复。

　　就在蜀汉商业恢复发展的同时，魏与吴的商业也正从汉末战乱的阴影中走出。同蜀汉一样，魏的商业复苏也是从发展农业和手工业生产开

关羽像　清代皇家唐卡

关羽（？—220年），字云长，河东郡解县（今山西省运城市）人。关羽因勇武忠贞而受到帝王推崇，被褒封为关圣帝君、关帝君、关帝等。在民间，关羽被俗称为关公、关二爷、关二哥、关老爷。因此，在民间，关羽又被尊为「武财神」，从事与「武」有关的行业，如镖局等，一般都会供奉他。

桃园义聚 年画 （清）佚名

「桃园结义」的故事虽然在史料中没有记载，但在民间却流传深远。除罗贯中的《三国演义》外，在戏曲、评书等其他艺术作品中，桃园三结义的故事也多出现。元杂剧中的《刘关张桃园三结义》中对该故事是这样描述的：蒲州州尹臧一鬼欲谋自立，请关羽为帅。关羽杀死此人，随后逃往涿州范阳。此时张飞正在当地开肉店。这天，张飞外出，故意在店前用千斤巨石压住一把刀，告诉伙计，如果有人能从巨石下取出刀，就将肉送给他，分文不取，结果刀被关羽取出。张飞回店后得知消息，专门去到关羽入住的客店相访，并拜关羽为兄长。后来，二人与刘备一起喝酒。刘备大醉而卧，只见有赤链蛇钻进刘备七窍之中。关羽觉得「此人之福，将来必贵」，于是又共拜刘备为兄长。三人在城外桃园杀牛宰马，祭告天地，并立誓「不求同日而生，只求同日而死」。

始。早在魏国建立之前，曹操就在许昌和其统治的各郡国招募流民，实行屯田政策。魏建立后，以冶铁业、百姓生活必需品和一些生产资料为主的商品生产销售呈现出越来越旺的发展势头。在朝廷的鼓励下，曹操筑铜雀台的邺都迁入了大量的人口，大规模的商业贸易随着全国政治经济中心从许昌到邺的迁移和人口的激增而迅速发展，左思所著的《魏都赋》对当时这个新兴城市的描述是"廓三市而开廛，籍平逵而九达。班列肆以兼罗，设阛阓以襟带。济有无之常偏，距日中而毕会……质剂平而交易，刀布贸而无筭。财以工化，贿以商通"。此时，邺都的繁荣比洛阳等地也毫不逊色，它的兴旺基本反映了魏国商业的繁荣程度。

相比于魏国和蜀国，孙吴的经济一直比较落后。在汉朝时，江南的很多地区还处在火耕水耨的原始农业时代。东汉末期的战乱使得中原淮泗间的很多士族和平民百姓避乱江东，带来了先进的生产技术和成熟的经商方法，使江南地区特有的陶瓷、金属制品、纺织品以及其他一些农副产品有了更优的质量和更广泛的销售空间。商肆的规模和数量在城市中空前膨胀，武昌、建业（即今南京）等新兴的商业城市迅速发展壮大，日渐繁荣。

三国时期的商业带有非常鲜明的时代特征，首先，由于货币制度的混乱，以物易物的方式再次抬头，商品交换在各国内部及三国之间成为贸易的主要方式。其次，基于各国地理位置的不同，三国时的对外贸易也呈现出明确的分工。比如曹氏建立的魏国主要与西域及东北各国进行贸易交往，刘备的蜀国主要与掸国（即今缅甸）、天竺等国开展商业活动，孙权创立的东吴则从海路与东南亚各国交往密切。所有这些都是别国不可替代的商业行为。除此之外，三国时的商业还有一个显著的特点，就是对豪强巨商的照顾比之前的任何朝代都多。由于小商人刘备起兵时得到了大商人张世平、糜竺等人的资助，官宦曹操起兵时得到了豪强许褚、李典等人的资助，豪杰孙策起事时得到了世家周瑜、张昭等人的帮助，所以这三家建国后不约而同地把承认这些豪强们的既得利益、给予特殊的优惠政策当作理所当然的事情，从而造就了一大批画地为营、不受正常商业活动限制的特殊商人群体，阻塞了商业的正常流通渠道。这也成为三国时期经济恢复、商业复苏过程中一段不和谐的插曲。

整个三国时期延续了60年的时间，这期间，中国的商业活动从东汉末年的停滞不前到三国归晋时的初步繁荣，走过了一段艰难的历程，其间实行的许多措施在今天看来也有着划时代的意义。三国分治形成的政治割据局面，使南方的经济比重得以上升，豪强对商业的控制程度加深，海外贸易发展速度加快——所有这些都对西晋及之后的商业发展产生了深远的影响。

诸葛亮脸谱
选自《升平署人物脸谱》（清）佚名

诸葛亮（181年—234年），字孔明，琅琊阳都（今山东省临沂市沂南县）人，外号卧龙、伏龙，蜀汉丞相。诸葛亮是中国历史上集忠、孝、义、谋于一身的智慧化身。历史上，相比于用兵智谋，诸葛亮治理蜀国的政绩更为耀眼。刘备托孤后，蜀汉朝政全权由诸葛亮打理，他实行屯田政策，积极改善与西南少数民族的关系，开发西南地区，促进经济发展。所以《三国志》中评价道：「诸葛亮之为相国也，可谓识治之良才，管、萧之亚匹矣。然连年动众，未能成功，盖应变将略，非其所长欤！」

石崇：还有谁来跟我比富

公元280年，代替曹魏建立西晋的武帝司马炎派兵灭掉三国残存的最后一个政权——东吴，结束了汉末以来军阀混战、地方分治的割据局面，重新建立起了一个统一的封建政权。西晋建国后，首先加强了中央集权的重建工作，这一政治工程的重建直接催生了一系列社会经济措施的出台，中国的商业贸易也因此进入了一个新的时期。

西晋政权采取的社会经济发展措施涉及范围很广，除了颁布占田课田制，规定封建编户齐民对土地的占有量和官府的赋税征收标准外，政府还先后采取措施阻止正在日益发展的人身依附的加强，如下令废止民屯，使屯田民著籍州县，成为政府所控制的人口，还有"诏禁募客"，明令"豪势不得侵役寡弱，私相置名"。在这些政策和法令的保护下，许多农民不再受徭役之苦，而且还获得了一定的生活资料及土地，使农业生产获得了迅速的恢复和发展，出现了太康年间"天下无事，赋税均平，人咸安其业而乐其事"的繁荣景象。农业经济的恢复，给其他经济带来了新的生机。正是在这种太平盛世之下，西晋的商业在三国的基础上有了较大的发展。

西晋的商业虽然建立在三国商业活动的基础之上，但比三国时要兴盛许多。此时，商人的逐利更为容易，重商轻农的风气因此又有所抬头。这从西晋政府颁布的以农业为本、驱商贾于农的律条中可以看出。如果商业活动没有对农业构成实质性的威胁，政府就不可能严令各地官吏"务尽地利，禁游食商贩"。事实上，西晋商业的发展也的确过于迅猛，晋灭吴后，从乱世中走出的豪商巨贾喘息刚定，便开始了新一轮对财富的追逐，并迅速致富。在这些人的影响下，原先各国中旧的朝廷官员及新的贵族官僚也紧随其后，聚敛钱物。到后来，连皇室中人也加入到了商人的集团中来，曾"于宫中为市"的皇太子司马遹就以"手揣斤两，轻重不差"的硬功夫而闻名后世。由于有着执政的背景，官僚商人的风头很快压倒了过去的豪商巨贾，成为新兴的财富持有者。这些依靠手中掌握的政治资源暴富的官僚商人喜欢追求享乐，生活极度奢侈，使整个社会的奢靡之风日盛，对财富的公开炫耀竟成为一种时尚。

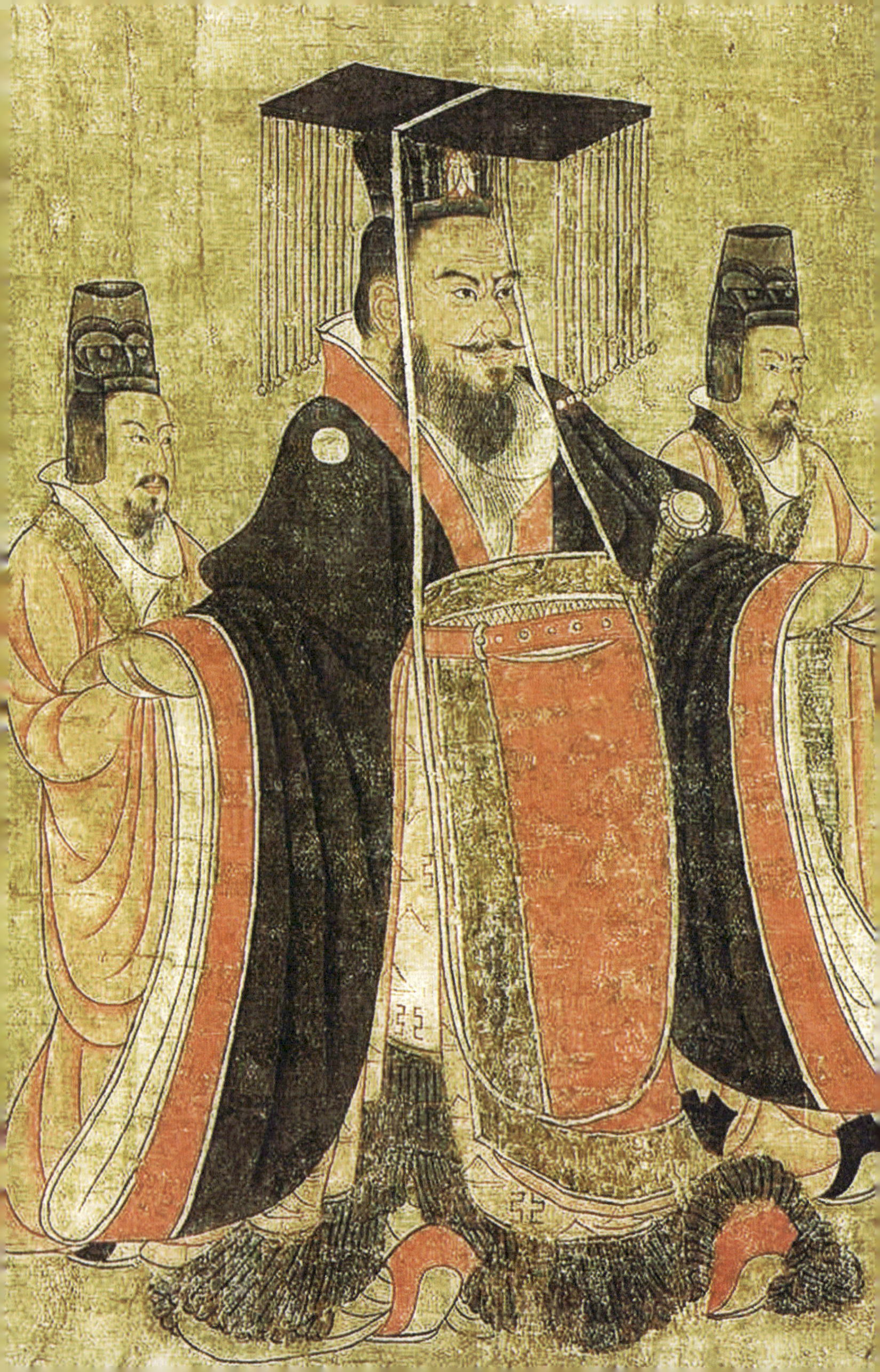

司马炎像

选自《古帝王图》卷 （唐）阎立本／原作 此为宋人摹本 收藏于美国波士顿博物馆

司马炎（236年—290年），字安世，河内郡温县（今河南省焦作市温县）人。建立西晋后，司马炎早期颇勤于政事，发展经济，使得自汉末以来被战争破坏的经济得到了一定的恢复。但在位后期，司马炎开始贪图享乐，为「八王之乱」埋下祸患。

石崇像
选自《博古叶子》 （清）陈洪绶

石崇（249年—300年），字季伦，渤海南皮（今河北省沧州市南皮县）人。西晋富豪，"金谷二十四友"之一，为大司马石苞第六子。石崇虽然天资聪颖，颇有政治才能，但是他却靠劫掠往来的富商来发家致富，成为不仁而富的代表。石崇发家致富后，生活奢靡，最为奥名昭著的就是与王恺斗富。永康元年（300年），赵王司马伦政变后，石崇不肯将宠妾绿珠献给司马伦党羽孙秀，遭到诛杀，夷灭三族。

著名的石崇、王恺比富的故事就发生在这一时期。

石崇是魏国司徒石苞的儿子，他本人因伐吴有功，被封为安阳乡侯，后调任荆州刺史。在荆州做官时，他一方面利用自己的权势取得了一些关系国计民生的重要商品的专营权利，从中攫国家之利，揩百姓之油，另一方面又让自己的亲兵扮作强盗，抢劫其他商人的财物，很快成为全国最大的富豪。从荆州调回京城为官后，石崇最富之名声更响，引起后将军王恺的不满，俩人便较劲儿斗起富来。王恺是魏国大臣王肃的儿子，司马昭的妻弟，晋武帝司马炎的舅舅。为了压制石崇的气势，他故意让下人用糖洗刷餐具，并把这一信息透露给石崇。石崇听说后，就用蜡烛当柴烧，显示自己的富有。接着，王恺又在自己经常经过的道路两旁用紫丝布做成了40里长的步幛，石崇则用织锦布做了50里的步幛，又超王恺一头。之后，王恺把家里所有的房屋都用香料刷过，石崇就吩咐家人用红色的石蜡涂墙，仍然不落下风。这样斗了几次，王恺都没斗过石崇，心里更加不服，他想起司马炎家里有一株二尺多高的红珊瑚，就进宫要了来，带着来到石崇家中，以为这一次石崇输定了。谁想石崇看了，竟挥起一把铁尺，几下将珊瑚击得粉碎。王恺刚要发火，石崇却笑着拦住，吩咐家人从后堂抬出十几株珊瑚，让王恺随便挑。这些珊瑚最大的有三四尺高，最小的也比王恺带来的好。王恺见此情景，知道再也斗不过石崇，只好俯首认输。

石崇富甲一方，连皇帝都比不过他，可见西晋的官僚商人的确富可敌国。但是，如果仔细分析就可发现，石崇、王恺等官僚商人的骤富是靠排挤打压甚至掠夺私营商人利益而得来的，这种聚敛财富的方式不可避免地会使正当的商业发展受到影响。因此，西晋的私营商人，特别是中小私营商的经商环境为历朝历代之最差。更多的时候，他们只得靠给官僚商人的奢侈性消费做些服务性的经营而生存，这使本已畸形发展的西晋商业更显畸形。在很短的时间内，三国后期至西晋初依靠社会生产恢复而增长的财富便被消耗殆尽。

从以上内容中可以看出，官吏与商业结合、官僚经商是西晋商业的主要特征。这时，整个社会的贱商意识已基本消除，商者与官僚的融合使行商这一行为不再被社会轻视，商人的身份得到了史无前例的提高。当然，这一切主要针对的是那些有官僚背景的大商人，真正的中小商人依然会受到歧视。比如，晋武帝为保护农业生产发出的"禁游食商贩"

的诏令所禁的就是他们。另外，在西晋的法令中还明确规定市侩必须戴头巾，头巾上要写明姓名和所卖物品的名称。与此同时，商人们还必须一脚穿白鞋，一脚穿黑鞋，以区别于一般人士。西晋对一般商贾的丑化由此可见。

从西晋初建到北周、陈朝灭亡的320多年间，中国商业的发展起起落落，一直未能有大的起色。其中既有频繁的战乱和政权不断更迭的原因，也有统治阶层为了追逐财富，利用政治资源涉足商业，破坏正常商业秩序的影响。在此情况下，中国的商品经济总体处于一种严重的萎缩状态。直到隋唐时期，伴随着国家的重新统一和社会的相对稳定，商业的流通才重新顺畅起来，以官方背景支持的正常及非正常的边境互市贸易和自由商人们所进行的活跃的商业活动为基础，中国的商业发展又进入了一个全新的时期。

何明远：安禄山背后的金主

互市贸易是隋唐时期商业活动的重要组成部分，以政府经营为主的互市方便了中国与周边民族的商品交换，同时也催生了一批新的从互市中暴富的自由商人。有官方背景的定州巨商何明远的崛起就依赖于这一时期互市的兴盛。

与周边国家的互市贸易从西汉时就已成熟，后因战乱经历了一段时间的低潮期。隋朝统一中国后，原先大部分时间处于分割状态的各地方商品贸易迅猛发展，一些大的商业城市逐步繁荣起来，成为全国贸易的中心。为了适应各地小商品生产者的要求，为各地百姓提供方便的购物环境，使买卖双方免除长途跋涉之苦，隋的统治者还在远离正规市场的农村设立了草市贸易场所，以作为城市贸易的补充。辐射全国的草市贸易形式延伸到边境，丰富充实了已严重萎缩的与周边少数民族的互市贸

唐玄宗像

选自《历代帝王半身像》册　佚名　收藏于中国台北故宫博物院

李隆基（685年—762年），唐朝在位最久的皇帝。庙号"玄宗"，又因其谥号为"至道大圣大明孝皇帝"，故亦称为唐明皇。在位前期拨乱反正，任用姚崇、宋璟等贤相，励精图治，成就"开元盛世"。在位后期宠爱杨贵妃，怠慢朝政，宠信奸臣李林甫、杨国忠等，加上政策失误和重用安禄山等塞外民族试图来稳定唐王朝的边疆，结果导致了后来长达8年的安史之乱，为唐朝中衰埋下伏笔。

易范围和活动内容，互市贸易的次数也更为频繁。公元607年，热衷于互市贸易的隋炀帝又在鸿胪寺置东夷、南蛮、西戎及北狄使者各一人，各自掌管隋与这些国家的互市事务，使隋朝与各国的互市日趋兴盛。由于隋与西域各国的互市多在张掖进行，隋炀帝还特地委派吏部侍郎裴矩到张掖"监诸商胡互市。啖之以利，劝令入朝"（《隋书·食货志》），以加强与各地商人的联系。唐取代隋后，由政府规范进行的边贸互市更加活跃，影响也越来越深远。随着时间的推移，具体经营互市的人员所得到的利润越来越大，一大批官僚不顾唐王朝关于不得随意进行边贸活动的禁令，纷纷以私人的身份参与其中，牟取暴利，使互市贸易的实质发生了根本性的变化。唐开元年间，安禄山管辖之下的边关三驿主持何明远就曾投身边贸互市之中，成为家有绫机500张、专向胡人提供高级绢帛的巨富。

何明远身为朝廷命官，竟敢置政府的明文法律于不顾，除了可获得高额的利润外，还有一个重要的原因，就是他的背后有一个安禄山在撑腰。有着胡人出身背景的安禄山年轻时曾做过撮合买卖成交的中介人，即后来人们所称的"牙人"。天宝年间，颇有心计的安禄山得到唐玄宗的赏识，官拜平卢、范阳、河东节度使之后，自己感觉有了与中央政府对抗的实力，便开始了政治及军事、经济上的精心准备。安禄山在经济上的准备之一就是在自己的辖区内与周边少数民族直接进行贸易，以积累财富，充当军资。因此可以这样认为，身为安禄山的下属和这一措施的具体实施者，何明远的500张绫机实际上就是安禄山反唐的银库之一。

何明远经营绢帛互市有着得天独厚的条件，首先，他的经商范围属安禄山管辖，因此不必受唐代中央政府限制与少数民族商人直接从事贸易的法令束缚，可以随意行事。其次，他自己官居"三驿"主持之职，具备了与少数民族商人直接从事交易的条件。另外，他掌握着数量可观的绫机，拥有可靠的获利丰厚的货源和固定的销售渠道。事实上，何明远主持"三驿"，就意味着由他垄断了交通要道以及与少数民族商人进行贸易的特许权，因此他的暴富也就成了顺理成章的事情。后来他调离此任，失去了与少数民族商人直接开展互市的有利条件，立即家道贫败。不久之后重任旧职，家境又很快兴盛起来。

安禄山反叛兵戈举 选自《元曲选》明刊本 （明）臧懋循 编著

安禄山（703年—757年），字轧荦山，营州柳城（今辽宁省朝阳市）人，粟特族。安禄山出身西域康国，原本姓康，但因其父早逝，其母改嫁安延偃，才改姓安。安禄山天资聪颖，语言天赋极高，能精通西域六蕃语言，历任平卢军兵马使、营州都督、三镇（平卢、范阳、河东）节度使等。天宝十四载（755年），唐玄宗两次招安禄山回京，都被安禄山以病推辞了。如此频繁的召见，让安禄山深恐不安。于是，同年十一月，安禄山以诛杀宰相杨国忠为名，在范阳起兵叛乱。唐玄宗不得不在禁军的保护下带着杨贵妃仓皇入蜀避难。不过，有狼父必有狼子，至德二年（757年），安禄山被他的嫡次子安庆绪指使宦官李猪儿杀害。可笑的是，史思明杀死安庆绪篡位大燕皇帝后，也是被自己的儿子史朝义所杀。可以说，安禄山之所以敢反叛唐朝，全在于他有像何明远这样的富商支持。

何明远与少数民族的贸易交往，是藩镇割据势力对工商业利润追求的直接结果，也是私营手工业作坊与官吏结合经商的典型，是在藩镇势力膨胀下鼓励当地商人与周边少数民族直接交易的一个特例，与唐代实行的正常的互市贸易有本质的区别。作为我国历史上最鼎盛的时期，唐王朝与周边民族一体化关系的逐步确立，西汉时开拓的丝绸之路延伸到了更远的地方，唐代的国际地位进一步提高，这一切都使唐朝的互市贸易带上了一丝浓重的政治色彩。从唐代乃至隋代互市的经营情况来看，这一时期是我国历史上民族贸易的转型期，即贡赐贸易与互市并存的重要时期。贡赐贸易作为民族贸易史上的一种特殊形式，在唐代与西北民族贸易中占有比较重要的地位。据不完全统计，安史之乱前，西域前来唐朝的朝贡多达170余次，按照赐品要远远高于贡品的原则，唐王朝为此付出的该是一笔庞大的开销。随着互通有无的互市贸易的发展，唐王朝的付出比贡赐贸易占主导地位时大为减少，但总体上仍处于一种赔本的状态。之所以如此，就是唐代实行的是一种比较开明、务实的民族政策，主观上是想扩大统治阶级消费品及奢侈品的来源，提高政治影响力，加强与少数民族政权的情感联络，客观上也达到了鼓励少数民族商人来中原地区从事交易的社会效果，从而为吸收更多资金和商品、提高中原地区商品的影响力创造了有利条件，带动了唐代商品经济的活跃。

唐代的互市贸易主要有绢马贸易和茶马贸易两种，绢马贸易即何明远所从事的贸易形式，就是以金银、绢帛及各种手工业品来交换周边少数民族的马匹及其他畜产品。绢马贸易在历史上维持的时间比较长，它曾经是中原王朝同周边少数民族进行政治联系和经济交流的主要形式之一。茶马贸易的实行时间则相对较晚，一般认为是在周边的少数民族形成了饮茶习俗之后，大约在中唐之际。说起茶马交易，有这样一则很有意思的故事：唐代中后期割据政权林立，国家整日战事不断，急需马匹。

《茶经》清刻本 （唐）陆羽 / 著

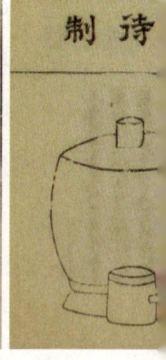

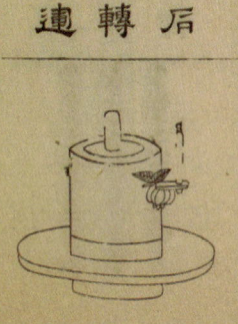

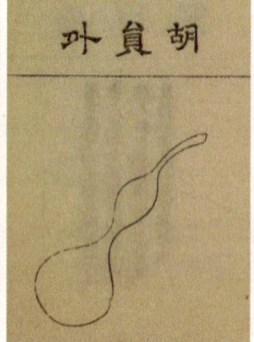

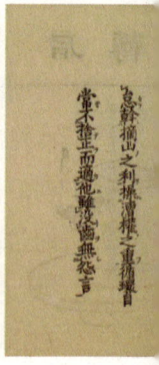

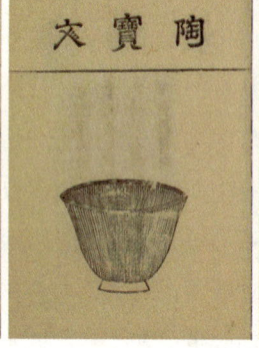

陆羽（约733年—约804年），字鸿渐，又字季疵，号竟陵子，又号"茶山御史"，唐朝复州竟陵（今湖北省天门市）人。陆羽一生嗜茶，且精于茶道，并写出了《茶经》三卷。《茶经》是世界上第一部有关茶的专著。全书分三卷十个部分，分别是：一之源；二之具；三之造；四之器；五之煮；六之饮；七之事；八之出；九之就；十之图。《茶经》问世后，深受历代人所喜爱。在唐代，种植贩运茶叶的发展形成了南方经济的一大收入。饮茶的习俗，从南方传到北方，逐渐普及。南方的茶叶，通过大运河和陆路大批运往北方各地，甚至远及波斯大食、吐蕃渤海，并在中期以后成为国家在历史上首建税茶，图为《茶经》中提到的日本茶具样式。

| 竺副 | 司職方 | 羅樞容 | 苦節君行省 |

| 建城 | 雲屯 | 烏府 | 水曹 |

| 器局 | 苦節君像 | 品司 | 茶譜 |

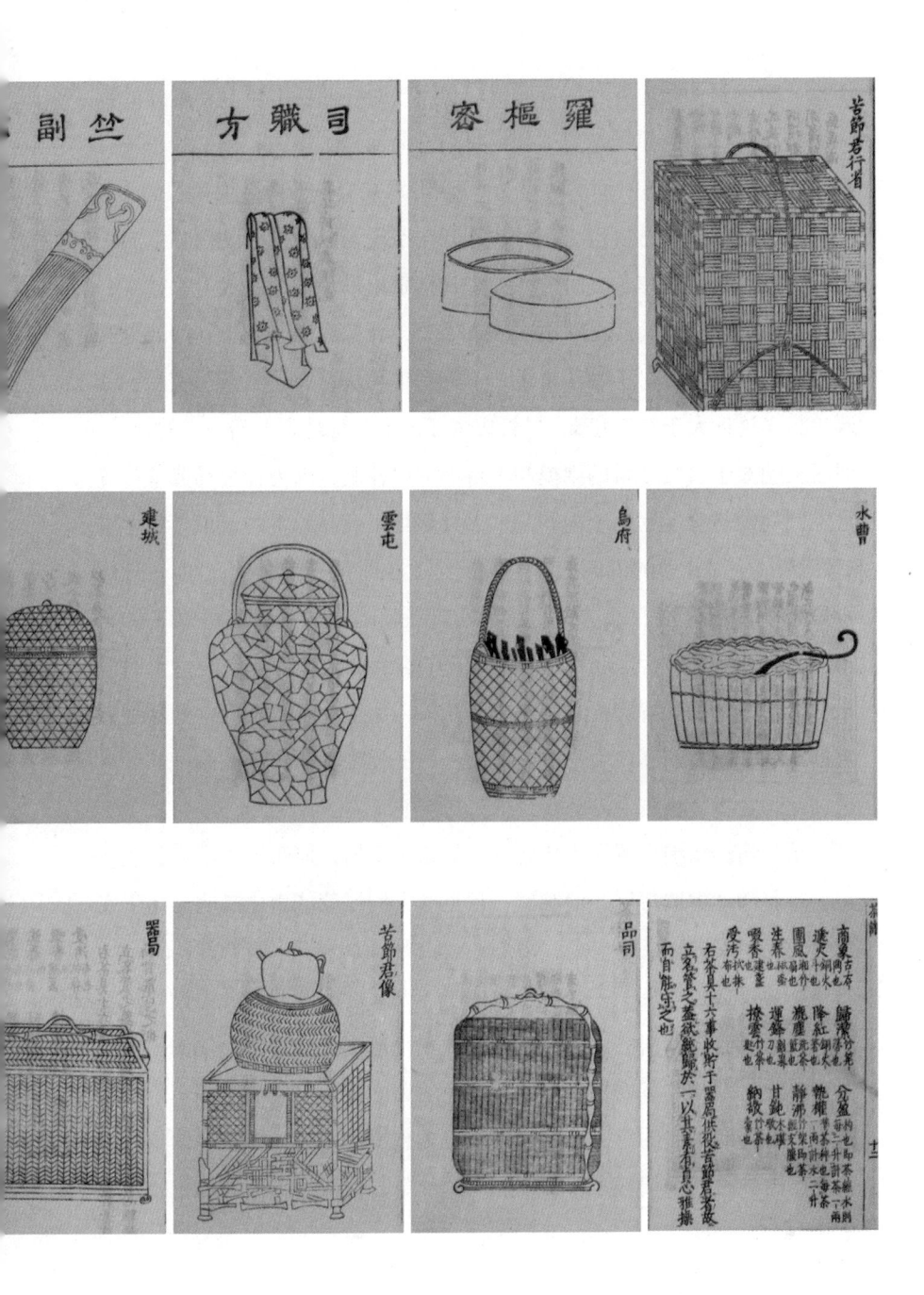

商象古石鼎也
歸潔竹筅帚也
分盈杓也即茶經水則也每二升用茶一兩
遞火銅火斗也
降紅銅火筋也
執權準茶秤也每茶一兩計水二升
團風素竹扇也
漉塵洗茶籃也
靜沸竹架即茶經支腹也
注春磁瓦壺也
運鋒劖果刀也
甘鈍木碪墩也
啜香磁瓦甌也
撩雲竹茶匙也
納敬竹茶橐也
右茶具十六事收貯於器局供役苦節君者故立名管之蓋欲統歸於一以其素業於底身雅操而自能善樂之也

十二

于是，朝廷派人到边界与回鹘商议，想用当时在回鹘上层颇受欢迎的茶叶交换马匹。回鹘使者把唐王朝的换马意向回复给国内，回鹘表示不想直接用马匹换取茶叶，而愿意拿1000匹良马交换一部由陆羽撰写的《茶经》。这时陆羽早已去世，一时找不到《茶经》的版本，朝廷马上派人四处去搜寻。正在焦急之时，诗人皮日休献出了一部《茶经》手抄本，终于换取了回鹘的马匹，解决了战事需要，《茶经》从此也在西北地区流传开来。实际上对于朝廷来说，不管是绢马贸易，还是茶马贸易，其政治意义远远大于经济意义。尽管边贸互市中的马是唐王朝急需的物品，但唐王朝对于边贸互市的规模却不得不加以控制，因为在绢马或茶马贸易中，马的估价远远高于绢和茶，大大超出了商品原本的价值。就拿唐与回鹘绢马贸易中的价值换算来说，马1匹即可换得绢帛40匹，马价明显高于市场价格。以这样的估价，唐王朝的绢马贸易以每年3000—4000匹马数为宜，否则就会超出其正常的承受能力。但是，由于回鹘在平定安史之乱和解除吐蕃威胁中的功劳，唐王朝不得不经常做这种超出自身承受能力的互市交易。据记载，唐王朝为此所付出的绢帛累计可达百万匹之多，这在当时的社会绝对是一笔庞大的开支。

面对朝廷在绢马贸易中如此巨大的赔本支出，何明远等商人还能从此项商业活动中取得巨大的利润，足见商人们经营能力之高明。由于安禄山的死和安史之乱的平定，何明远为安禄山所做的一切都没有了下文，他究竟为安禄山筹集了多少资金也成了一个无法解开的谜。不过，从各方面的情况分析，何明远的巨富只能算是小范围内的巨富，他的出名恐怕更多的是牵涉到了安禄山的缘故。何明远的富不要说与范蠡、子贡相比，就是同一朝代的巨商王酒胡肯定也要超出他不少。王酒胡为给唐僖宗捧场击钟百槌、捐钱十万修安国寺的壮举，何明远无论如何也是做不出的。

王酒胡：为皇帝修筑宫门

王酒胡击钟捐钱的壮举发生在唐朝末年，地点就在京师长安的安国寺内。

王酒胡生活的年代正赶上盛唐的末尾，此时的唐王朝早失去了开元盛世时的富足与繁荣，朝廷的收入也每况愈下，入不敷出。但从四川回来的唐僖宗，一心想再度复兴唐朝，于是他决定先修复因战乱而毁的朱雀门，只是窘迫的财政状况让他无法实施。他只好下旨要京城百姓每户出2贯钱，用作修建朱雀门的费用。刚经历战乱之苦的百姓哪有钱？这时王酒胡慷慨解囊一人捐了30万贯钱，替百姓解了难处。朱雀门修好了，接着朝廷又下令重修位于长乐坊的安国寺。有谋臣给唐僖宗出主意，让他这次还从商人的身上想办法。唐僖宗于是听从谋臣的建议，在安国寺设下斋宴，邀请长安最富有的商贾赴宴，并告知富商们只要捐钱1000贯，便可敲击新钟一次。

作为富甲一方的大商人，王酒胡按时来到了安国寺内，在规模宏大的斋宴上，众商人先后登上钟楼，敲击新钟，为皇上捧场献金。轮到王酒胡时，他信步上楼，拿起钟槌，稳稳地开始敲击巨钟。浑厚响亮的钟声从安国寺内传出，悠扬地回荡在长安的大街之上。王酒胡的鼓槌一下接一下地落下，好久没有停下的意思。直到有人数到100下，王酒胡才放下鼓槌，带着满足的神情走下钟楼，在众人惊讶目光中坦然落座。王酒胡的10万贯钱财就在这悠扬的钟声中落入了唐僖宗的募捐箱中。

王酒胡一斋击百槌，捐钱10万贯，在长安城引起轰动是必然的事情。他的这一行为当然有显示阔气、讨好皇上的意思，但另一方面也证明了唐朝时商人的富有程度。而在此之前，王酒胡已有过捐钱30万贯，助朝廷修建已显残破的朱雀门的壮举。身处已显败相、经济发展并不十分繁荣的唐朝末期，王酒胡仍然有能力做出如此举动，足见唐朝商人的富有是实实在在的，已很少受外界因素的影响。而这一切都与唐初就开始实行的一系列商业政策有着重要的关系。

唐朝对以城市商业发展为主体的商业贸易一直采取一种鼓励的政策。为了更好地促进市场繁荣，京城长安在隋朝设立的面积较小的都会、利人两市的基础上，改作占地面积更大、四面开门的东、西市，后来又进一步改称为中市、南市、北市等，使得长安城内出现了"郡国舟船，舳舻万计""重楼延阁，互相临映，招致商旅，珍奇山积"的盛景。与此同时，唐代的广州、扬州、成都及汴州等重要的商业城市，也都分别设立了数目和大小不一的坊市，西部商业重镇成都的坊市竟有东、西、南、北4个，市的规模比起长安也毫不逊色。坊市数目的增加和营业时间的延长，有效地加快了整个社会商品的流通速度，经商的队伍也相应地壮大起来。此外，担负商人住宿和商品经营双重功能的"邸店"、撮合贸易成交的"牙人"以及可供商人自由提取钱财的"柜坊"也在唐朝时开始出现。之后,比"柜坊"更为便利的"便钱"又进入商品交易过程中的货币流通领域,《新唐书·食货志》记载:"时商贾至京师,委钱诸道进奏院及诸军、诸使富家,以轻装趋四方,合券乃取之。"意思是说,商人们在京城经商,只要将货款交给本道驻京的办事机构进奏院,即可拿着票券,回本道合券后领回货款。这已是较为严密的兑换制度,商人经商因此得到了史无前例的便利。

在大力发展国内贸易的基础上,陆路和海路齐头并进的唐代对外贸易也呈现出了蓬勃发展的势头。唐代的陆路对外贸易仍然在西部,早在唐太宗击败东突厥时,就打通并延长了从汉时开始形成的丝绸之路,经这条路来唐经商的胡人带来大量金银、珠宝、香料等异域特产,带出了丝绸和瓷器等中国商品,沟通了唐王朝与这些地区乃至更远的欧洲某些国家的联系,加深了双方的友谊。在海上贸易方面,唐朝贸易对象主要有两个,一个是向朝鲜、日本、琉球方向,一个是向南洋、西亚以至东非。盛唐时期,这两条水路整天船舶往来不断,中国与世界各国的商品交流空前顺畅。

由于朝廷商业政策的支持,在整个唐代,商人经营商品贸易的规模得以不断扩大,财富的积累相对来说也较为容易,涌现出了许多像王酒胡一样的富豪。唐初自称用一匹绢买一棵树,便足可买断终南山,山上的树买完了,家里的绢还用不完的邹凤炽自不必说,可自由出入皇宫的巨商王元宝、号称"京师富族"的王宗和大药商裴谌也都是足以留名于中国商业史的豪商巨贾。从个体上来说,唐朝巨富们的风光要超过之前甚至之后的许多朝代。在之后的宋代,虽然也时有富甲一方的商贾出现,但由于整个社会经济环境的变化,比如传统的坊市制度的打破等原因,中小商贾们在商品经营中所占的比重得到了极大的提升,社会影响力也超出以往,其亮点在总体上盖过了同时期那些家资千万的巨富。

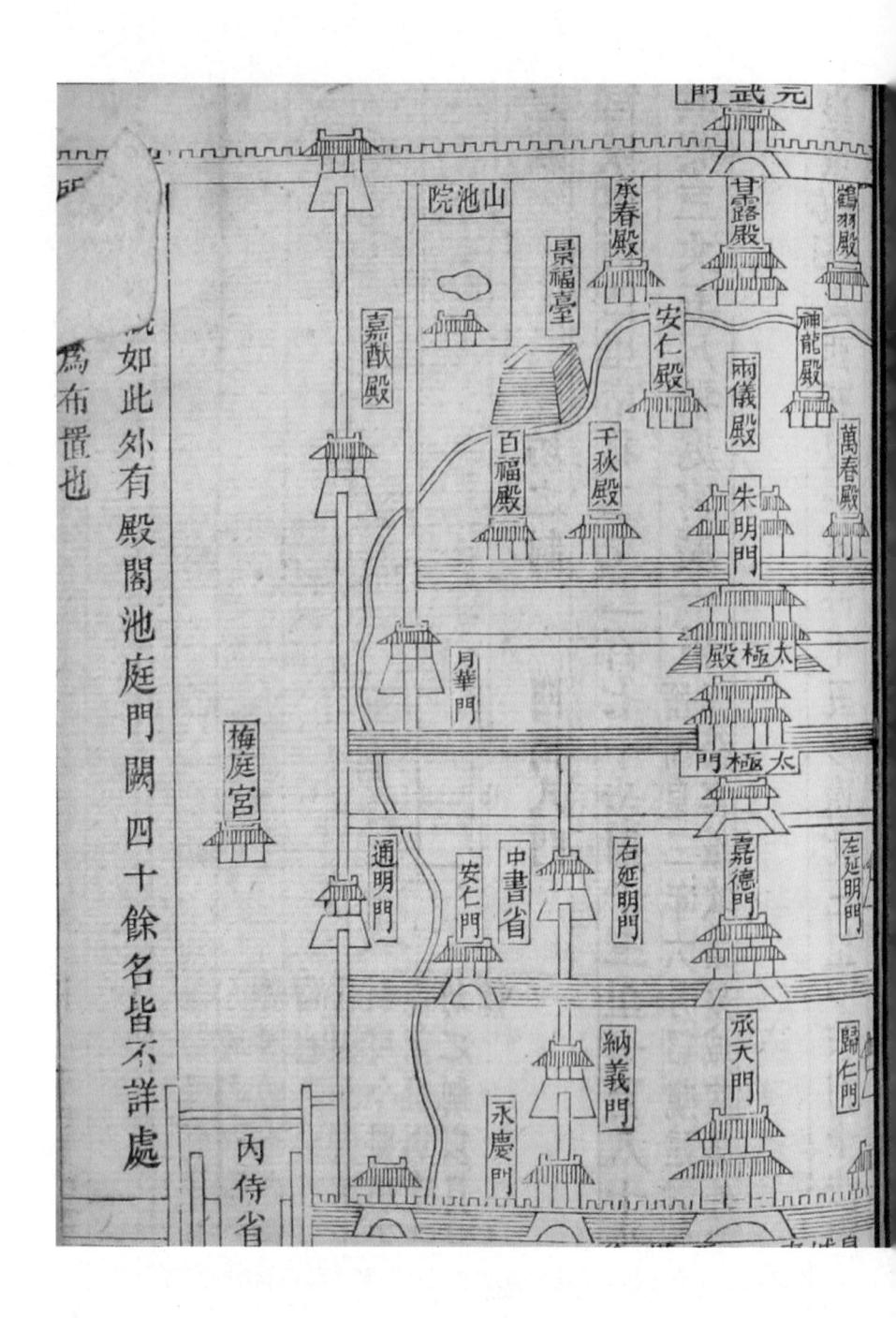

外有殿閣池庭門闕四十餘名皆不詳處為布置也

圖中標注：
- 元武門
- 山池院
- 承春殿、景福臺、鶴羽殿、翠路殿、神龍殿、萬春殿
- 嘉猷殿
- 安仁殿、兩儀殿
- 百福殿、千秋殿
- 朱明門
- 月華門
- 太極殿
- 太極門
- 梅庭宮
- 通明門、安仁門、中書省、右延明門、嘉德門、左延明門
- 納義門、承天門、歸仁門
- 永慶門
- 內侍省

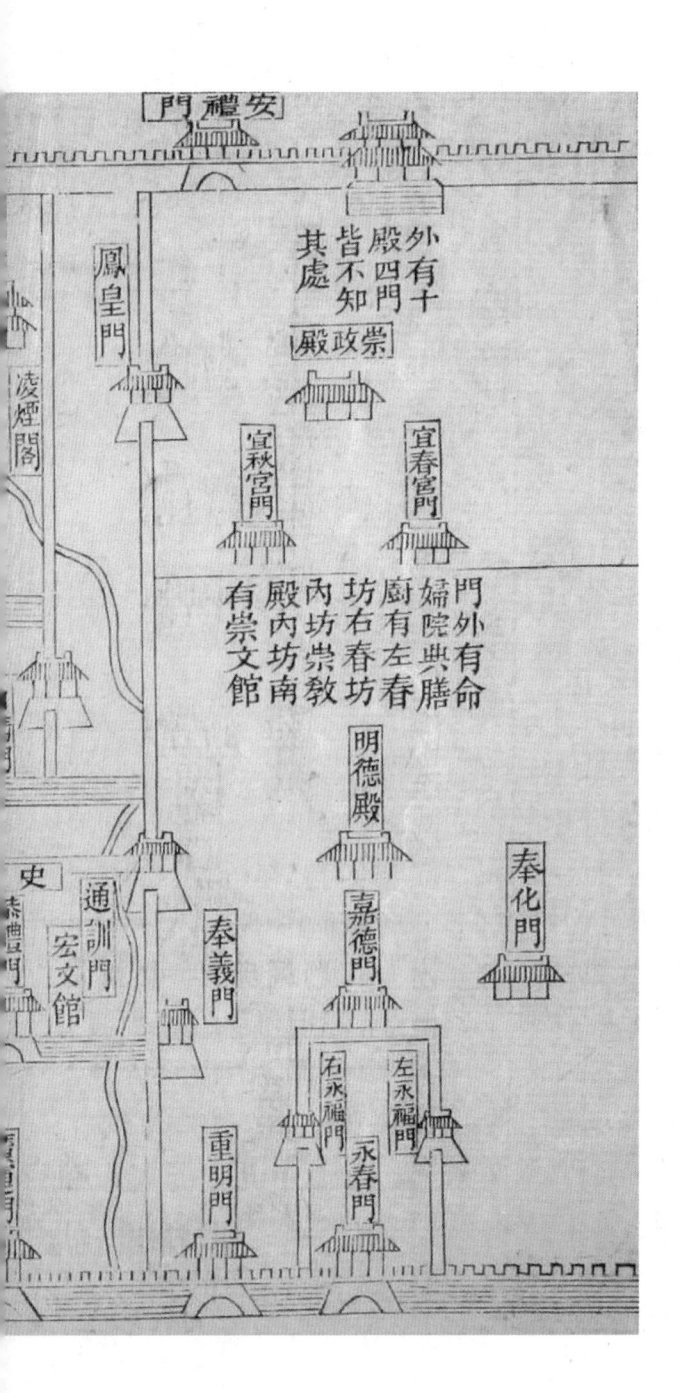

唐宫城图　选自《长安志》清刊本　（北宋）宋敏求 / 撰

唐朝的长安城面积达83.1平方公里，是一个拥有百万人口的国际性都市。唐朝政府鼓励外商来中国贸易，允许外商长期在中国居住和中国人通婚，在中国任官。在包容的贸易政策下，唐都城内各国商人、学者熙来攘往，共同赋予它的繁华与热闹。长安城为中轴对称布局，由外郭城、宫城和皇城组成。外郭城由坊、市组成。坊是居民区，市是交易区，唐朝时期严格区分，直到宋朝才打破这种格局。外郭城内有大街22条，分作110坊。坊呈长方形，结构划一，布列匀整。《长安志》记载：「棋布栉比，街衢绳直，自古帝京未之有也。」

《清明上河图》里的商业繁华

传统的坊市制度在宋代被彻底打破了。

从先秦开始实行的坊市制度一直是中国商业交易的传统经营模式。在坊市经营的理念中，坊指的是民居，市指的是市场，民居与市场是严格区分开来的。一般说来，居民必须在坊中生活，市中贸易。北宋年间，在这种由专门的市场官管理的集市中，已有早市、日市和夜市之分。在这些市中，商业的分工也更为精细讲究，专门的鱼市、马市、柴市等相继出现，商品的零售与批发也出现了分流的迹象，比如米店和米行，药店和药行，木器店与木器行等行业的分工渐趋明朗。这时，地处西部的商业重镇成都的特色集市也已发展成熟，正月的灯市，二月的花市，三月的蚕市，四月的锦市，五月的扇市，六月的香市，七月的七宝市，八月的桂市，九月的药市，十月的酒市，十一月的梅市，十二月的桃符市使成都的商品贸易活动在一年中都保持了极大的活力。另外，在都城汴京的大相国寺,每月5次的庙会成了固定的商品交易时间,经常性的商品交换和买卖更是无时无处不在,坊市分离的封闭式的商品经营模式因为不适应新的商业发展需要,终于走到了尽头,坊市合一的市场经营理念深入人心,一座座漂亮的大型店肆和遍地林立的小店小铺在居民区和街道两旁拔地而起,使商品的流通速度进一步加快,贸易规模不断膨胀,大批的行商巨贾、小商贩和市民充盈街市之中,呈现出了一幅空前繁荣的景象。

宋代著名画家张择端所绘的《清明上河图》清晰地再现了这一场景。

《清明上河图》(局部)
(北宋)张择端 收藏于北京故宫博物院

张择端自幼好学,早年游学汴京,后习绘画,宋徽宗时供职翰林画院。《清明上河图》是张择端仅存的精品,生动地再现了清明时节北宋都城汴京繁华的城市风貌。不过,繁华背后暗伏危机。卷首,官马受惊闯郊市,被改造为凉亭的烽火楼,官衙门口慵懒的士兵,往前,汴河上停泊的大型走私船,年久失修的城墙,无人把守的城门,外域骆驼商队畅通无阻;卷尾,专治酒病的「赵太丞家」医铺,在算命铺前求问仕途的科举士子……这些都表明了京畿禁军的骄纵与防守的松懈,民众的贪婪与读书人的利己,宛如一幅大宋盛世危图。可知,张择端意图并不在于展现汴京的繁华,而在于以画曲谏,警戒宋徽宗,要忧患起家国大事,而不要整日玩弄文艺,附庸风雅。

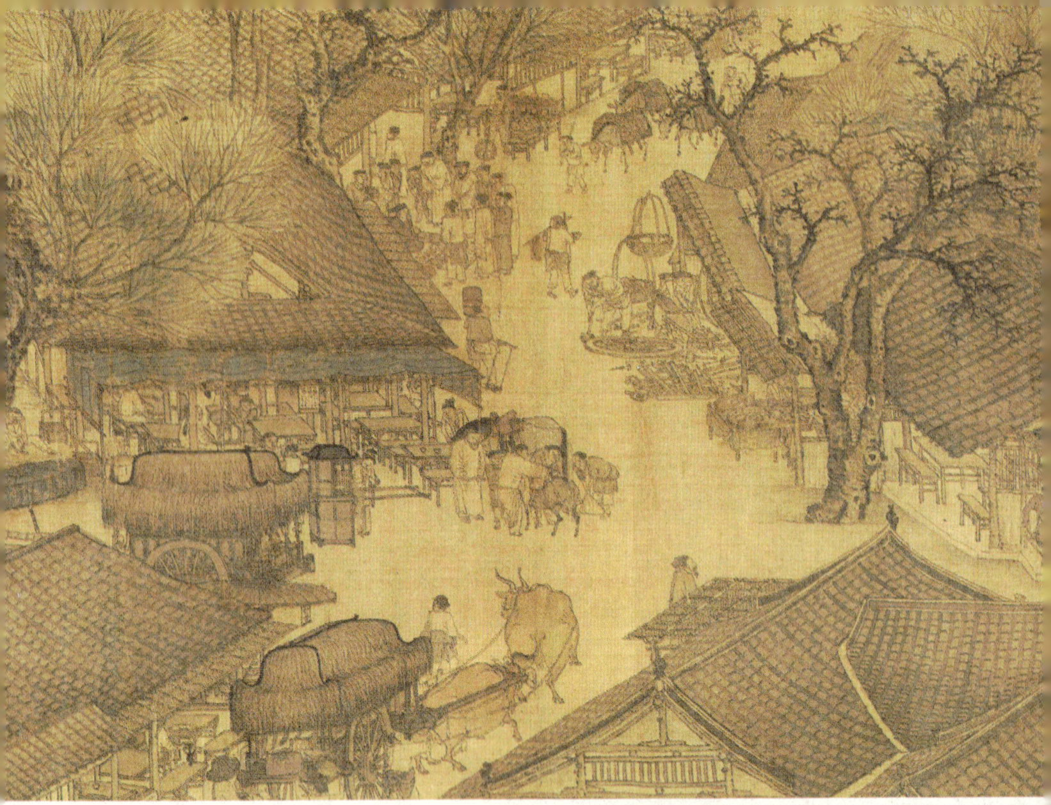

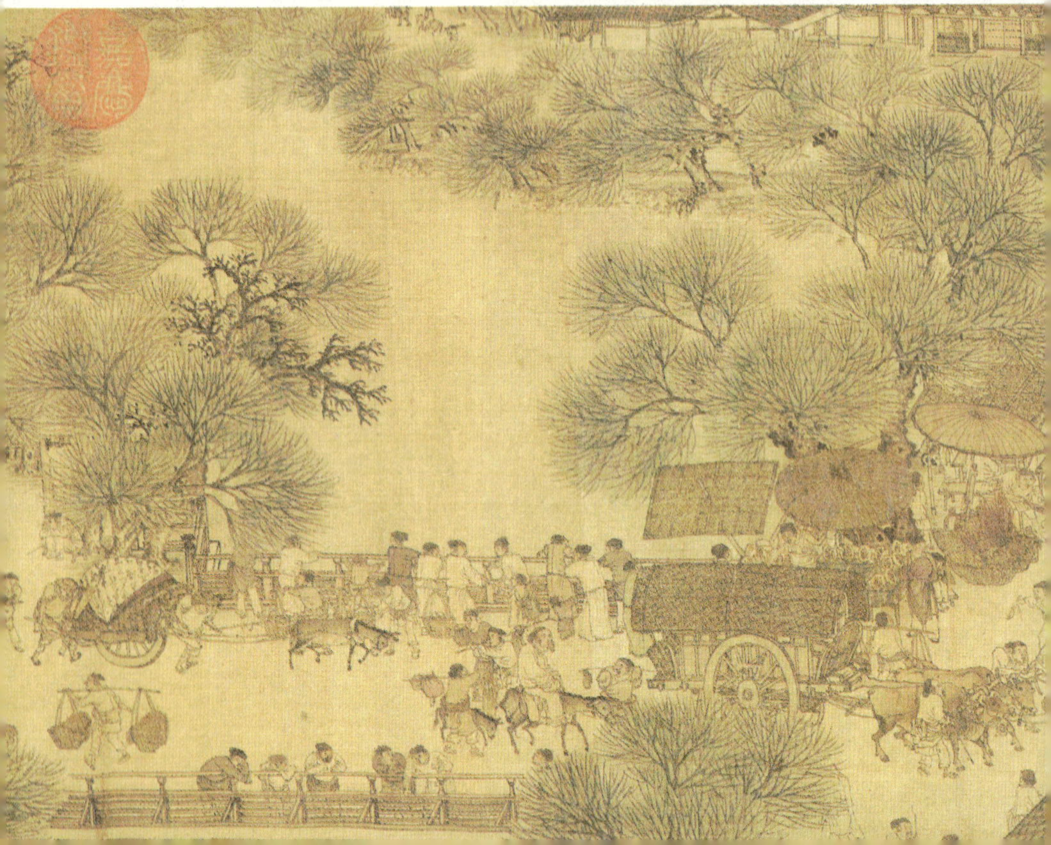

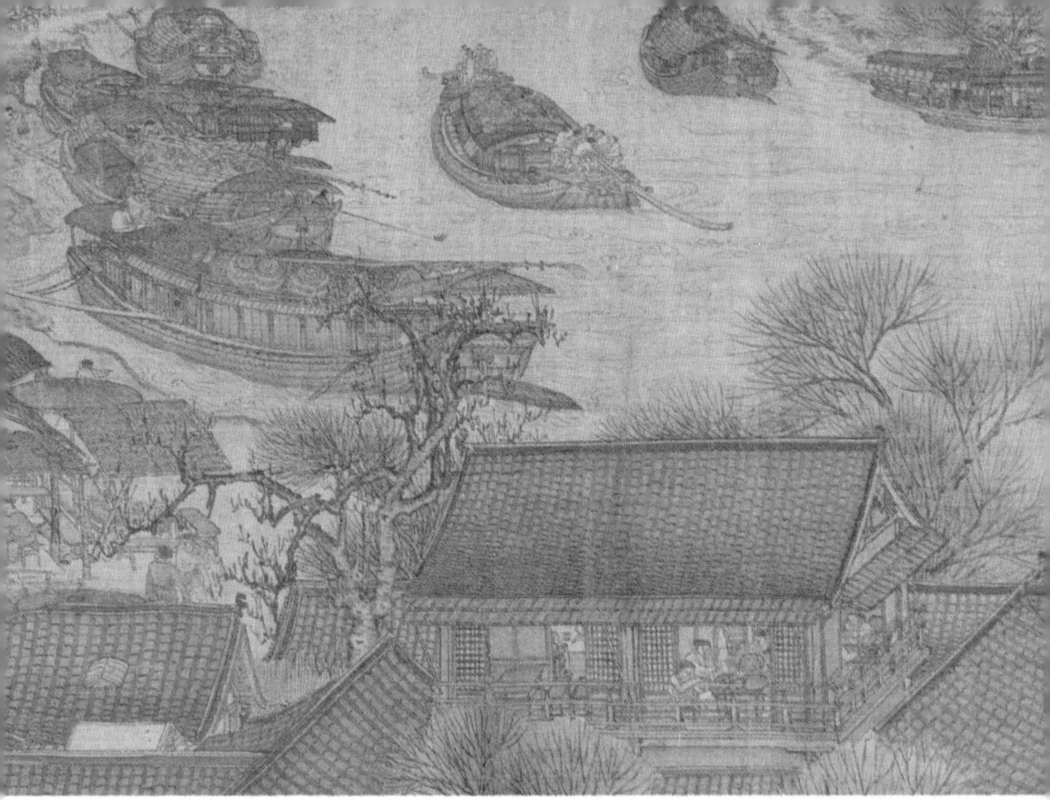

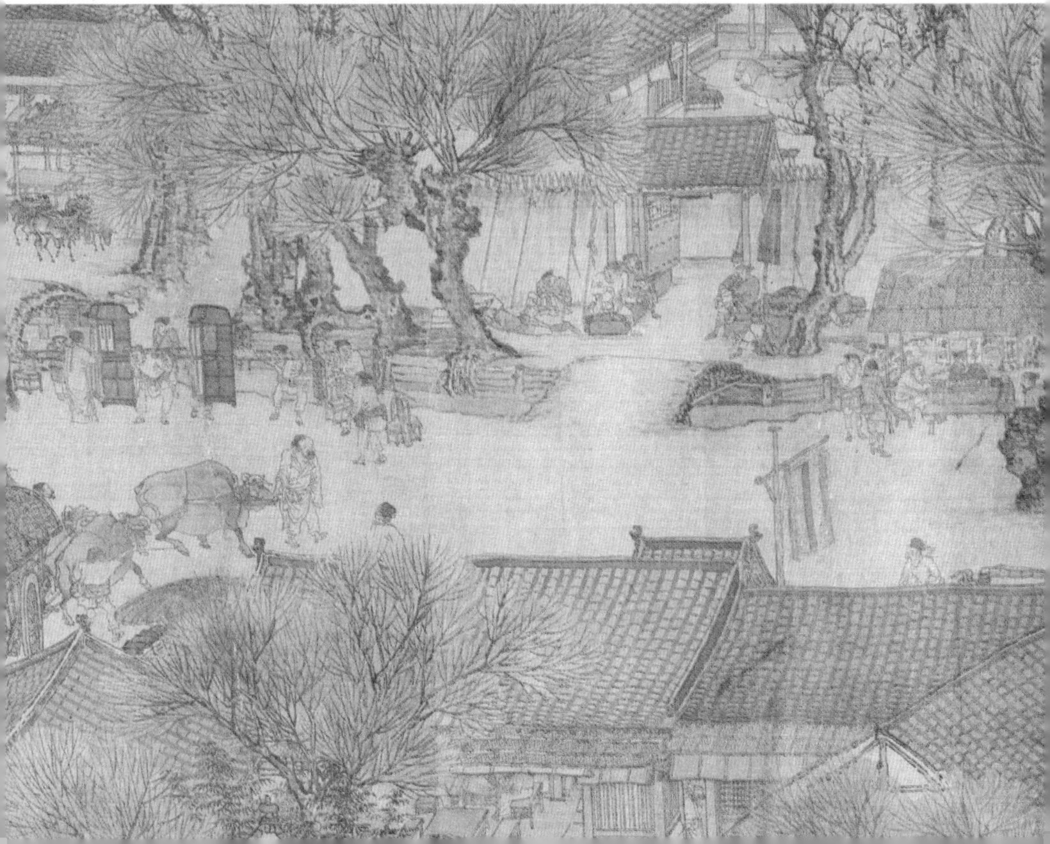

◀ 用驴运货物的商人

◀ 满载的货船进城

▶ 繁忙的水运

◀ 歇脚的饭店

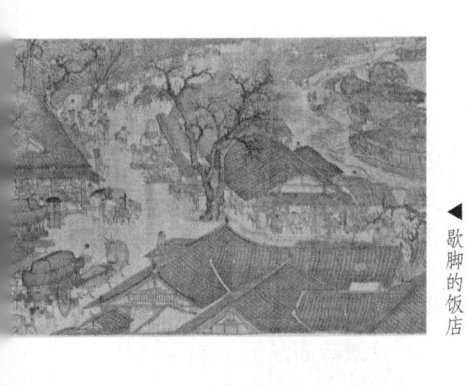

▶ 沿街叫卖的货郎

◀ 卖完货物的胡商

▶ 林立热闹的店铺

在这幅描绘汴京清明景象的千古名作中，张择端共绘了各色人物550多个，牛、马、骡、驴等牲畜五六十匹，车、桥20多辆/座，大小船只20多艘，浓缩了都城汴京的繁荣和富足。在该画作的中部，是北宋商业交通要道汴河码头的繁忙场面。从画面上可以看到，汴河的码头上人烟稠密，粮船云集，河里边船只往来，首尾相接，或纤夫牵拉，或船夫摇橹，有的满载货物，逆流而上，有的靠岸停泊，正紧张地卸货。横跨汴河上的是一座规模宏大的木质拱桥，一只贩运商品的大船正从桥下通过。船夫们有的用竹竿撑船，有的用长竿钩住桥梁，有的用麻绳挽住船身，还有几人忙着放下桅杆，以便船只通过。相邻的船上，也有人在指指点点地大声吆喝着什么，船里船外都在为此船过桥而忙碌。在画作的后段，以高大的城楼为中心，两边的屋宇，有茶坊、酒肆、脚店、肉铺、庙宇等，各种建筑鳞次栉比，显示出了汴京市区街道的热闹场景。街道两旁的商店中，既有绫罗绸缎、珠宝香料、香烛纸马等的专门经营，又有医药门诊、大车修理、看相算命、修面整容等店铺，一些大的商店门首还扎"彩楼欢门"，悬挂市招旗帜，招揽生意。在这些商肆的门前和街市的大道上，行走着做生意的商贾，看街景的士绅，骑马的官吏，叫卖的小贩等，可谓男女老幼，士农工商，三教九流，无所不备，从中可将北宋街市的繁华一览无余。

《清明上河图》向我们传达了北宋商业高度发达的信息，而事实也的确如此。随着农业、手工业生产和对外贸易的发展，市场上的商品种类较之前代更加丰富。北宋的《太平老人·袖中锦》列举号称天下第一的商品有"监书、内酒、端砚、洛阳花、建州茶、蜀锦、定瓷、浙漆、吴纸、晋铜、西马、东绢、契丹鞍、夏国剑、高丽秘色、兴化军子鱼、福州荔眼、温州柑、临江黄雀、江阴河豚、金山咸豉"等，其包罗范围之广前所未有。除了以上特指的商品外，粮食、茶盐和纺织品仍是北宋贸易的主体，以纺织品为例，临安的陈家彩帛铺、市西坊北钮家彩帛铺、清河坊顾家彩帛铺等都是当时有名的绢帛店铺，其经营者均居当时各类商业行会中财力雄厚者之列。发达的水路陆路交通和遍布各地的递馆驿馆也为商人的贩运行为提供了更为便利的条件。以国内的城市、镇市及乡村墟市贸易为基础，与周边少数民族的茶马贸易和与海外诸国的市舶贸易为辅助，中国的商业贸易水平在北宋跃上了一个新的高度。

宋代五大名窑

钧窑、汝窑、官窑、定窑、哥窑为宋代五大名窑。中国的器物烧制，从陶到瓷是一个漫长的过程。在宋代以前，大多为陶器。直到宋代五大名窑的出现，才标志着中国的器物烧制"瓷器"时代的到来。

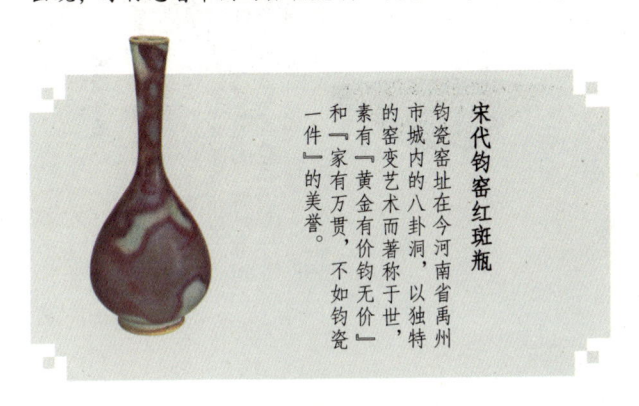

宋代钧窑红斑瓶

钧瓷窑址在今河南省禹州市城内的八卦洞，以独特的窑变艺术而著称于世，素有"黄金有价钧无价"和"家有万贯，不如钧瓷一件"的美誉。

北宋汝窑天青釉碗

收藏于大维德艺术基金会

汝窑窑址位于宋时河南汝州境内而得名，素有"汝窑为魁"之称。后周世宗曾以"雨过天青云破处，将来这般做颜色"来称赞汝窑瓷，并以此希望国家也治理得如汝窑一样清明。

北宋官窑胆瓶

官窑，顾名思义，就是由官办的瓷窑，与民窑相对。北宋官窑窑址在汴京（今开封），南宋官窑窑址在临安（今杭州）。其中，南宋官窑的「紫口铁足」历来受人追捧。

宋代定窑黑釉碗

定窑窑址在今河北省保定市曲阳涧滋村及东西燕村，因宋代属定州，故名。创烧于唐，极盛于北宋及金，终于元，以产白瓷著称，兼烧黑釉、酱釉和釉瓷，文献分别称其为「黑定」、「紫定」和「绿定」。

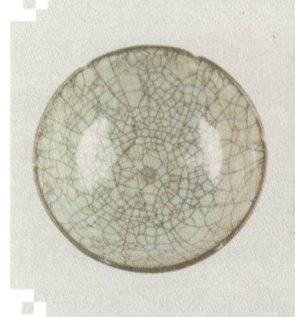

宋代哥窑冰裂开片釉茶盏

哥窑窑址至今还没有确定，为中国瓷器史的一大悬案。哥窑的命名比较特别，据说，有两兄弟建窑烧瓷，哥哥的即为哥窑，弟弟的为龙泉窑。哥窑开片较大，釉面光滑，晶莹如汗珠，纹理为金色，是哥窑的特色，被称为「金丝铁线」。

北宋的商业发展带动了城市的繁荣与兴盛，"八荒争凑，万国咸通。集四海之珍奇，皆归市易；会寰区之异味，悉在庖厨"是当时东京的真实写照。为了适应商业发展的需要，宋代的商业贸易中开始出现了与民间开展买卖交换活动时能延期异地付款的有价证券——交引。交引又称为交钞、钞引、文券或券，分为茶交引、盐交引、见钱交引、香药交引、犀象交引、矾交引和其他交引。大都兼有提货凭证和专卖经营许可证的双重功能，以提货凭证功能为主；在北宋后期和南宋，随着市籴粮草与禁榷专卖脱离了直接联系，茶交引、香药交引等基本上只是单纯的专卖经营许可证，盐交引等则继续兼有双重职能。由于交引的兑现要求经过多道烦琐的程序环节，兑现的地点遥远，时间又常常滞后，有时还无法按面值兑现；交引的最初持有者或是不懂得茶盐等物的市场行情，或是无力从事这些商品的经营买卖，使得在北部沿边向朝廷入中粮草等物而最先获得了交引的一批人，为了急于兑换到钱币而不得不把交引减价卖出去。同时，由于政府为了吸引入中者，发行交引的面值大大高于其实际价值、发行量过多严重超过了交引的兑现能力等原因，造成交引的出卖价格暴跌，使得交引的面值与其实际价值之间形成了巨大的差额，也就是蕴含着巨大的利润，又吸引着财力雄厚的茶盐商人和京师的豪商巨贾们纷纷压价收购。在东京等地，专门从事倒卖交引的交引铺在北宋期间诞生。

北宋政权被金人赶到南方后，城市的繁荣和统治者生活的奢华依旧，市场也没有因为政治军事上的失败而萎缩。在南宋的都城临安（今浙江杭州），新兴的集市上不但经营货物，而且有了交易金银珠宝的金融市场，门前装饰着金银及现钱的"金银钞引交易铺"林立在临安五间楼至官巷南御街的街道两旁，总数有上百家之多。在融合场向北到市南坊的"珠子市头"，每天买卖的金银珠宝数以万计。十几家专为富人开设、典当物品价值至少万贯的高级"质库"（即当铺）成为临安一道独特的风景。由此，衡量国家经济发展水平、标志着商品经济达到一定高度的金融市场第一次在中国的商业舞台上出现。

从以上内容可以得知，顺畅的商品流通渠道和繁荣的市场是宋代商业发展的主要特征，这一特征决定了中小商贾在宋代商品交易中的独特地位。当然，市场商业的兴盛并不意味着以长途贩运为主的大商人的消失，只是他们的光芒大多被繁荣的市场商业成绩掩盖了。北宋末年的苏州大商人朱缅、英州茶商郑良和泉州商人张佑都是以经营大宗商品起家的大商贾，家资均超巨万。有意思的是，这三人后来都结交权贵，加入了买官的行列，并身居要职。他们的行为也使宋代大商人本不耀眼的形象更暗淡了不少。

沈万三：江南第一富

1279年,偏安江南一隅的南宋政权被蒙古少数民族的铁骑彻底征服。在两宋时期曾经繁荣兴旺的商业活动也因连年的战乱影响进入了相对低迷的时期。由蒙古民族建立的元朝是中国历史上第一个统治全国的少数民族政权,虽然元朝开国后推出了许多鼓励商业贸易的措施,并在全国的交通要道和商旅住宿处加强防护,保护商人的利益,但由于游牧民族的生活习惯和统治者轻视汉人的政策,中国的商业发展还是陷入了相对停滞的状态。元朝建立初期,商品贸易的规模只维持在一个很低的水平。随着社会的发展和元朝统治者观念的改变,元朝的中后期至明朝初期,手工业制作水平不断提高,大规模的商品贸易活动才逐渐恢复,商人们重新回到了社会的主流之中,成为众人瞩目的焦点。民间传说中曾出巨资为明太祖朱元璋修建南京城城墙的沈万三就是元末崛起的豪商巨贾的典型。

沈万三祖籍湖州南浔（今属于浙江省湖州市南浔区），元朝的时候，其父沈祐才迁徙到苏州的东蔡村，后来又迁到了昆山周庄，最后定居金陵（今江苏省南京市）。沈万三本名沈富，字仲荣，在家行三。明初称大富豪为万户，故被称作沈万三。据称，沈万三"资巨万万，田产遍于天下""富甲天东南"，是元朝末年"江南第一富家"。在传说中，沈万三的发迹是因为救了渔人捕捉的一只青蛙，青蛙为了报恩，就给了他一只聚宝盆，这只聚宝盆神奇无比，放一枚铜钱进去可以变出满盆的铜钱，沈万三因此迅速暴富。当然这只是传说，现实中的沈万三是一名海商，他靠海上贸易积累了万贯家财。1368年，率军推翻元朝的朱元璋建立明朝，在当时的军事经济重镇南京建都。几年后，他决定扩建城郭。由于连年战乱，新建的明王朝府库虚乏，难以拿出修城所需的钱财。于是，朱元璋找到沈万三，要他分筑西南段的城墙。接受任务后，沈万三立刻拿出白银千锭、黄金百斤，召集工匠开工建造。结果，沈万三负责的西南段城墙比明王朝负责的东南段城墙早完工三天。据传说，当时有人嫉妒他，讲他家有聚宝盆。沈万三怕因此惹祸，就声明筑南门时把聚宝盆埋在城下了，不然城就建不起来。这也是当时人们所称的南京聚宝门之名的由来。

沈万三像　中国民间木刻版画

沈万三，又名沈万山、沈秀，字仲荣，世称万三。沈万三出身农民，后来利用京杭大运河的便利条件，从事经商活动，最终成为"资巨万万、田产逾吴下"的江南第一富豪。沈万三资助朱元璋修筑了南京城的三分之一，但因其想出资犒劳军队，犯了大忌，朱元璋认为他有谋反之心，想要除掉他。最后，沈万三被发配云南，客死他乡。后来，沈万三的女婿也因蓝玉案受到牵连，导致沈家几乎被满门抄斩，就此衰落。

沈万三以一己之力筑起了南京城的一段城墙，且速度超过国家，让朱元璋感到很没面子。城墙筑好后，沈万三又提出代为犒赏三军的想法，终于触到了朱元璋的痛处。朱元璋接到奏折后勃然大怒，认为一个商人有如此实力对朝廷绝对不是好事，便以犯上作乱为名，要将他诛杀于市。后来，幸亏大脚马皇后苦苦相劝，这才改诛杀为流放，沈万三全家被迫迁往云南，家产则全部充公。但让善良的马皇后没有预料到的是，得罪了当朝天子的沈万三虽然一时得救，最终却仍没能逃脱被诛杀的命运。后来，他还是死在了朱元璋的刀下。

沈万三于国有功，却落得个被杀的结果，这对商人们来说肯定是一件寒心的事情，他们对朱元璋的成见应该不少。其实，朱元璋诛杀沈万三并不意味着他对商人的偏见有多深，虽然他也做出过允许农民穿细纱绢布而商人只许穿布衣的规定，但总体上对商业活动还是持一种肯定的态度，沈万三之事纯粹是一个特例。在整个明代，商人们应该说是处于一种比较自由的环境，从宋朝传下来的以减轻商人负担为主的恤商政策还成为当时商业政策的主基调，明代的商业发展因此也呈现出了更大的活力。这一时期，从大江南北到沿海各地长途贩运式的商品流通极为活跃，全国性的畅通的市场流通体系开始形成。所谓"燕赵、秦晋、齐梁、江淮之货日夜商贩而南，蛮海、闽广、豫章、楚湘、瓯越、新安之货日夜商贩而北"，就是全国性商业周转的一个概括性描述。以纺织品为例，明代时苏州和杭州的纺织品最为有名，因此，许多丝绸收购、批发及零售的商铺都设在这里。商人们以此为据点，编织起了通往全国各地的贩运网络，每天由苏杭出发的商队从水路、陆路走向东西南北，营造出了一种繁荣兴旺的商业贸易景象。除此之外，明代棉花、瓷器的贩运也都体现了商品流通规模的庞大，依靠发达的水陆交通网络和庞大的商人贩运队伍，北方产棉区的棉花得以源源不断地运往松江、嘉定等棉纺业发达地区，而景德镇的瓷器也是"遍行天下"。"自燕云而北，南交趾，东际海，西被蜀，无所不至，皆取于景德镇，而商贾往往以是牟大利"（嘉靖本《江西省大志》卷七《陶书》）。所有这些都标志着明代商品经济的高度发达。

商品交易规模的扩大，使崇商之风在明代又起，"富者缩赀而趋末，贫者倾产而就商"成为社会上一种普遍的现象。林希元所著的《林次崖先生文集》中就有"今天下之民，从事于商贾技艺、游手游食者十而五六"的说法。此时，向来以经商为耻的缙绅官僚也"多以货殖为急"，加入到了商人的群体当中。商人队伍的扩大造就了中国商帮的产生，活动区域"尽天下通都大邑及穷荒绝徼，乃至外薄戎夷蛮貊，海内外贡朔不通之地"的徽州商帮和北方的山陕商帮在长期的商品交易活动中形成，并成为中国商业队伍的中坚力量。这些以经营盐、木、丝布等商品为主的商人群体在全国的商业活动中占得了越来越大的比重。

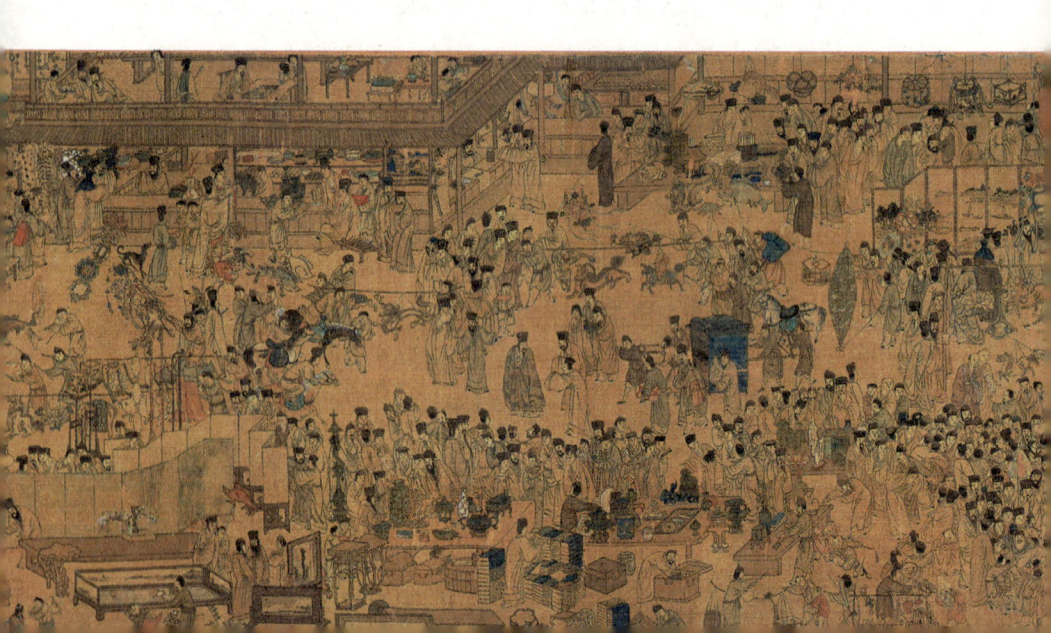

除了繁忙的国内贸易之外，以海上丝绸之路发展为主的明朝对外贸易质量也有了一定程度的提高。从永乐三年（1405年）至宣德八年（1433年），郑和率领大型船队七下西洋，把海上的官方朝贡贸易扩大到了西亚与非洲东海岸，扩大了中国商品在这些地区的影响。郑和下西洋的线路被历史学家誉为是张骞开拓的"陆上丝绸之路"的延续，有"海上丝绸之路"的美称。郑和下西洋，每到一地都以中国的丝绸换取当地的特产或馈赠当地国王。他以美丽的丝绸为纽带，与亚非各国进行经济文化交流，促进了东南亚国家丝织品工业的发展，把中国和亚非各国之间的国际贸易推进到了一个新的发展阶段。之后，随着朝贡贸易的不断扩大，朝廷逐渐无法负担这种"薄来厚往"式的贸易方式带来的支出。到隆庆初年，朝廷终于放弃私人不得涉足外贸的禁令，放开了民间商人进行海上贩运的政策，促进了民间海上贸易的盛行。大量产自中国的瓷器、丝绸、茶叶、棉织品、工艺品等又涌向东南亚、非洲、美洲等世界各地，中国的商业活动进入了一个全面兴旺的时期。

雨花石摊

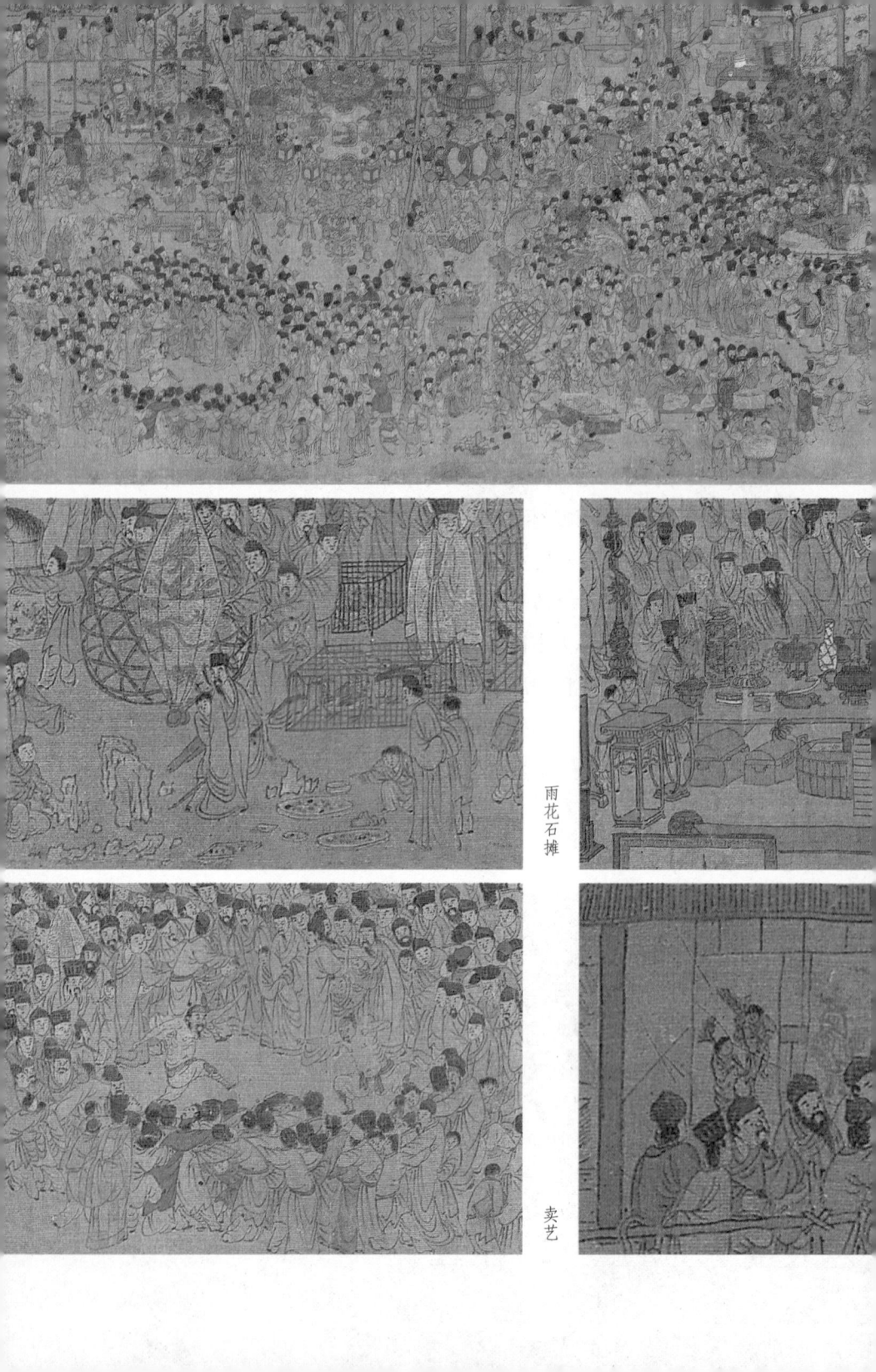

卖艺

《上元灯彩图》 （明）佚名

《上元灯彩图》描绘的是明中叶南京城元宵节期间热闹的商业集市场面，从中可见当时南京的商业面貌与民众的富庶安逸。

古董商

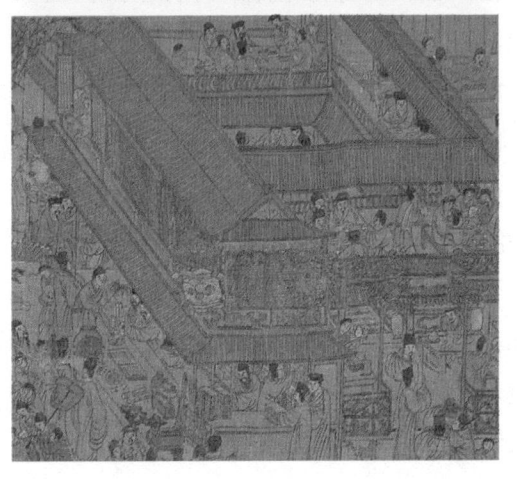

灯彩商

画商

茶楼

大盛魁：商号的杰出代表

明代是中国商帮形成的主要阶段，到清代时，国家版图的扩大和人口民族种类增加为商业的发展提供了更为便利的条件。这时，国内商品贸易的市场迅速膨胀，地区间的商品流通，特别是东北、塞外、西北、西南地区的商品交流空前发展，商业交通四通八达，往来贩运的商人队伍也不断壮大。从明代就已形成的来自山陕和安徽的商人群体愈发庞大，拥有了海内最富的称号。

以大盛魁为代表的晋商是这时商人队伍中的杰出代表，这个有着庞大驼队的商号是中国历史上最早从陆路走出国门经商的商号之一。

大盛魁是由3个小贩创办起来的一个大型商号，他们分别是山西太谷县的王相卿和祁县的史大学、张杰。康熙年间，清政府在西部进行了一场规模较大的战争，即平定准噶尔部噶尔丹叛乱的战事。在这场战争中，由于军队深入漠北，后勤供给困难，便特意准许商人随军贸易。在随军贸易的队伍中，王相卿、史大学和张杰属于最不起眼的小商人，根本没人会注意到他们。三人由于志向相同，便决定合伙做生意，起初生意不佳，史大学和张杰回乡另谋生计。清兵平叛成功后，主力部队移驻大青山，山西右玉的杀虎口便成了部队供应给养的必经之路。在杀虎口徘徊数日，王相卿等人觉得这是一个非常不错的商机，便合伙开了个商号，称吉盛堂，经过几番折腾，吉盛堂实力日渐增长，最终从杀虎口走出，发展成了归化城（今呼和浩特市）里的大盛魁。

《平定准噶尔回部得胜图》册
（清）郎世宁、王致诚、艾启蒙、安得义等　收藏于北京故宫博物院
《平定准噶尔回部得胜图》是纪念清乾隆平定厄鲁特蒙古准噶尔部达瓦奇叛乱以及平定天山南路回部维吾尔大小和卓木叛乱的战争图册。在这两场战争中，王相卿、史大学和张杰等人趁机向清军输送物资，大发战争财。在此罗列，供读者欣赏。

阿玉錫者伊犁人也初伊犁台吉納默庫屬司牧臣其法獲罪應剮脅何不肯斬犯顏尊洸歩聲何敢薩拉爾来述呈事先朝恩薩拉爾来述逹事云而覆中勇絶倫拮銳近而未及發直進手奪矛逸其情皆欲倩一依山檎浄出呂見賜銀牌侍衞即命為營卒我卒兩將軍重誇議以此衆我丞石麫廟誤東欣此絶域挺伐毋乃違皇伊犂達瓦齊歘近軍枝仁健卒掄選二十二曰阿玉錫銃卒韋巴圖魯爾玉錫銃卒韋巴圖魯爾阿玉錫吾曰闇嘗廿五人氣塵吉曼銜枚夜銜賊嗚馬及察哈什副以進叶向如弟祖父睒光孫大聲策馬入敵壘頓角披廉扣蹴奔降去六千百騎阿玉錫主大嘉轟達瓦齋擒近千驕骸走豪息浸存制靳盡責一夫勇洗以藉甚人稱論神勇有此阿玉錫知方尓復知報恩今我作歌壯生色千秋必後斯人闇
乙亥季夏月上澣作

格登鄂拉斫營

呼尔璊大捷

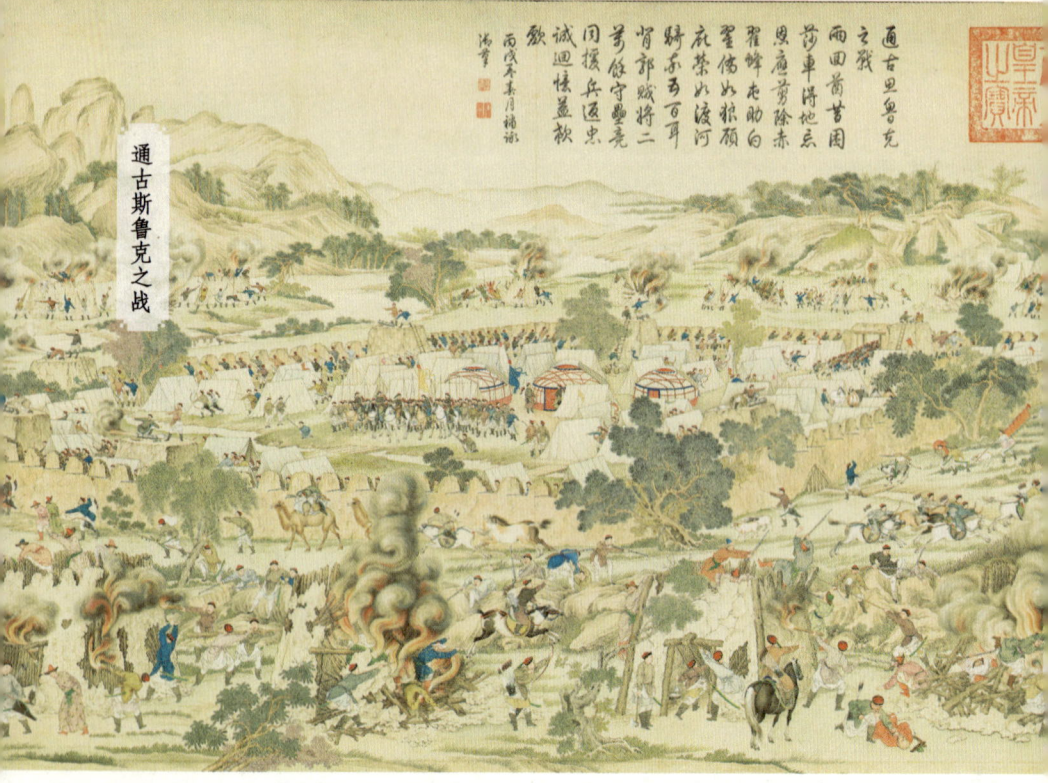

通古斯鲁克之战

平定伊犁受降

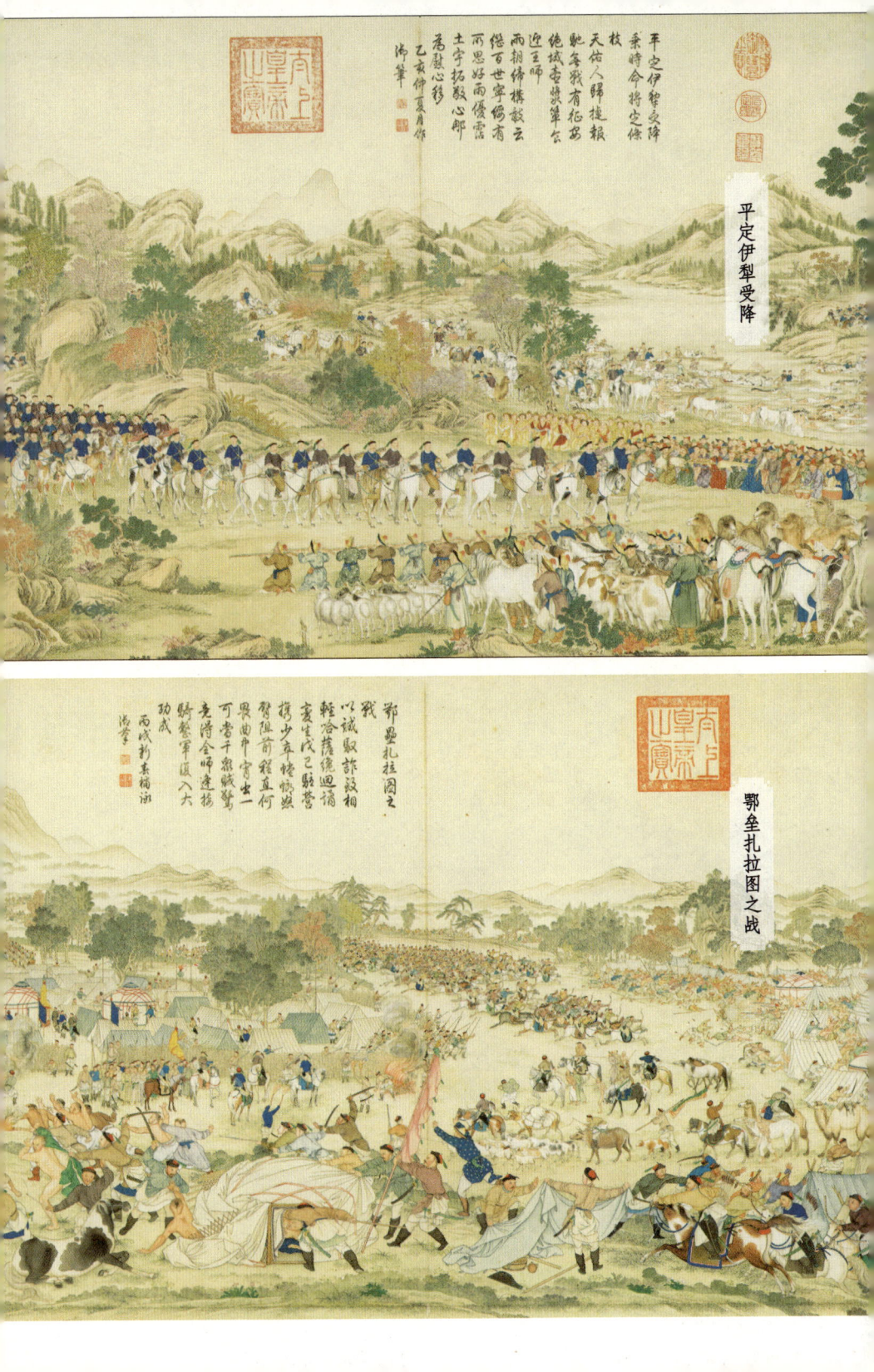

鄂垒扎拉图之战

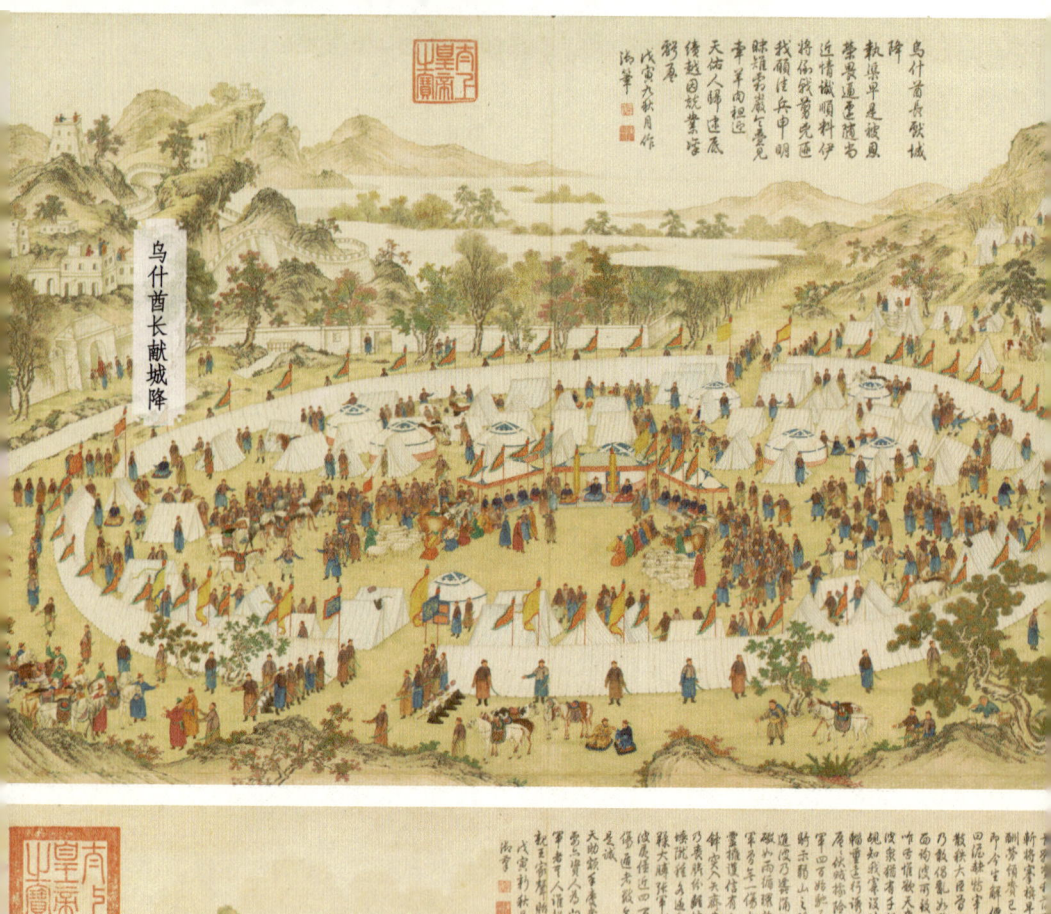

乌什酋长献城降

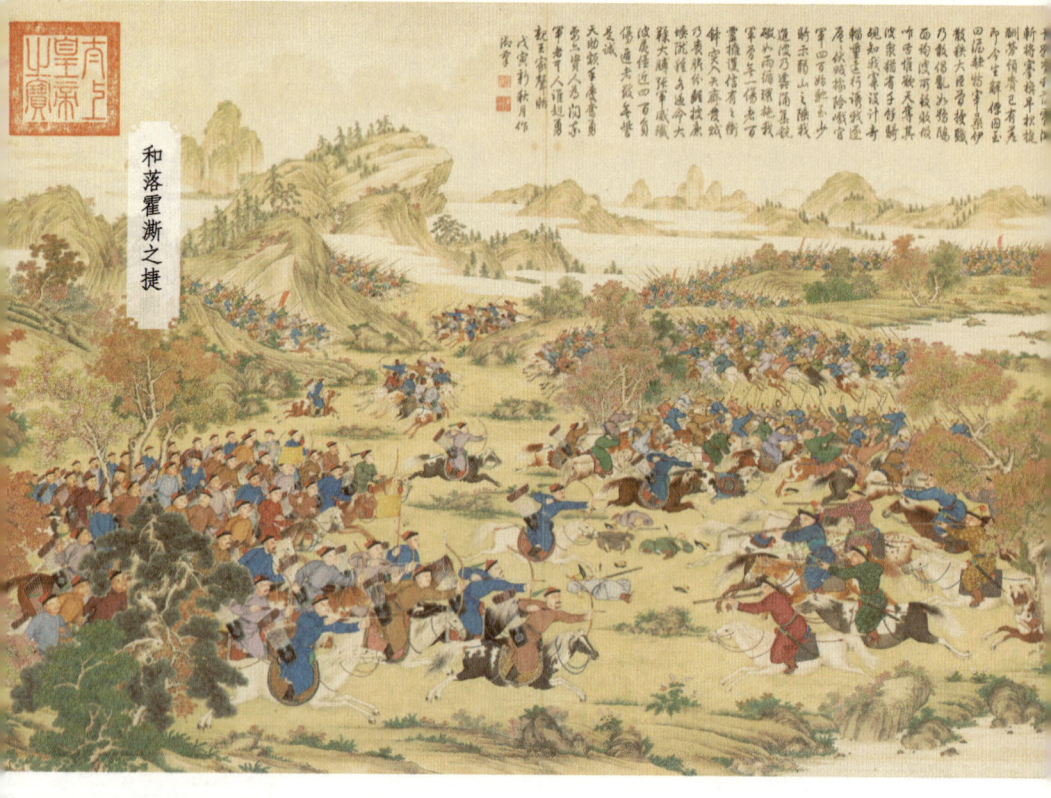

乌什首长献城降

鼓橐甲尾彼岡
誉聚遵速随尚
近情诚顺料伊
將俗戚萆克匹
我願注兵申明
睬稚昂藏气叚兄
章羊肉獲理
天佑人歸建底
偉越固統業瑩
辭原
戊寅九秋月作 沁筆

和落霍澌之捷

（右侧题诗，字迹不清）
戊寅新秋月作 沁筆

霍斯庫魯克之戰

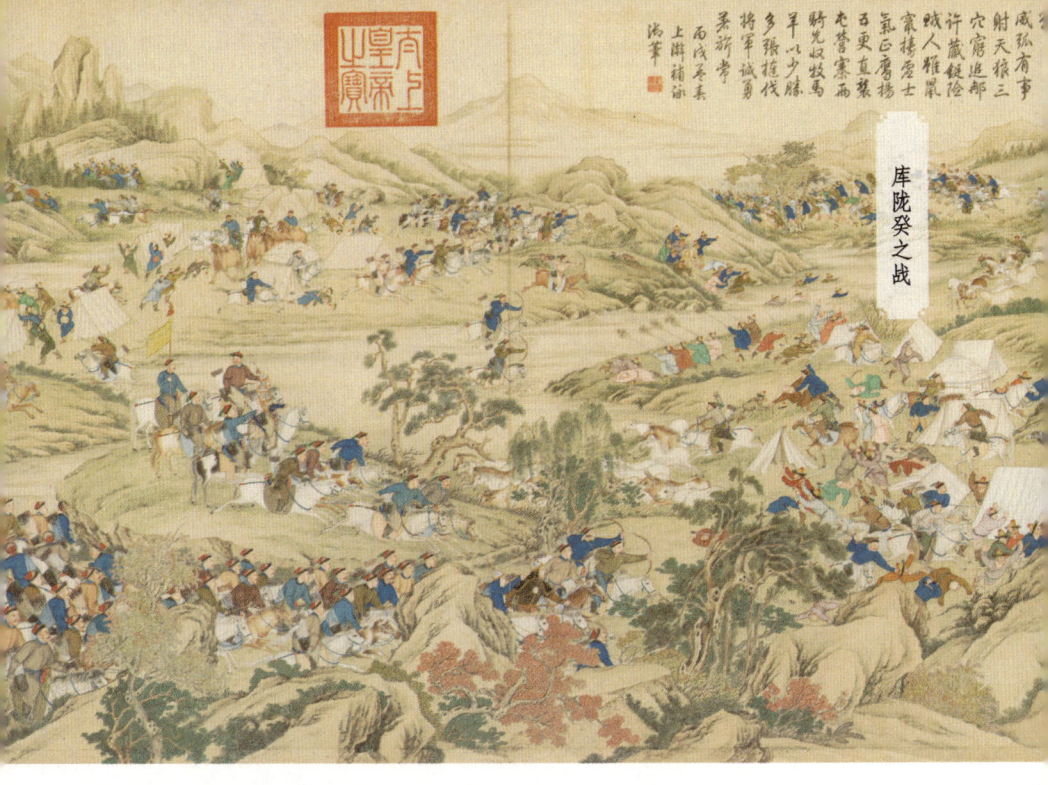

霍斯庫魯克之
戰
回城既定進追
光復耳山前寘
蹟逐賊之六千橫
擒嶺兵縱九百衙
攻牽連迴安集
迤近跋直蹄扳
連山吉脈將車用
心蒼穀懷千秋
國史勒正諸庸
丙戌勒正諸詠
御筆

庫隴癸之戰

威狐有事
射天狼三
穴窟迎邪
許藏疑險
城人雅眾
寰楊萱士
氣圧庸揚
多張搶伐
將軍寨雨
老營寨雨
騎兇收牧馬
羊八少勝
吳新常
上游諸詠
丙戌春季
御筆

黑水解围

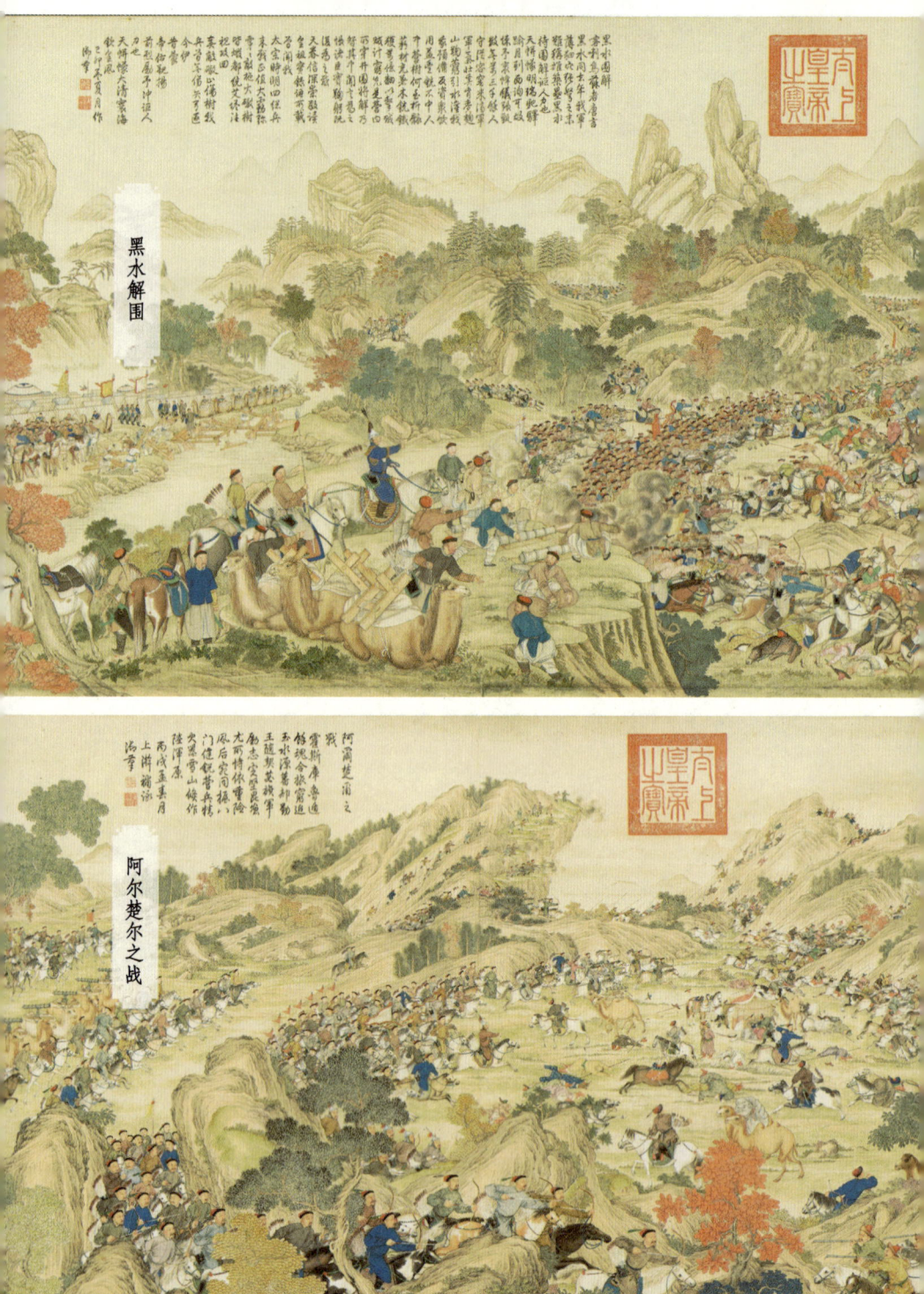

阿尔楚尔之战

伊西洱库尔之战

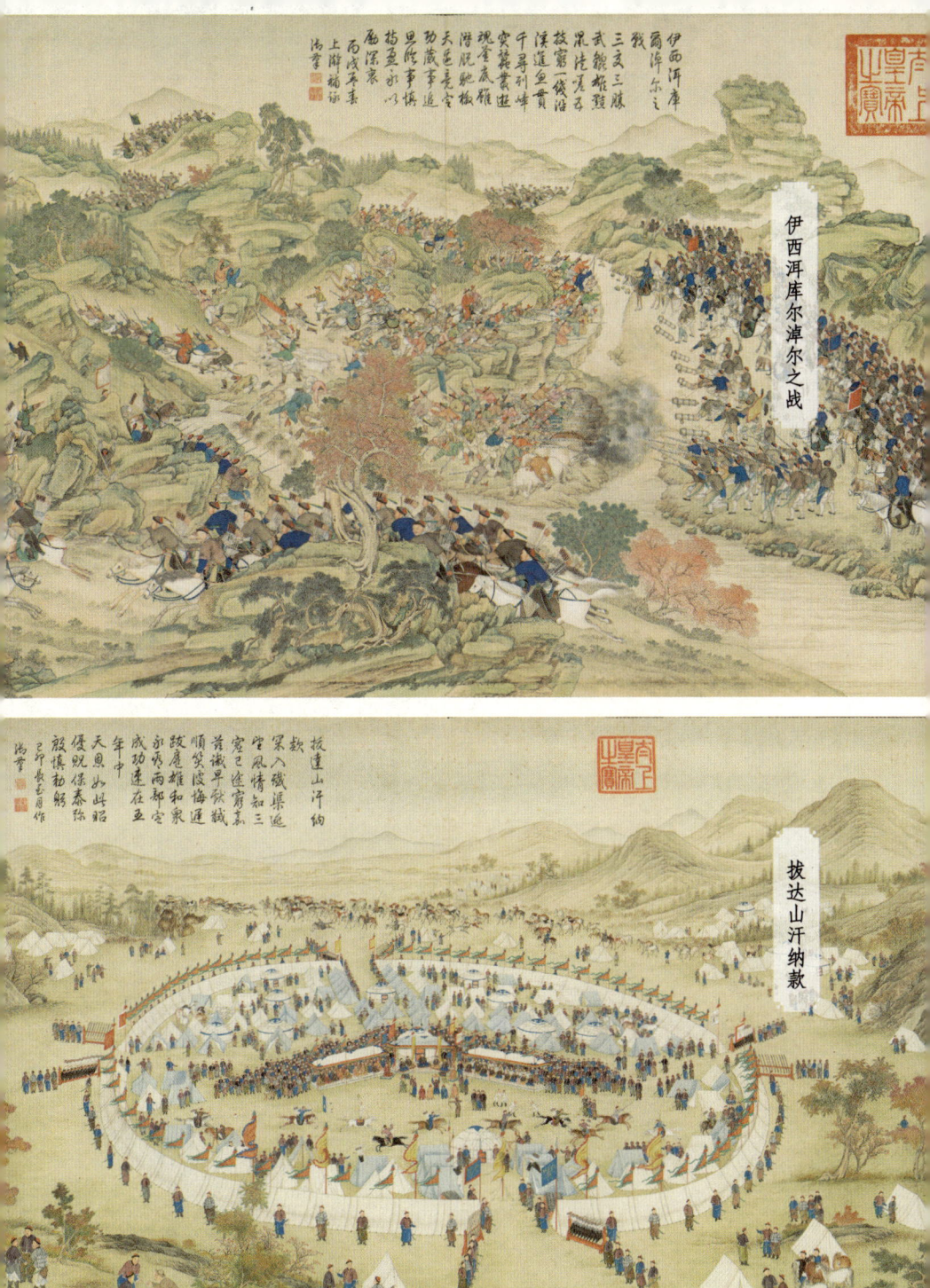

拔达山汗纳款

藻凹晴豐額集
驥手秋籬遇太
宴百我歸義
身獨悵饢香宣
有乾迴未見憾
悵悵二等何期丞
逮遇楊需雪凡
人主織坐弧盡
戍岢絏夫真逵
至州春滿七條
十依
師三軍飲至興
輙前歌後逐
澤伈持逶洋
芳節延裯
祈歌聲是凱
公道漫伊論
永武綺朱提領
元戎兇合躬
勇枝鈞散手
脆糈眾力荒疆
勅予永奉
送來悵得交
雲草流謹慎

凱宴成功諸將

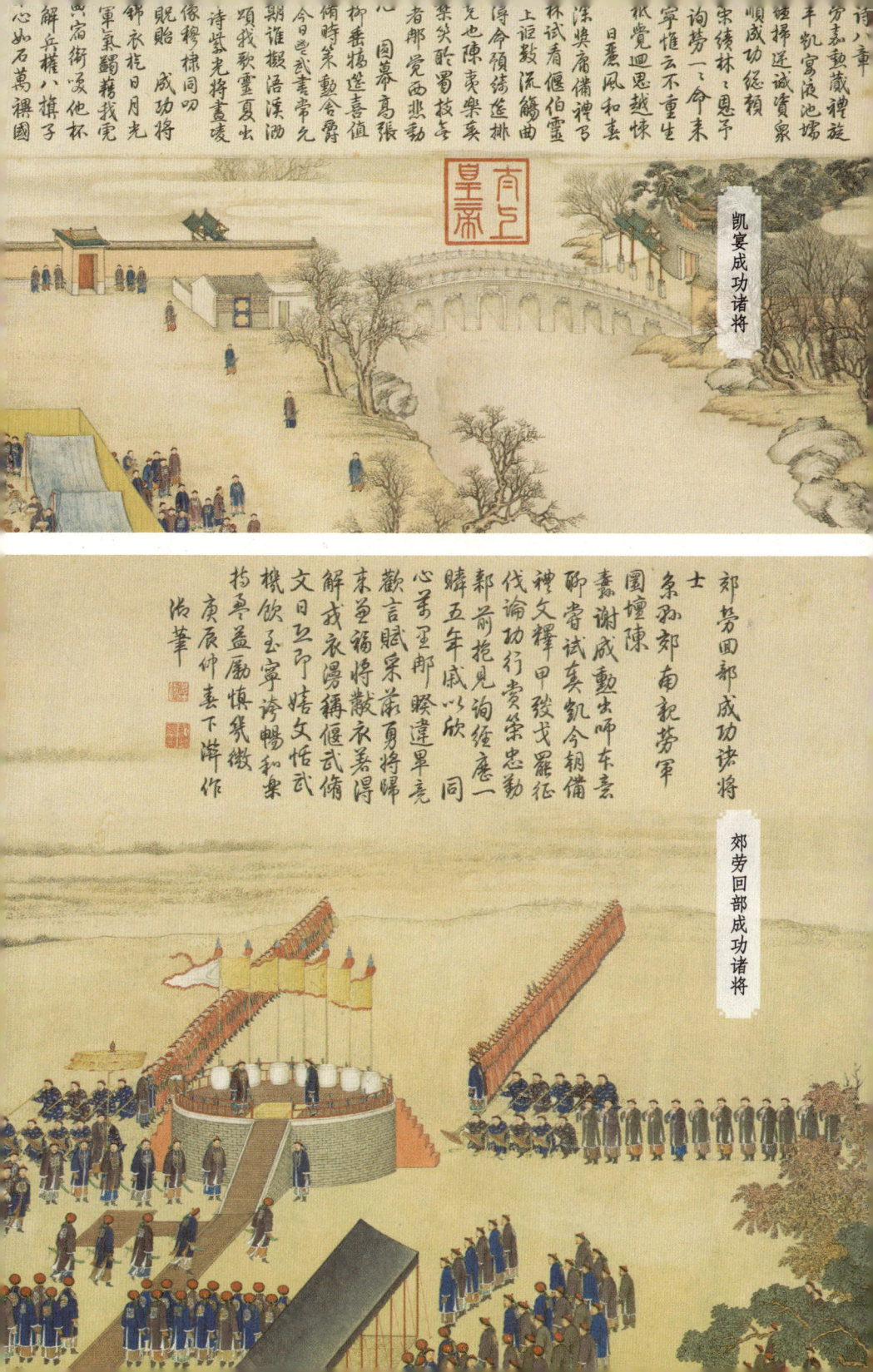

詞八章

勞苦勳藏禮旋
平凱寫波池塘
經掃送誠資泉
順成功總額
深獎庸備禮弓
林試看偓伯
上詔毅流簫曲
浮令領繡溢排
宛笑聯蜀樂裏
者郊覺西悲勤
心

圓幕高張
垂揚遄喜值
御時策勳合爵
朝我擬活溪酒
誰歌靈夏出
貽穰日月光
衣袍我凌霓
軍氣驕藥日光
解兵權八旗
如石萬禩國

宋綺林恩子
詢勞一令來
寧惟不重生
日春風和奏
迴思越悚

郊勞回部成功諸將

士
系預郊南釋勞軍
圍壇陳
嘉謝成勳
聊睿試亥凱出師東玄
禪文釋甲發戈罷備
伐論功行賞策忠勤
郊前挹見詢經庭一
賭五年咸以欣同
心羔玉邦瞭違畢亮
歡言賦采薇勇將歸
末魚福將歡衣善得
解戎衣澇緯偓武備
文日丑印堉文悟武
機飲玉寧誇暢和果
扢弈益勵慎凭徵
庚辰仲裏下澣作
治華

事休農
民共樂
庚辰暮春
月上游作
御筆

平定回部獻俘

对蒙贸易是大盛魁壮大之后的主要业务,因此又有"旅蒙商"的称谓。大盛魁的经营商品"上至绸缎,下至葱蒜",几乎无所不包,服务对象则"上至蒙古贵族,下至草原牧民",无所不及。大盛魁商号极盛时,几乎垄断了蒙古牧区市场,他们从全国各地贩运商品,再以庞大驼队运抵蒙古,从中谋取利润。仰仗强大的实力,大盛魁的经营办法与其他商号略有不同,他们规定凡买大宗货物300银两以下的,必须现银交易,而且概不讲价。如果遇到以欺骗手段进行交易的客户,大盛魁的做法就是永不再与其共事。对于一般手工业品的订货,大盛魁遵循不轻易改变供货工户的做法,从而保证了商品质量的稳定。大盛魁的经营方法十分有特点,他们一般招收的店员大多来自乌里雅苏台和科布多。当这些店员在柜上学过3年的业务和蒙语后,就会被组成小组派到蒙古。小组的人员一般为两名,一名店员,另雇一名蒙民,两人骑着骆驼,带着砖茶、生烟、洋布等货物,追着蒙古包的足迹到处推销,把货物直接送到了人们的手中。在夏天,雇员们卖了货后会折换成羊马带回关内销售,冬天则折换成皮毛。在大盛魁的经营业务中,砖茶一直是主要的商品。大盛魁的砖茶主要来自湖南,大盛魁装砖茶的箱子大小是固定的,一箱装36块的,名为三六茶,专销张家口的蒙商;一箱装24块的,名为二四茶,专销归化、包头等地。另外还有一种一箱装39块的三九砖茶,占大盛魁所销砖茶的多数,每年运往蒙古、乌里雅苏台、科布多等地,约有4千余箱,每箱值银十二三两,总值达5万银两左右。

大盛魁商号实行的是股份制,蒙古的许多王公贵族都是它的债权人。大盛魁有一套很特别的分红办法,他们每3年分红一次,分红时除了银股、身股外,还专门另设财神股和狗股。关于财神股,有这样一个传说,据说大盛魁初创时,营业很不顺利,一次大年三十,王相卿、史大学和张杰三人穷得连锅都揭不开了,只能喝些米汤过年。就在这时,一位身穿蒙古袍、背着一个包裹的壮汉进了家门，向他们要饭充饥。三人见壮汉饥渴难挨，便热情接待，把仅有的一点米汤给了壮汉。壮汉喝完米汤后出门便走，包裹却留了下来。王相卿等三人打开包裹一看，发现里边是一包白银。之后虽多次寻访，但壮汉杳无音讯。他们便把那些银子作为商号资本投入了商号的经营当中，很快赚得了一大笔钱，使商号得以存活。大盛魁的实力壮大后，王相卿等三人认为那银子是财神变化成壮汉送的，便把原来那位壮汉包裹里的白银作为财神股，把此股所分红利记入"万金账"作为护本。另外，为了纪念他们创业时过大年喝米汤的日子，规定每年正月初一要喝一顿米汤。关于狗股，也有一个故事：说是有一次库伦（今蒙古国首都乌兰巴托）发生灾情，粮价腾涨，库伦分号为了把这一情报报告总号，就让一只狗带信到归化，当总号收到狗带来的信后，立即大购粮食，囤积居奇，结果获得了巨额利润。于是，狗也成了大盛魁的功臣。

另外，狗股的传说还有一个版本，是说某年的一天，大盛魁商号的一位经理在经商的途中病倒，随行的只有一只善解人意的大狗。看到主人生病，这只狗立刻返回总号报信，救了这位经理的性命。为表示对狗的忠诚的奖赏，此后分红时，便给狗也顶了股份。

大盛魁最兴盛的时候有员工六七千人，有骆驼两万多峰，资本之雄厚他人难及，称得上是清代对蒙贸易的最大商号。其活动地区包括喀尔喀四大部、科布多、乌里雅苏台、库伦、恰克图、内蒙各盟旗、新疆乌鲁木齐、库车、伊犁和俄国西伯利亚、莫斯科等。据称，若把大盛魁的资产折算成50两重的银元宝铺一条大道，能够从库伦一直铺到北京。

到清朝末年，沙俄对中国领土的侵吞日盛，双方关系的对立愈演愈烈，使大盛魁的经营开始受到影响，逐渐显现出萧条的迹象。后来，俄国十月革命成功，外蒙古脱离清朝，大盛魁又丧失了在这两个地方的商业资本和商业市场。与此同时，大盛魁内部也发生了一些问题，挥霍浪费、侵吞号款的事件屡有发生，使商号经济和信誉都受到了严重损害。1929年，历经风雨的大盛魁商号终于宣告倒闭，结束了它雄踞北方200多年的历史。

乔贵发：抓住机遇就能逆袭

"先有复盛公，后有包头城"，这是一句流传很广的民谚，民谚中提到的复盛公的主人乔贵发是清代又一位著名的商人。

乔贵发的原籍在祁县乔家堡村，祖辈均以务农为生。乾隆元年（1736年），因生活所迫，乔贵发与盟兄弟徐沟县大常村秦某相偕离乡背井，来到内蒙古萨拉齐厅老官营村，在一家吴姓的当铺当了伙计。为别人做了10多年的小伙计，乔贵发积累了丰富的从商经验，也积攒了一些钱财。头脑灵活的乔贵发并没有像其他伙计那样把钱用到个人的享受上面，而是瞅准时机，在包头开了一个没有商号牌子的杂货店铺。这个小小的铺子以经营草料为主，同时也卖豆腐、豆芽、烧饼、切面以及其他零星货物，生意虽说不大，却也经营得有模有样，并逐渐壮大。乾隆二十年（1755年），中国北方农业丰收，粮价大跌，已深谙经商之道的乔贵发逆别人的思路而动，大量买进黄豆，准备做豆腐赚取黄豆与豆制品之间拉大的差价。不久,豆价骤涨,乔贵发看到卖豆的盈利要比做豆腐更多,便转而挂出了"广盛公"的牌子,专门卖起了黄豆,大大赚了一笔。之后,"广盛公"改为"复盛公",生意也更为兴隆。随着时间的流逝,复盛公的发展越来越快,派生出了复盛西、复盛全、复盛油房、复盛菜园、复盛西店(客栈)、复盛西面店等多家店铺。这时,乔贵发所涉足的商业领域已包括粮食、布匹、绸缎、烟酒、蔬菜、皮毛、铁水、洗染、旅馆、当铺、钱店、票号等多个方面。之后,乔贵发又在归化城设立了通和店、大德店、德兴店、德兴长等经营粮食,同时设大广顺恒、晋泉源、德中庸经营钱庄,设立通顺店经营皮毛、百货,设立大德通经营票号。整个包头城的商业在他的带动下得以迅速扩张,乔贵发本人也成为这座城市主要的经济支撑点。据有关资料记载,乔家商业最盛时,店铺广设于北京、太原、太谷、祁县、西安、兰州、南京、上海、杭州、汉口、广州、沈阳、哈尔滨、张家口等地,全部资产白银一千万两以上。

乔贵发的经商业绩如此富于传奇色彩,让人简直不敢相信。一个为谋生含泪离别家园的青年农民,竟成为一个城市的缔造者,这应该算是近代商业史上的一个奇迹。乔贵发的发达看似偶然,其中却包含着许多必然。一方面,满清王朝的建立拓宽了中国的疆域,为商者创立了更为广阔的施展抱负的舞台,而包头这样原先属于游牧民族居住地的地区,其商业发展水平相对较低,又为他提供了前所未有的机遇。另一方面,乔贵发的成功也得益于满清重视商业的政策。早在入关前,满清就与当时的明朝及朝鲜都保持着密切的经贸关系,入关以后,为尽快恢复经济,他们一方面沿循汉族重农传统,采取一系列措施,鼓励农桑垦种;一方面延续明中叶以来的恤商政策,不断革除病商之弊,以增强国家实力。雍正即位之初,便以"凡居官者,操守固是要好,还要中正和平。公心办事,不可偏执小见。天下的人,士农工商虽不一,朕视之皆是赤子"

的谕旨告诫官吏，这也是清初至中叶，特别是康、雍、乾三朝的基本执政追求。把商贾视同士、农、工，使乔贵发等以经商为业的人群的社会地位大幅提升，行商环境大为改变。无论是豪商巨贾人数增加的速度，还是商人们拥有财富的数量，清朝都要超过之前的许多朝代。

《陶冶图》　（清）王致诚　收藏于香港海事博物馆

《陶冶图》与清嘉庆道光时期的《陶冶图》内容相似，较为完整地绘制了景德镇御窑厂的瓷器烧制过程，包括凿土、炼土、造匣钵、修胎、施釉、画彩等情景。《陶冶图》是19世纪中国广州外销画的一种，难为可贵的是，图卷除了描绘了陶匠分工、官窑及外销瓷器的制运外，还侧面记录了洋商来华贸易的活动。从中，我们可以看出清朝时期，陶瓷作坊的经营模式。

饶州景德镇，即辖管于饶州府。图中，官员乘船沿昌江抵达景德镇，征收瓷器赋税。

椿土 图中，工人正在利用水轮车推动水碓，将采来的瓷石碾碎，并冲洗干净。

凿土 图中，工人正在担着篮子凿采瓷石。

筛土 图中，工人正在将备用的泥浆放到作坊过筛，过滤完一遍后，还要再倒入双层绢袋过滤。

踏土 图中，工人正在驱使水牛来回踩踏泥池，使其变成泥浆，浮面的要提走重新沉淀。

印土 图中，工人正在用模具将泥块定形成砖，并晾晒。晒干后，存放到作坊。

滗砂 图中，工人正在将过筛后的泥浆倒进缸，用装满砖块的木盆压实，使其水分流干，凝固成泥块。

炼土 图中，工人正在将购买来的泥砖淘净、搅和。

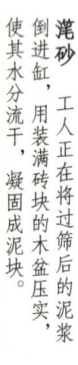

卖土 图中，工人将泥砖运送到景德镇贩卖。

修胎 图中，工人正在用轮车和小刀修坯胎。

锯柴 图中，工人正在伐木，然后贩卖到景德镇窑户，以供燃料。

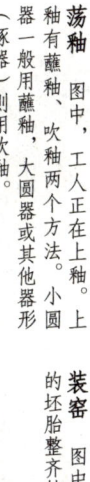

烧窑 图中，工人正在加柴添火，以保证窑烧温度。

出装 图中，粤商正在前往景德镇订购瓷器的路上。

车胎 图中，工人正在用轮车拉坯塑造盘、碗、杯、碟等圆器。

荡釉 图中，工人正在上釉。上釉有蘸釉、吹釉两个方法。小圆器一般用蘸釉，大圆器或其他器形（琢器）则用吹釉。

装窑 图中，工人正在将上好釉的坯胎整齐转入窑中。

出窑 图中，工人正在出窑，开窑时，窑匠必须用湿布包裹全身，并戴浸过水的手套，去取出瓷器。

请酒 图中，景德镇牙行瓷商正在设宴招待前来购买瓷器的粤商。

投行 图中，粤商正在景德镇拜会当地牙行瓷商，门上牌匾写有「然惠行」商号。

催货 图中，粤商正在提取瓷器，因被要求更换次货而对景德镇瓷商不满，被仆人劝走。

订货 图中，粤商正在向景德镇牙行瓷商订货，「早晚时价不同，目下一言为定」为瓷器价格遵照口头协议。

明炉 图中，工人正检视明炉，对涂白釉上彩的白瓷进行第二次低温窑烧。

斗彩 图中，工人正在为瓷器上彩，瓷器上完彩后，将运往北京或广州贩卖。

茭草 图中，工人正在用草包扎瓷器，并运往广州进行釉上彩加工。

箍桶 图中，工人正准备用材料制造包装瓷器的木桶，以便于运输。

送客 图中，景德镇的牙行商人正在送别粤商，粤商带着采购的一船瓷货而归。

装桶 图中，工人正在将瓷器装桶，管工正在旁核对货单。

过岭 图中，挑夫正在挑着瓷器，翻越梅岭，翻越梅岭后，再转水路，最后到达广州。

过滩 图中，粤商正运送着瓷器，渡过鄱阳湖，随后会转入赣江到达南昌府，并转陆路，由挑夫担运。

珐琅 图中，工人正在制作珐琅。珐琅是专门为西洋设计的彩瓷，在广州名为「广彩」。

归装 图中，一艘外国小船正往货船运送瓷器，货船装满瓷器后，将运往欧洲。

开铺 图中，欧洲人正在用西班牙银元到中国的瓷器铺购买瓷器。

暗炉 图中，工人正在用暗炉烧较大的釉上彩瓷。

发财

图中，粤商正在举行祭神典礼，感谢神祇一年来的庇佑，并祈祷来年再行好运、赚大钱。

依靠乔贵发等新兴商人和传统商人的努力，清朝的商业得到了飞速的发展，市场也呈现出了空前的繁荣，旧的商业城市蓬勃发展，发生了巨大的变化，大批新兴的工商业市镇也随之出现在各地。据史料记载，清代的商业市镇主要有3种。第一种是产地市场型市镇，即在家庭手工业生产的密集区形成的商品收购中心。松江、太仓、常州、苏杭一带的三林塘、朱泾镇等52个棉纺织品产地市镇和杭州、湖州、嘉兴一带的东街市、唐栖镇等25个丝织品产地市镇都属此类。第二种是集散市场型市镇，这种市镇集中在商业交通的重要环节点上，是长途贩运过程中的产物，它包括海河上游的新河县镇、深州的小范镇等。第三种则是零售市场型市镇，是在集墟的基础上发展起来的以农村人口为交易主角的乡间中心市场。这种市镇规模最小，数量却最多，几乎遍布全国各地。分析以上3种市镇的特点，可以发现有一个共通的地方，就是一个"聚"

字：产地市场型市镇聚的是产品和商人，集散市场型市镇聚的是流通中的商品，零售市场型市镇聚的是商品消费者。3种市镇紧密联系，构成了清代顺畅的商品流通体系。

除以上特点外，清朝商业经济还有一个值得关注的焦点，那就是票号的创立。1823年，平遥西达蒲村李大全投资白银30万两，和细窑村掌柜雷履泰共同创立了"日升昌"票号，这座最初设立在平遥西大街的专门经营京晋埠际商业汇兑的票号，把我国银行业由只搞商业存放款业务的账局，发展为存放汇统营的票号业。"日升昌"票号建立后，设在平遥西大街的总号先后派人到各省考察，数年间便在全国设立100多处分号，从此结束了我国镖局押送现银的落后金融局面，使得商业运转和货币流通大大加速，有力地推动了社会经济迅猛发展。"日升昌"发展的黄金时期，经营的年汇兑总额高达3800万两白银，有"日利千金"之说。其经营网点遍布除东北、西北以外的整个中国，可谓"一纸风行"。继"日升昌"票号创办后，平遥、介休、祁县、太谷、榆次等县商人相继效法开办票号，这些票号的总部大多位于山西平遥、祁县和太谷，分号则遍于全国各地。因"票号"系山西商人创办、经营，故叫"山西票号"。

山西票号的出现是中国商业史上的一件大事，它的诞生与发展，有力地促进了全国金融流通，加速了资本周转，对当时民族工商业的发展做出了杰出的贡献，掀开了中国金融史的光辉一页，开创了中国民族银行之先河，同时也培养出了雷履泰等一大批金融实业家。可以毫不夸张地说，山西票号的诞生，奠定了中国金融业的基础。

山西票号是中国票号的种子，清朝同治、光绪年间，这颗由"日升昌"播下的种子在全国生根发芽，云南、安徽、浙江等地的商家也纷纷投身于票号，成为新的金融老板。在这些商人中，以经营阜康钱庄的安徽商人胡雪岩最为著名。

票号

也称「票庄」。因票号多由山西人开创,又被称为「山西票号」。关于票号的产生说法众多,通常认为是由山西商人雷履泰在清道光初年开办的西裕成颜料庄演变而来。也有说自李自成开始,陈其田在《山西票庄考略》里称:「据说开始是山西的康(亢)氏。李自成败走时所有的金子携带不便,便把军中所有的金银财宝放在康氏的院子里而去,康(亢)氏忽拾得八百万两,因此之后将从来谋一般人便利的山西汇兑副业改为本业,特创票号,至是该地的巨商都是康姓的山西票号,以平遥、太谷、祁县三帮实力最雄厚。」清末

裕和德钱庄钱帖 收藏于山西博物馆

正文:「凭帖来取云字捌佰肆壹号十四底钱壹千文,光绪三十三年四月××日。」可知,这是取款凭证。

平遥蔚泰厚记合约第贰拾叁号 收藏于山西博物馆

正文:「议定每足五千两作为银股一份……蒙天获利,按银入股均分,立此一样二十三本,众东各执一本,铺存一本以为永据」。可知,这是股东入股票号凭证的底本。

《京城店铺幌子图》
（清）周培春

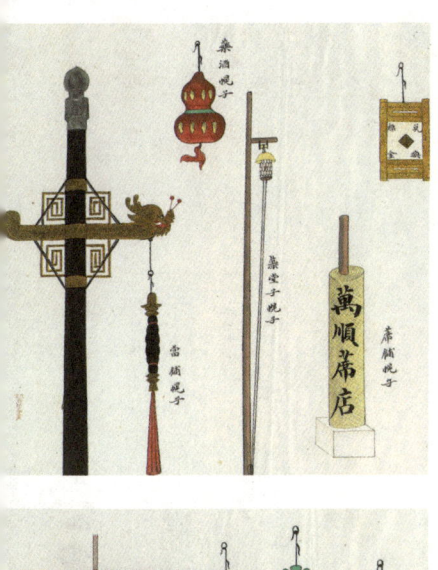

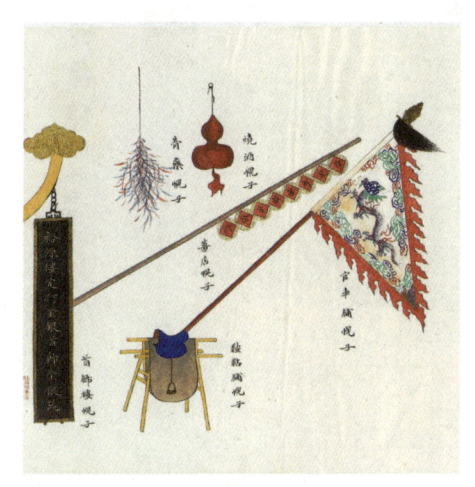

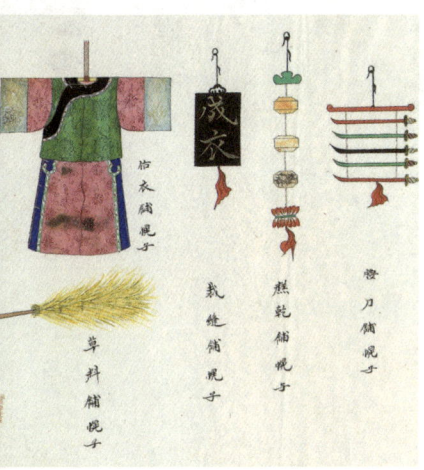

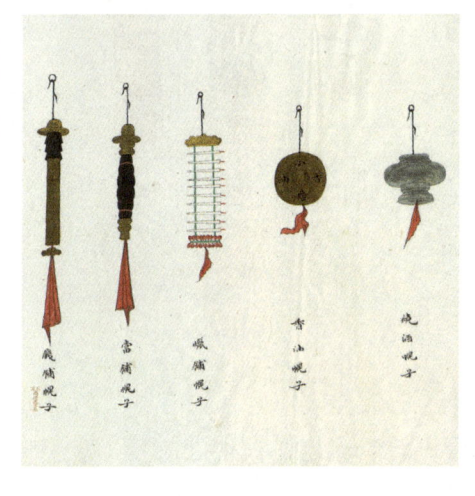

幌子，又叫「望子」，是我国旧时商家用来招揽顾客的布招牌，通常把幌子缀在竹竿头，悬在店门口，以此作为店铺商业标志。幌子起源很早，孟元老在《东京梦华录·中秋》中就有记载：「至午未间，家家无酒，拽下望子。」张择端的《清明上河图》里也能看出一二。《京城店铺幌子图》描绘的就是清末北京的幌子样式，共18幅，近100种，供大家欣赏。

闷葫芦幌子	馄饨幌子
馓铺幌子	饺末幌子
蒸锅铺幌子	老米幌子
切面铺幌子	熟肉铺幌子
粗粮铺幌子	
银楼幌子	料货幌子
棉花幌子	针铺幌子
饭馆铺幌子	扇子估衣幌子
鞋铺幌子	剃头铺幌子
	茶铺幌子
润古斋	酒铺幌子
裱书铺幌子	粗纸铺幌子
彩像铺幌子	
卖寿幌子	
马掌铺幌子	
翠花作房幌子	

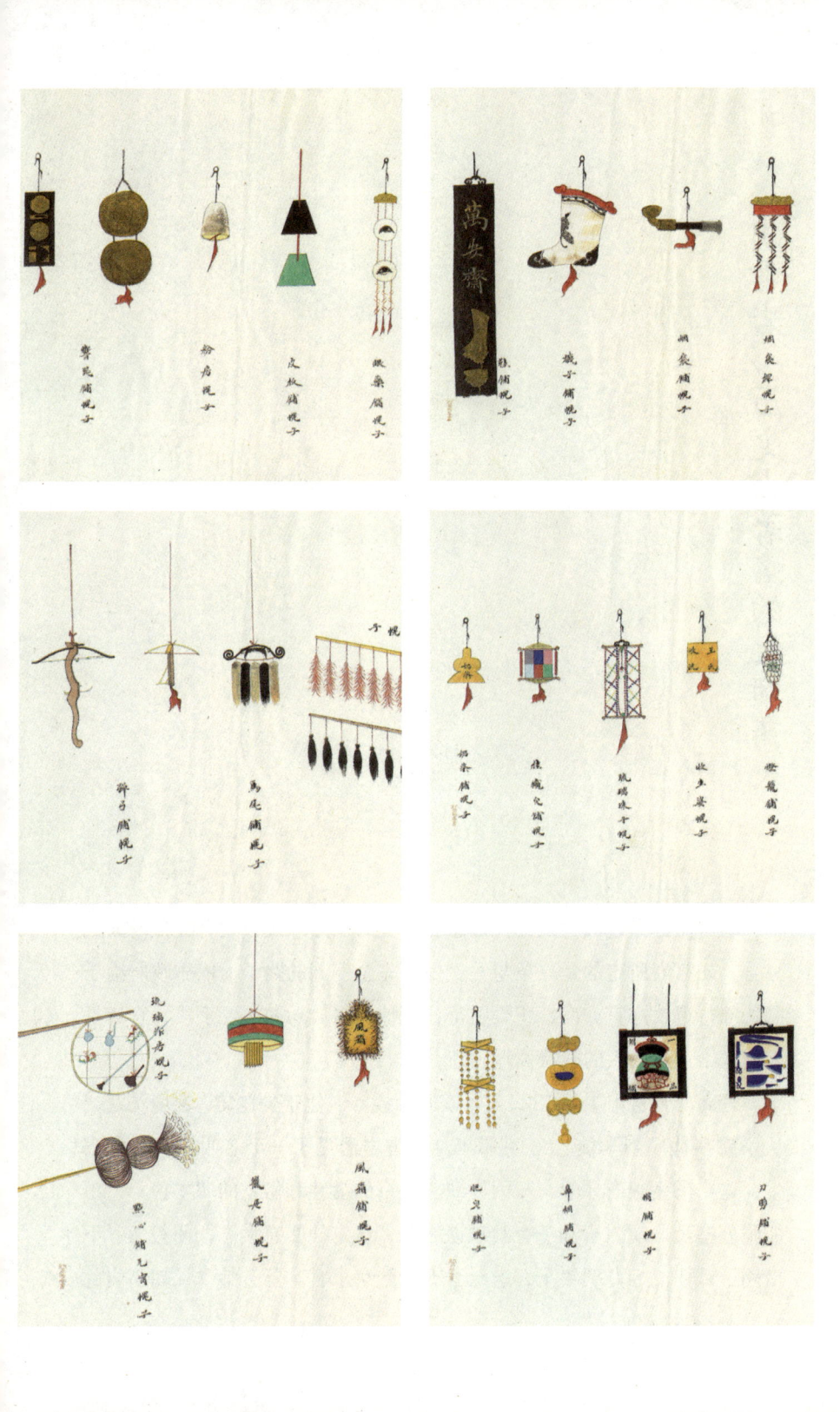

響器舖幌子　粉房幌子　皮紙幌子　蜡染舖幌子

萬安齋（靴子舖幌子）　烟袋舖幌子　風箏舖幌子

鞋子舖幌子　馬尾舖幌子　絨条舖幌子　住瘾兒舖幌子　琉璃珠子幌子　收乡袋幌子　蛐蛐籠幌子

現編作房幌子　鳳箏舖幌子　鼠老舖幌子　熙心舖兒賣幌子　幌兒舖幌子　鼻烟舖幌子　眼鏡舖幌子　刀剪舖幌子

胡雪岩：历史上著名的红顶商人

胡雪岩曾做过四省税务代理总管，受封一品顶戴，故有红顶商人之称号。胡雪岩所走的是一条与乔贵发等完全不同的路子，依靠政府给予的特殊待遇，亦官亦商，积聚财富，是他取得成功的主要手段，官商是人们送给这类商人的独特称呼。

官商胡雪岩出生于1823年，安徽绩溪人。他年少丧父，家境贫寒，从小就在钱庄当学徒。26岁那年，胡雪岩遇见了一个名叫王有龄的书生，这个书生很有才学，却因为缺少进京的盘缠和做官的"本钱"，不能施展抱负。胡雪岩和王有龄攀谈之后，认定他必有大志，便毅然私下借用了钱庄的500两银子，送给王有龄赴京求官。王有龄拿了胡雪岩的银子，历经坎坷，终于得中高官。依靠王有龄的帮助，胡雪岩投身商场，开始了最初的搏杀。胡雪岩初涉商场不久，便发生了太平天国运动，适应能力超强的胡雪岩在战乱中机智应变，不但没有使自己的商业经营受损，而且还得到了较大的发展，同时还因为协助左宗棠筹粮得到了这位名将的赏识。这时，王有龄因杭州失守自杀身亡，他便顺势依附于左宗棠的麾下。1866年，胡雪岩协助左宗棠创办福州船政局，兼为左宗棠办理采运事务，筹供军饷和订购军火，又获得了巨额利润。之后，为帮助左宗棠平定西北叛乱，胡雪岩代借内外债达1600万两之巨，极大地缓减了左宗棠军费压力，成为有功于朝廷的商人。胡雪岩对左宗棠军务的支持引起了掌握国家大权的太后慈禧的注意，特御封其为四省税务代理总管，后又御赐黄马褂，封为一品顶戴，成为一个红顶商人。有了朝廷做后盾，胡雪岩的生意越发红火，他设立的"阜康"钱庄分号遍地开花，成为江南首屈一指的大银号。同时，他开在杭州的"胡庆余堂"中药店也如日中天，异常兴隆。20年左右的时间，胡雪岩便从一个不起眼的钱庄伙计成为头戴红色顶戴、身穿黄马褂的头号官商，资产总数达到3000万两之巨。

  胡雪岩一朝暴富，胃口也大了起来。在当时，利润颇丰的生丝生意一直被洋商操纵，华商很难插手。为了打破洋商的垄断，胡雪岩投入巨资购买蚕丝，想通过控制货源，与洋商争个高下。公元1881年至1882年的一年间，胡雪岩投入资金2000万两，囤积生丝1.4万包，准备趁着当年浙江蚕桑歉收的机会待价而沽，谋取暴利。可是，让胡雪岩没有料到的是，当年欧洲产丝国意大利生丝丰收，很大一部分洋商已转赴意大利收购，不知国际行情的胡雪岩却还蒙在鼓里。1883年的下半年，生丝价格看跌，在华洋商结成同盟，相约不买胡雪岩囤积的货物，使生丝价格跌势更猛。光是9月到11月，每包生丝价格便猛跌50多两，面

市井人物　选自《外销画册选辑》　收藏于奥地利国家图书馆
描绘的是清末街头各个行业的装扮人物，从中可以了解到当时街头商贩的情况。

此是車夫之圖

车夫

卖席的小贩	卖宠物的小贩
卖膏药的小贩	卖瓷器的小贩
钱铺伙计	水果小贩

140

牙医

毛毯商人

算命先生

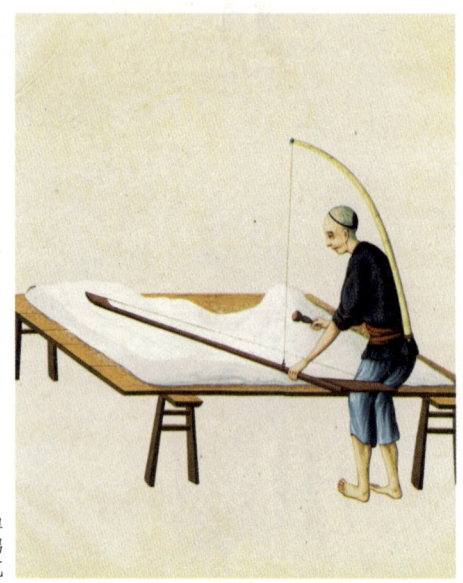

弹棉花

风炉小贩　扇子小贩

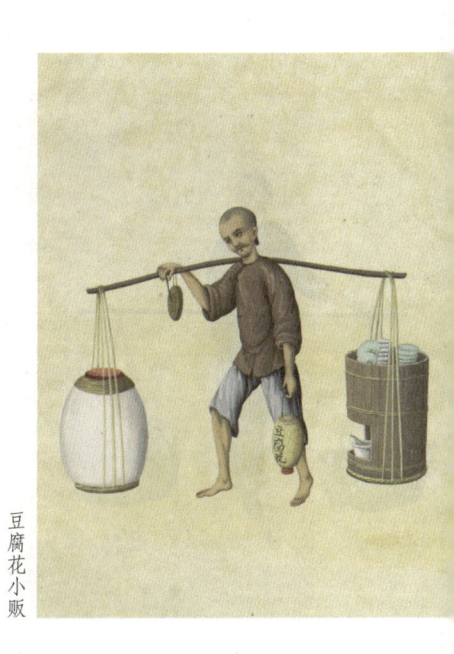

鱼贩　豆腐花小贩

临生丝变质危险的胡雪岩这时已无选择,只能低价抛出,损失无法估量。

生意场上一朝失手,让胡雪岩元气大伤,一系列负面影响也随之而来。许多在他的银号里存钱的客户得知胡雪岩损失惨重,纷纷上门兑取现银,而上海阜康银号的档手将各省汇来应付兑款的协银私自挪用,同时胡雪岩为赢钱救急拿到"买空"赌局上参赌的400万两银子也全部输掉。一系列事件的发生,把胡雪岩的阜康银号推入了倒债的边缘。这时,与胡雪岩经济往来密切的一些官僚怕存到胡雪岩那里的银两因倒债难以收回,连忙搜罗出许多胡雪岩亏欠公款的证据,要求朝廷对胡家产业进行查抄。与支持胡雪岩的湘军名将左宗棠素来不和的重臣李鸿章也趁机推波助澜,使胡雪岩陷入了四面楚歌的境地。内外夹攻下,一代巨商胡雪岩无路可走,在一片追讨声中忧惧而死,曾创造了辉煌业绩的阜康银号、钱庄、26家当铺、"胡庆余堂"药店以及价值数十万两白银的元

左宗棠
[俄]鲍耶尔斯基/摄影 收藏于巴西国家图书馆

左宗棠(1812年—1885年),字季高,湖南湘阴人。左宗棠早年就读于长沙南书院,20岁考中乡试,此后屡试不中,但他并没有意志消沉,而是遍览群书,特别钻研舆地、兵法。后来,因太平天国围困长沙告急,左宗棠应湖南巡抚张亮基聘请出山。在左宗棠的努力下,长沙城被太平天国军围攻三月不下,只能撤去。自此,左宗棠名声大噪。参与镇压太平天国运动后,又在洋务运动中,兴办福州船政局。随后,左宗棠带兵挺进新疆,收回除伊犁外的领土,这是他最大的功名。光绪十一年(1885年),左宗棠在福州病逝。可以说,胡雪岩是靠着左宗棠发迹的,并成为其财源。

宝街胡家花园住宅尽数抵债，落入了最大的债权人刑部尚书文煜的手中。

胡雪岩的成功与失败，是特定历史条件下的特殊产物。在清朝，倚仗特权经商的商人绝不仅仅有胡雪岩一人，以晋商介休范氏为代表的另一类官商——皇商群体也都有过此类经历。范氏第一代人物范永斗虽没有被授予官职，却有着与胡雪岩相似的发展道路，那就是所从事的商业活动过于仰仗官府，都是官家的商人，他们的经历与胡雪岩的兴衰如出一辙。

范氏起家于明末清初的张家口，在清军入关之前，后金和明朝经常发生贸易关系，张家口是这些贸易活动的主要发生地。当时，居住在张家口的内地商人多为山西商人，其中最具实力的就是包括范氏在内的"八大家"。常年的接触，使清政府对这几家商人非常信任，清军入关后定都北京，皇帝亲自召见他们并赐予便宴和服饰，允许他们专为皇室采购日用所需的物品，代价是每年向内务府交纳100银子。范氏就这样成为受人瞩目的皇商，经营的规模逐年扩大，很快成为8家皇商中的佼佼者。

清初，国内战事一直很频繁，康熙、雍正两朝多次用兵西北，对少数民族地区进行征讨和平叛战事。从这时候起，范氏经营的主要买卖就是买粮运粮、供应军需。康熙三十五年（1696年），康熙皇帝亲自率军出征，征讨噶尔丹。战事进行到关键时期，由政府官员承担的兵饷运输发生问题，三路正在追击叛军的军队不得不屯兵待粮。在此关键的时候，范氏组织了一个庞大的运粮队，承担起了采粮运粮的任务。在极其困难的情况下，范氏的车队穿过重重险阻，经过艰难的行程，终于将粮饷运到军前，取得了政府的信任。之后，范氏一直是政府征战时军需物资的主要供应商，长期随军出征的经历使范氏的军需采运形成了一套精密的组织和管理体系，每次领命出发时，他们总能使所需人工、牲畜、器具、资装等"率先期集办,临事咄嗟应手",做到了"幕府所在,储胥充裕,军得宿饱"。除军需采运外,范氏还承担了采买铜料、铸造钱币的业务。康熙二十九年(1690年)起,政府就将钱币所需铜料的采购交由内务府管辖的皇商"八大家"承办,8家中实力最强的范氏自然得到了最大的采买机会。采买铜料的巨大利润,使范家的经济实力得到了更大的提升,其发展壮大速度之快,让普通的商人们望尘莫及。

与胡雪岩一样,山西范氏靠政府的扶持起家,最后也因官府的原因

李鸿章 [美]吉尔伯特/摄影

李鸿章(1823年—1901年),字渐甫,安徽合肥人,人称"李中堂"。李鸿章是道光二十七年(1847年)进士,因跟随老师曾国藩镇压太平天国运动与捻军起义有功得到重用,受命组建淮军。第二次鸦片战争战败后,与曾国藩、张之洞、左宗棠等发起洋务运动,创办了北洋水师。中日甲午战争失败后,李鸿章被清廷任命为特使前往日本签订了《马关条约》。也因此,被人刺杀,险些丧命。1901年,八国联军侵华后,李鸿章与庆亲王奕劻代表清政府签订了丧权辱国的《辛丑条约》。不久后,抑郁而亡。关于李鸿章的评价,历来褒贬不一。慈禧太后把他视为"辅佐中兴""匡辑和中外"的人,这肯定了他在中国近代外交的贡献。但因为他多次代表清政府签订不平等条约,多被诟病。胡雪岩的失败,与李鸿章有很大的关系。

而垮掉。清末政治经济环境发生了很大的变化，商品采买的成本比以前增加数倍。可是，由于清政府国库空虚，拿不出足够的银两补贴负责采买货物的皇商，只能仍然采用以前的价格给付货款，这就使范家这样承担皇室所需物品数额巨大的商人连年亏损，终于难以承受。同胡雪岩一样，他们最终也没能摆脱衰落的命运。

胡雪岩与山西范氏的兴衰，从商业的角度反映出了时代的兴衰。清朝末年，社会动荡不安，内忧外患不断，国家日趋贫穷，有着现代经商意识且实力强大的外商趁机涌入，传统的商人们已经失去了正常的经商环境，承担的风险空前巨大。受这些因素的影响，这期间的商人很少能独善其身，官商胡雪岩和山西范氏尚且如此，普通商人的命运更可想而知。就拿前面提到的曾经富极一时的山西票号的主人们来说，在清朝面临崩溃的历史时期，他们奋力挣扎，几经起落，还是没能逃脱覆灭的结局。随着最后一个封建王朝的覆灭，中国古代商人的历史终于以悲剧收场。

雨過空亭聽亂流
無人漁釣鑑湖秋
晚風夕照間收
些洪月依步上

第二章 商者的情感

回家的路

中国古代的商人是中国历史舞台上一个特殊的群体，从秦始皇进一步强化抑商政策起，他们都是历代政府打压和歧视的对象。尽管备受排挤，也得不到相应的社会地位，商人们却从来没有停下经商的脚步，相对容易获得的巨大利益让无数的人义无反顾地走到了这一行列中来。对于那些已有些基础的商人来说，经商带来的财富既可以为他们提供更多享受生活的机会，又可以让他们得到特定条件下的许多政治待遇。而对于那些家境贫困的人们来说，经商也许是他们摆脱困境的唯一机会。基于以上原因，长久以来不时有人像前文中提到过的乔贵发一样背井离乡，告别亲人，加入到了去异乡经商的队伍中。在这些人中，像乔贵发那样取得巨大成功的究竟是少数，更多的则被淹没在了追富逐利的人流中，上演了一出出让人唏嘘不已的家庭悲剧。

史料中曾有过这样的记载：

清乾隆年间，山西临汾县一位姓田的青年男子刚刚结婚不久，便准备到西北经商，此时，他的新婚妻子已有身孕。正如山西民歌《走西口》中唱的那样"哥哥你走西口，小妹妹我实在难留，手拉着哥哥的手，把哥送到大门口"，小夫妻依依不舍，含泪告别，青年男子挽了一个简单得不能再简单的包袱，带着全家人的梦想走上西去的大道。丈夫走后，妻子辛辛苦苦地操持家务，孝敬父母，一心盼着丈夫早日回还。几月之后，儿子呱呱落地，妻子对丈夫的思念更加急切。可是，一年又一年过去了，外出的丈夫仍然没有一丝的音讯。在不断增加的企盼中，儿子渐渐长大。在一个和父亲离家时一样晴朗的早晨，儿子带着家人的重托，踏上了寻找父亲的征程。路还是那条路，人却不是原先的人，已不再年轻的妻子擦擦涌出的泪水，眼角的皱纹写满了更深的挂念。

顺着父亲走过的路，儿子一路西行，寻觅着从未谋面的父亲的踪迹。在3年多的时间里，儿子走遍了陕西、甘肃的大部分地方，殷切的目光掠过了无数相识或陌生的面孔，终于在酒泉找到了一个据说是来自山西的老人。经多方问询，这位落魄的老人正是自己的父亲。父子异乡相聚，父亲见到长大成人的儿子是什么心情我们不得而知，可以肯定的是，他走过的一定是一条不成功的经商之路，否则也不会落到踏不上归家之路的境地。

这对父子的故乡临汾位于山西的南部，号称海内最富的山西商人有很多就出自这里。自然条件欠佳的山西在明清两代出现过一次较大的经商潮流，也涌现出了一大批经商有道的豪商巨贾。在一段时间里，晋商成为全国最大的商帮，其活动范围遍布各地，涉及的商业领域甚广，商人数量和拥有财富的数目一直居于全国前列，这也使崇商之风在山西盛行一时。当年，在父子俩远行的官道上，应该每天都会有满怀希望远走他乡的青年男子，也肯定会经常看到衣锦还乡的豪商巨贾。也许正是因为有了满载而归的商人们的示范，田姓父子才会带着憧憬踏上商道，而现实比他们想象的要残酷许多。在众多远行的人群中，成功者少之又少，大多数人与田姓父子一样，只能收获无尽的酸楚。类似的故事在清代的山西随处可见，我们再随意摘录两例，或许可以证明它的普遍性：

阳曲县一个叫张瑛的商人外出做生意，走后20年杳无音信。家人四处探寻，打听到他在宣府，便让大儿子张廷材去宣府寻找，谁知张廷材也一去不返，父子双双失了音信。几年后，小儿子张廷槺长大成人，带着全家的嘱托，他也走上了寻找父兄的道路。在一年多的时间里，张廷槺找遍了父兄可能去过的所有地方，却依然不见他们的踪影。长久的流浪生活耗尽了张廷槺的体力，也耗光了他所带的盘缠。在异乡举目无亲的他归家无路，只得做起了沿街乞讨的乞丐。有一次行乞时，他看到一个农民与哥哥非常相似，仔细一问，果然不差。兄弟俩抱头痛哭，互相诉说着在外的艰辛，哭诉过后，哥哥告诉弟弟，父亲的消息已经打听到了，他在张家口卖菜，只因没挣到钱，失去了回乡的勇气。

同张家兄弟一样，家住交城县的徐学颜也有类似的经历。他的父亲也是很早时就外出经商，整整20年不见回来。寻找父亲是徐学颜长大后接受的第一个任务。带着20年来收集到的有关父亲零零碎碎的信息和家人描述的父亲模糊的影像，徐学颜下河北，上关东，一路北行，风餐露宿，饱尝离家之苦。找到吉林省东北端的一个村庄时，徐学颜终于遇到一个知道父亲消息的老乡。老乡告诉他的是一个比上边两则故事更不幸的消息：7年前，他的父亲已经逝去。

以上讲到的几对父子都是行商未果的失败商人，按一般的理解，他们的悲剧是竞争失败的必然，如果经营有道，事业有成，结果肯定是全家团圆，其乐融融。事实也并非完全如此。为了获取丰厚的回报，商人们常年漂泊在外，搏击商场，很少有机会顾及家庭。即便是成功的商人，他们的家属也不得不经受长期分别的痛苦，丢掉本该拥有的幸福和温暖。与以上几则发生在父子们身上的令人感到心酸的故事相比，有些商人的妻子所承受的痛楚更让人心痛。发生在她们身上的某些故事更有理由被称作是千古的情感悲剧。

下面要提到就是这样一则催人泪下的情感故事，故事发生在另一个商业文化氛围浓厚的省份——安徽，主人公是一位新安商人的妻子，道具是 20 颗浸透了泪水的珍珠。

商人背后的妻子

20颗泪珠的故事载于程云鹏、汪于鼎所著的《新安女行录·新安女史征》中,书目中所指的新安是徽商重要发祥地之一。

据《徽州府志》记载,徽州地处万山之中,交通不便,田地少而户口多,人口与土地的矛盾十分突出,多数农民只能远走他乡,以经商谋生。明人王世贞"大抵徽俗,人十三在邑,十七在天下"的论述真实地反映了安徽商人热衷于商道的独特现象。徽人崇商成风,虽然缓解了百姓无田可种的社会矛盾,却加剧了因分离造成的家庭矛盾。商人们背井离乡往来贩运,有时经商之地离家千里万里,路途遥远,交通不便,与家人团聚便成了遥不可及的事情。在安徽商人中,3年一归是约定俗成的旧制,但受各种条件的限制,这种旧制并未被完全遵守。由此,父子不能常相见、夫妻劳燕两分离的悲剧就成了一种十分普遍的现象。对于这种现象,

《琵琶行图》

（明）郭诩　收藏于北京故宫博物院

商人的妻子在女性群体中是一类独特的存在，她们往往因商人的成功过着富足的生活，给人以光鲜亮丽的印象。但丈夫长年累月的外出经商活动，也要她们承受独守空房和操持家务的孤寂生活。在众多文艺作品中，描绘了各个朝代商人妻子的形象。《琵琶行》是唐代诗人白居易创作的长篇叙事诗。《琵琶行》描绘了一个因年老色衰嫁给商人做妻子，后来因为"商人重利轻别离"而被抛弃的琵琶女的凄惨遭遇。在《三言二拍》中，也塑造了众多商人妻子形象，如以红杏出墙形象出现的王三巧、蒋淑真、春香等，如恪守贞德的宜春和勤劳善良的俞氏等，还有心狠手辣的恶妇贾氏等。

各种文献屡有记载。《徽商便览》中所说的"惟吾徽道梗阻，交通乏便，旅之往来，殊非易事。前所云三年一归者，且有历数三年而未一归之商人"的言论是对这种旧制一再被打破所做的解释，这也从另一方面说明徽商为逐富而情愿舍家的独特心态。事实上，三年不归的商人在徽州根本不算什么，商人家庭中比三年甚至两个三年更长久些的分离现象也屡见不鲜。清人魏禧就曾指出："徽州富甲江南，然人众地狭，故服贾四方者半土著。或初娶妇，出至十年、二十年、三十年不归，归则孙娶妇而子或不识其父。"那位新安女子所遇到的应该就是这种情况了。

新安女子的丈夫是在结婚3个月后外出经商的，丈夫走时，小夫妻才刚刚品出一点新婚的甜蜜，正是两情相悦之时。送丈夫远行的前夜，夫妻俩柔情绵绵，海誓山盟，好一幅难舍难分的感人场景。第二天，丈夫踏上行程，女子稍稍稳定一下伤感的情绪，拿出刺绣所需的工具，一边在绸布上精心绣下一对对比翼双飞的鸳鸯，一边盘算着丈夫回家的日子。随着日子的流逝，女子的绣品越来越多，除了谋生外，也有了一定的剩余。年底，思夫心切的女子用余钱买下了第一颗晶莹剔透的珍珠，小心地包好，放入箱箧之中，当作对岁月的记载。想想自己夜夜相思的凄婉，女子为这颗珍珠起名为泪珠。

相约回归的日子很快到了，女子天天倚门盼望，却总是盼不来远处路口那个熟悉身影的出现。看着别人家的丈夫一个个满载而归，再高兴地出走，女子的哀怨越来越深，一种不祥的预感袭上她的心头。这年年底，她再一次买好一颗泪珠，小心地收好。这时，她箱箧中的泪珠数量已有3颗。

日子在女子手中刺绣的针尖上飞快地过去，箱箧中泪珠的数量越来越多，丈夫却依然没有踪影。岁月在女子的额头上刻下了一道道沧桑的痕迹，昔日的小女子变成了中年的妇人。依旧是年年的倚门相盼，依旧是年年的失望与酸楚。一天，满腹忧伤的妇人忽然病倒，不久即在伤感的思念中悄然逝去。

女子逝去3年后，离家的丈夫终于踏上了久别的家门。但是，家中不再有曾经温柔的妻子，迎接他的只有箱箧中收藏的20颗写满伤感的泪珠。

这位丈夫常年不归的原因人们不得而知，想必是经营无方，缺少盘缠，无颜回乡一探。但不管怎样，他给妻子造成的伤害已不可挽回。毫无疑问，这位新安女子的遭遇是令人同情的，但也是无可奈何的。对于大多数徽州商人的妻子们来说，选择了商人做丈夫，就意味着选择了承受痛苦。翻开徽商的发家历史，可以清楚地看到，大多数商人家庭在经商的初期都有过这样一段酸楚的回忆。为了创业成功，商人家庭中的男子必须常年在外打拼，且收入甚微，妻子的付出便成为不可避免的事情。这种付出既包括情感上的，也包括生活上的。《歙县志·风土》中就曾记载商人家庭的"妇女尤勤勉节啬，不事修饰。往往夫商于外，所入甚微，数口之家端资内助，无冻馁之虞"。而《休宁县志·风俗》中也说商人妻子常常亲自纺线织麻，抚养儿女，而且饭食很差，即便是中等之家也"口绝鱼肉"。由于饱尝经商初期的艰辛，商人的妻子们即使在男人经商发财之后，依然能节俭持家，显示出了谦和贤惠的传统美德。如两淮总商鲍志道虽已拥资巨万，他的妻子仍然不事张扬，每天亲自从事"中馈箕帚之事"；歙商江终慕以经营盐业起家致富，其妻也是不求奢华享受，依旧行俭如故；另外有此德行的还有徽商吴长君的妻子，当丈夫经商发达，家庭由穷变富后，她不改旧日习惯，犹自"斤斤自苦，用一无芬华"，被时人誉为"女富溢尤"。这些朴实的女子也为四处漂泊的商人们挣足了面子。

因常年在外经商，夫妻分居日久，明清时期的商人非常重视女子的贞节，并把这种重视体现在了家庭与个人伦理关系的每一个细节上，以此来保持家庭的稳定。光是在商人大量外出的徽州地区，就有诸如"训诸妇""肃闱门""事姑舅""和妯娌""植贞节"等戒律条款，宣扬忠、孝、节、义无疑是这些戒律的核心。受这一伦理道德的影响，在当时的徽州等地，所谓的贞节烈妇不断涌现，层出不穷。程且硕在其所著的《春帆纪程》中谈到徽俗时就讲："女子自结缡未久，良人远出，或终其身不归，而谨事姑嫜，守志无怨，此余歙俗之异于他俗者也。"可见在此时的安徽，女子的贞烈行为已形成了一种风尚。据说，歙商黄九叙外出经商多年，后客死芜湖，其妻程氏"讣闻一恸而绝，绝而复苏者再。乃自为文遣侄往奠其夫，再拜送之门，绝粒十有七日而卒"。这样一则悲惨的故事，当时竟被广为传颂，一时成为佳话。像程氏这样的节烈妇女，在徽州举不胜举，当地林立的贞节牌坊对此也可做个见证。赵吉士在《寄园寄所寄》中说："新安节烈最多，一邑当他省之半。"此话即便有一点水分，其中透出的凄婉也足以让人心惊。据以上所举黄氏商人的族谱《潭渡孝里黄氏族谱》统计，从明成化到清雍正的270年间，黄氏家族的节烈之妇就出了42人，平均6年多就出一个。对于这些可怜的贞节烈妇，当时的族谱和各类文献中总是大加赞赏，从来不吝溢美之辞。

正像前面提到的那位新安女子收藏的20颗浸透着泪水的珍珠一样，商人妻子的美丽容颜和大好青春，就在这残酷的赞美声中失去光泽，笼罩在她们头顶上的那个虚幻的光环，散发出的是一种无以言表的悲情。

女人的商业价值

新安女子婚姻的不幸，折射出的是古代商人们追逐财富时表现出的不顾一切的欲望，这种贪婪的欲望有时甚至会扭曲人性，使商人的婚姻观念也变得近乎畸形。在经商之风盛行的徽州等地，就有人甘愿把婚姻当作经商的跳板，用子女的情感换取商资，酿成了不亚于上文中提到的新安女子的悲剧。民国时期徐珂所著的《清稗类钞》中就记载了这样一则故事。

这则故事发生在无锡，导演是一位姓程的徽商和他家的会计，主人公则是他们各自的儿女。

程家是徽商中出类拔萃的望族，拥有资产数万，家僮无数，日子本该过得幸福美满。可惜天不遂人愿，各方面都让人羡慕的程氏夫妻偏偏生了一个痴呆的儿子。儿子一天天长大，眼看到了谈婚论嫁的年龄，却依然痴傻如故，因而一直无人同意他家的提亲，让夫妇俩非常忧愁。程家夫妇的心事被管家会计汪氏全都看在了眼里，汪氏想到自己刚刚长大的女儿，一个念头忽然从他脑中闪过。汪家世代在程家做事，早就羡慕东家的荣华，梦想自己有朝一日也能过上那种日子。程家痴子的情况让他终于看到了一丝希望。于是，他主动托人上门，表示愿与程家结为亲家。程氏夫妇早知汪氏之女聪明漂亮，今见汪家有意，自然喜不自禁，当即答应下来，并割巨万家财作为彩礼。可怜汪家小女正是青春年少充满幻想的年纪，却不幸被爱财的父亲当作商资，配与了痴子为妻。由此，多姿多彩的少女生活宣告结束，又一段由女子眼泪写成的悲剧拉开了序幕。

用女儿交换商资的汪氏最终实现了自己的目的，如果经商有道，他也许会成为第二个程氏。到那时再有子女，自然不会配与痴者傻者，就是模样周正、人品出众的佳人才子想要为媳为婿，也还得看看家门是否般配才行。苦的只有那位姓汪的小姐了，原先满脑子的爱情梦想一下被击得粉碎，心中想象过无数次的情郎被眼前一个痴呆男子替代，婚后的日子便只能整天地以泪洗面。当然，此后花钱是不用发愁了，只是手里的钱财恐怕得有相当一部分花费到购买掩盖泪痕的胭脂上了。

汪氏女子的遭遇无疑是令人痛惜的。但在那样一种崇商的背景下，她的婚姻悲剧似乎是不可避免的。从明清时期留下的许多文献中可以发现，商风的兴盛使传统的只重门第和讲求般配的婚姻观念受到了严重的冲击，拜金成为婚姻的核心。这时，许多商人或准商人的婚姻是以贪图嫁奁为目的，婚姻成了他们得到商业资本的手段。据《丰南志》记载，明朝人吴烈夫迎娶一大户之女为妻，后挟妻嫁奁以经商，积累财富巨万，拓产数顷，终入富贾之列。另外还有一位叫许东井的商人，靠妻子带来的衣饰首饰为资本经商致富，使得"庐舍田园，迥异往昔"。而明代东阁大学士、礼部尚书许国在他所著的《母孺人事实》中也说，他的父亲许鈇也是靠其母亲的嫁奁起家，终成巨富。

与以上事例相似的故事在文学作品里也有描述，清人许奉恩的笔记小说《里乘》中，就记述了一位50岁丧偶的府学教授的颇具戏剧性的婚姻经历。从小说介绍的情况看，这名府学教授也是一位崇尚经商的人士。为了筹措到足够的商业启动资金，他处心积虑地打通各个环节，先将一位多金的妓女求为继室，不久又迎娶为正室夫人。在新夫人的资助下，教授投身商业，很快如愿以偿，积累了巨额财富，并与新夫人生下一子。正当妓女出身的夫人沉浸于幸福之中，以为找到了最好的归宿时，府学教授却忽然变脸，以夫人出身卑贱，有辱他的名声为由，提出分手要求。为了显示自己有君子之风，府学教授特意以什一之息将本利归还给曾经费尽心机迎娶的夫人，让她尽快携子离去。又一个痴情女子就这样成了商人现实婚姻观念的牺牲品。

如果光看其表面，似乎商人们真的打破了门第观念，一切以实用为目的了，事实上也不尽然。比如，当明清时期具有地域色彩的商帮形成以后，在各商帮之内的名商大贾之间就经常保持着世代联姻的关系。财力的对等和相互之间的商业利益决定了这种婚姻的深入程度。汪道昆所著的《太函集》中记述汪氏家族的通婚情况时就指出，汪家婚姻"皆郡中名公卿"。如汪道昆的先大父与徽商程嗣功的先大父"以盐策贾浙江，相与莫逆"，两家由商业合作进而互通婚姻。另外，汪氏家族还与商贾辈出的休宁孙氏及歙县大盐商吴氏等皆为通家之好，并有子女结成姻缘。另据《受祺堂文集》记载，明嘉靖、隆庆年间，陕西富平县韩家村的李姓商人依靠往边关运粮成为巨富，与亭口镇王氏、磐石村石氏及薛家村路氏四家商贾"鼎立为富平北乡四大姓"。为了扩大经商规模，增强竞争能力，他们便相约要"世相婚姻，他族不得与"。这种富商巨贾之家的世代联姻，才是商人家庭最为理想的婚姻关系。

当然，就像普通百姓一样，商人们的婚姻也是丰富多彩的，其中也不乏追求婚姻自由的新潮人物。在清末的上海，就曾发生了一起与以上

推輪生大軲䡰

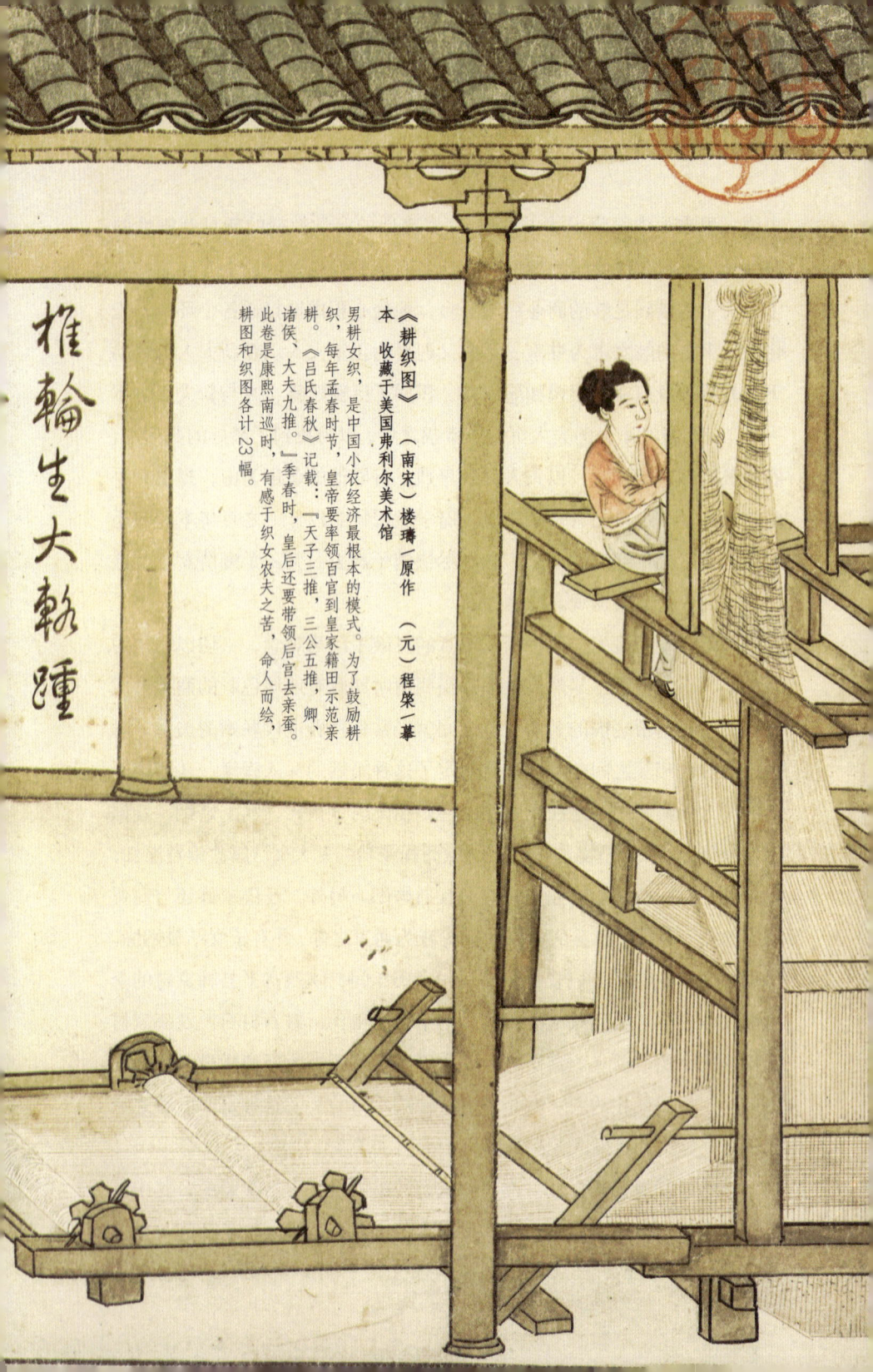

《耕织图》（南宋）楼璹／原作 （元）程棨／摹

本卷收藏于美国弗利尔美术馆

男耕女织，是中国小农经济最根本的模式。为了鼓励耕织，每年孟春时节，皇帝要率领百官到皇家籍田示范亲耕。《吕氏春秋》记载："天子三推，三公五推，卿、诸侯、大夫九推。"季春时，皇后还要带领后宫去亲蚕，此卷是康熙南巡时，有感于织女农夫之苦，命人而绘，耕图和织图各计23幅。

織絍謹爾絺綌不尤者有

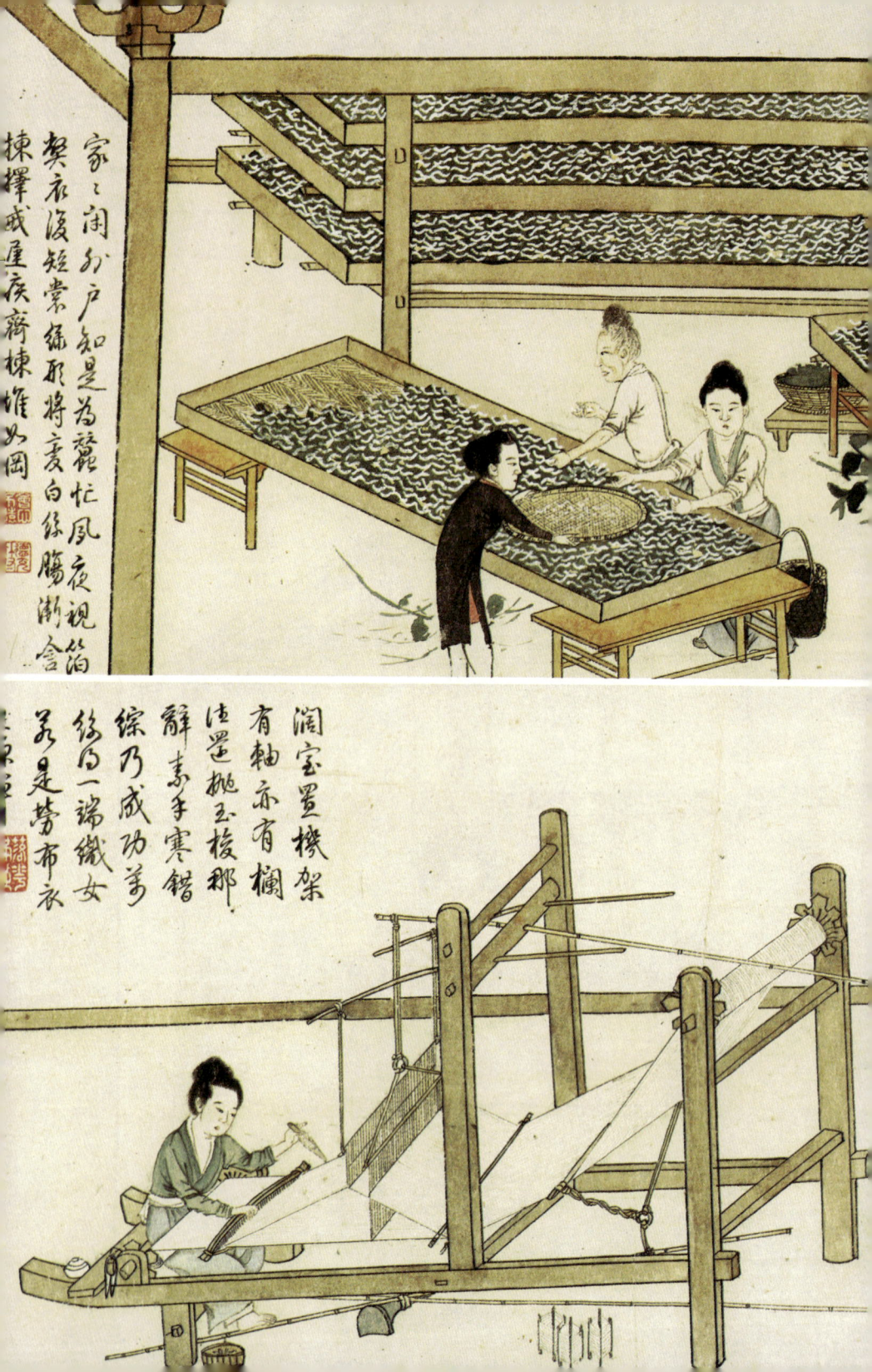

家家闭户知是为蚕忙凤夜视箔䌑衣渡短裳缲形将麦白绦腾渐舍栋择诫䖝疾斋栋堆如冈

润宅置机架有轴亦有栏佳置抛玉梭郍声手寒鐺綜乃成功夫络絇一端织女弟是劳布衣

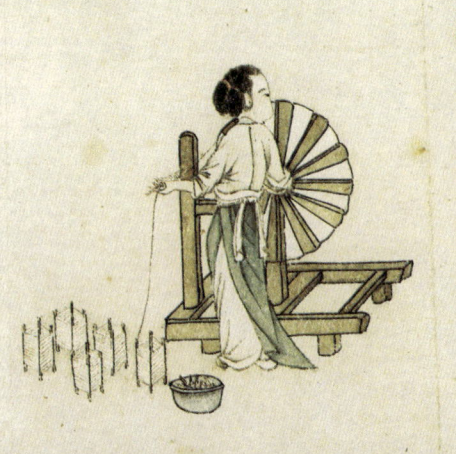

麥黃雨初足蠶老人簇
絲初減眠食顛倒蠢金
聿勤映綠業繰練金
黏松聊明照夜屋杜宇嘯

繰繭一繅絲成就百種景芳菲
青水春宣暄輪轉霞車
人間水銀

小大珠軸車

織緯非細工 付之
小女子 誰知素絲
乃具 繭之菁精
次於是別繰輪引
緒斜由分漸成合

青鉉映素暮
執度縈手屬露濡
軒轉鳴呼其井已颳
織綺伴當念麻芟單蟓

粻風穀細瓜雲

之熟黍不辛敢昐子斗竹男婦秋風侵秋風為畏冬

臨風紕揚鞭攊挺塵風
傾瀉雨聲碎把鞍至粒
秕糠箕帚升斛婦孜拾
秬黍篚升未敦歲凶
登圖較

田家秋穫時騰脊
霜濃步霰坷日
兒童行拾穗風
歡呼荷擔歸望堂

所述完全不同却足以轰动社会的婚姻案。在这一事件中，一位广东商人的女儿爱上了饰演武生的戏剧名伶杨月楼，并私定终身。此事虽然得到这位商人家人的允许，却招致了粤商乡党的反对。对此，这位商人的女儿并未在意，仍然按计划订下了婚期。让她没有想到的是，大婚之日，杨月楼带人迎亲时，粤商乡人竟群起阻拦，力图阻止婚事。当然，最后的结果是阻止失败，毕竟这是人家的私事，别人不可能插手太深。杨月楼历经磨难，还是与商人小姐结成了夫妻。

杨月楼婚姻案是商人婚姻中的特例，并不具有普遍性。但从乡人阻拦的行为中也可看出商人们讲求实际的婚姻观念：我为了财富可以不讲求门第，但决不能让门第不同的别人染指我们的财富。在这里，商人们的观念不是讲不讲门第，而是要根据需要来决定要不要讲。如前面提到的那位娶妓又休妻的府学教授，娶妓时是讲求实际的时候，门第当然可以抛开，致富后身价已贵，再不讲究门第，休掉出身低贱的妻子，便不符合商人的秉性了。

赢得青楼薄幸名

商人常年在外经商，很少能享受到家庭的温暖，精神世界非常贫乏，总想千方百计地填补生活的空虚。因此，在外寻花问柳、寻找情感上的慰藉，就成了他们最喜欢做的事情。

商人狎妓的习惯在中国由来以久，至少在唐代，蓄娼养妓就成了他们排遣精神空虚的常用手段。"本是扬州小家女，嫁得西江大商客"的诗句是著名诗人白居易《盐商妇》一诗中的名句，它所表现的据说是古代商人中颇为流行的养瘦马的习俗。养瘦马的做法就是有人专门购买容貌秀美天资聪慧的小女孩儿，从小教她们温书学艺，培养出既懂礼节，又会抚琴吟唱的艺妓，等她们长大后再嫁与商贾为妾。虽然名义上她们做的是妾，但这种妾的地位极不稳定，更多时候被理解为是另一种意义上的妓。一般说来，能蓄得起这样艺妓的人家，都应是生活奢华的豪商巨贾。但对于大多数商人来说，将瘦马纳入家门并不现实，他们的情感需要还是要到灯红酒绿的花巷去寻找，适应这种需要的市场因此得到了飞速的发展，这就构成了独具特色的青楼文化。以商人为主要服务对象的青楼文化在明清最为兴盛。明太祖朱元璋建都南京后，曾下令把全国各地的近两万豪富迁到南京来。他这样做的目的无非有两个，一是加强对他们的控制，二是借以充实首都的财富。为了让商人们能安心留在京都，朱元璋特地下令在南京的繁华地带开设官方妓院，任由商人出入，并派专人管理。后人刘辰在其所著的《国初事迹》中说："太祖立富乐院，令礼房王迪管领……禁文武官员及舍人，不许入院，只容商贾出入院内。"可见这种妓院有着明确的服务对象。当时在南京，像富乐院这样官妓聚集的地方共有16处，号称"十六楼"。这些娼楼妓馆专为缙绅商贾提供侍宴侑觞的服务，庞大的商人群体整天出入楼中，混迹于脂粉堆里，充盈了明王朝的国库。

同南京一样，明清时的扬州也是青楼最昌盛的地方。明成化年间起，朝廷逐渐废除了"开中法"，运司纳银制度开始实行，大批山西、陕西及安徽商人因此被吸引到扬州城内。到嘉靖三十七年（1558年）前后，流寓扬州的外地贾客已多达数百人，其中尤以徽商为多。大批商人的聚集，使风行多年的"养瘦马"习尚在扬州更为盛行。按传统的习俗，徽商和晋商一般在十五六岁就出门经商，有时一走就是十几年甚至几十年。为了满足长期独身生活的需要，他们往往不惜血本，将大把的钱财花在了青楼之上。谢肇淛在《五杂俎》中嘲讽说："新安人衣食甚菲啬，薄糜盐菹，欣然一饱矣。惟娶妾、宿妓、争讼，则挥金如土。"《二刻拍案惊奇》第十五回也说"徽州人有个癖性，是乌纱帽、红绣鞋，一生只这两件事不争银子，其余诸事就悭吝了"。商人狎妓宿娼现象的普遍由此可见一斑。

秦淮八艳

秦淮河畔自古以来都是南京繁华之处,明清时期旧院、珠市聚集了众多教坊名伎,其中最著名的当属"秦淮八艳"。"秦淮八艳"一般指明朝遗老余澹心《板桥杂记》中记载的"柳如是、顾横波、马湘兰、陈圆圆、寇白门、卞玉京、李香君、董小宛"8人。她们身世各异,造就传世风流。

柳如是像

选自《秦淮八艳图咏》清刊本 (清)张景祁 编撰

柳如是(1618—1664年),浙江嘉兴人,本名杨爱,后因读到辛弃疾《贺新郎》中「我见青山多妩媚,料青山见我应如是」,故改名如是。柳如是小时候聪明好学,但因家贫,被卖到吴江为婢,妙龄时坠入章台,改名为柳隐。随后,往来于江浙、金陵之间的乱世风尘中,直到20岁时嫁给明朝大才子钱谦益为侧室后,生活才稳定下来。柳如是博览群书,能诗能画,作品主要有《湖上草》《戊寅草》与《尺牍》。此外,柳如是有着深厚的家国情怀,清军入关之际,曾劝钱谦益殉国,在钱谦益死后,柳如是为保钱家家业而悬梁自尽。徐天啸曾评价"其志操之高洁,其举动之慷慨,其言辞之委婉而激烈,非真爱国者不能"。

陈圆圆像

选自《秦淮八艳图咏》清刊本 （清）张景祁／编撰

陈圆圆（1623—1689年？），原姓邢，名沅，字圆圆。年幼时父母双亡，由姨妈收养，改姓陈，居住在苏州桃花坞。陈圆圆10岁时，被姨夫卖到梨园，学习技艺。后来，因色艺双绝，名动江左。崇祯末年，陈圆圆被田畹掳掠，之后又被转送给吴三桂当妾。据说，李自成攻破北京后，因手下刘宗敏将陈圆圆从吴三桂身边掳走，才让吴三桂引清军入关。这即是吴三桂"冲冠一怒为红颜"，为后人诟病。

李香君像

选自《秦淮八艳图咏》清刊本 （清）张景祁／编撰

李香君（1624—1654年），原姓吴，号"香扇坠"，南直隶苏州（今江苏省苏州市）人。李香君因家道败落，漂泊异乡，8岁时，被秦淮名妓李贞丽收养，在媚香楼学习技艺，遂改姓李。李香君歌喉圆润，精通丝竹，特别擅长弹唱《琵琶记》。李香君16岁时，与侯方域志趣相投，坠入爱河，纠缠至死。李香君曾因拒田仰之亲，血溅折扇，被画家杨龙友以其血画成桃花，遂有"桃花扇"之说。1699年孔尚任的《桃花扇》问世后，李香君遂闻名于世。

董小宛像

选自《秦淮八艳图咏》清刊本 （清）张景祁 编撰

董小宛（1623—1651年），名白，字小宛，别号青莲女史，南直隶苏州（今江苏省苏州市）人。董小宛因家道中落而成为秦淮歌伎，有"针神曲圣"之称。因她字号均因仰慕李白而起，位列"中国古代六大美厨神"。董小宛在美食上的造诣也很高。明朝灭亡后，董小宛跟随冒辟疆逃难，嫁给复社名士冒辟疆为妾，与冒辟疆同甘共苦直到去世。

顾横波像

选自《秦淮八艳图咏》清刊本 （清）张景祁 编撰

顾横波（1619—1664年），名顾媚，字眉生，号横波，人称"横波夫人"，南京上元县人。顾横波曾是秦淮歌伎，才貌双绝，有"南曲第一"之称。明崇祯十四年（1641年），顾横波嫁给龚鼎孳，改名为"徐善持"。李自成攻进北京后，顾横波与龚鼎孳投井没有死，被俘虏。龚鼎孳接受李自成授予的直指使职位，负责巡视北城。顾横波很有气节，曾劝龚鼎孳殉国，但龚鼎孳却说："我愿欲死，奈小妾不肯何。"龚鼎孳降清后，顾横波被封为"一品夫人"。

卞玉京像

选自《秦淮八艳图咏》清刊本 （清）张景祁／编撰

卞玉京（约1623—1665年），字云装，后自号「玉京道人」。卞玉京出身官僚世家，但不幸早年亡父。无奈，卞玉京只能携带着妹妹卞敏到秦淮河上卖艺，成为歌伎。卞玉京琴棋书画样样精通，尤擅小楷，还懂文史。她的绘画技艺娴熟，「一落笔尽十余纸」，作有《题扇送志衍入蜀》。卞玉京感情很坎坷，与才子吴梅村相爱纠葛多年，都没有结果。病逝后，吴梅村作《过锦树林玉京道人墓并序》纪念她。

寇白门像

选自《秦淮八艳图咏》清刊本 （清）张景祁／编撰

寇白门（1624—？），名湄，字白门，金陵人，人称为「女侠」。寇白门虽然出身娼妓之家，但被保护得很好，性情纯洁。《板桥杂记》评价她：「白门娟娟静美，跌宕风流，能度曲，善画兰，能吟诗，然滑易不能竟学。」寇白门17岁时，嫁给明朝声势显赫的保国公朱国弼。后来朱国弼被清廷软禁，意将寇白门卖掉赎身。寇白门回到金陵取到2万两银子赎我从良，如今我将你赎回，咱俩扯平」之后，朱国弼想重修旧好，但被寇白门拒绝放。因此，朱国弼想重修旧好，但被寇白门拒绝索的歌伎生活中落寞死去，为秦淮八艳中最悲的一个。

马湘兰像

选自《秦淮八艳图咏》清刊本 （清）张景祁 编撰

马湘兰（1548—1604年），本名马守真，因擅画兰竹，故字湘兰，南直隶应天（今江苏省南京市）人。马湘兰为人仗义，多次周济无钱应试的书生、横遭变故的商人和老弱贫困之人。马湘兰与江南才子王稚登交谊甚笃，情爱纠缠一生。在王稚登七十大寿时，马湘兰集资买船载歌伎数十人，前往苏州置酒祝寿，"宴饮累月，歌舞达旦"，归后一病不起，最后强撑沐浴以礼佛端坐而逝。

卖油郎独占花魁
选自《醒世恒言》明刊本 （明）
冯梦龙／编撰

《卖油郎独占花魁》讲的是被称为"花魁娘子"京城名妓莘瑶琴与小贩卖油郎秦重的爱情故事。一般说来，腰缠万贯的富商才是狎妓的主要人群，像秦重这样的小贩是没有资本去狎名妓的。

商人狎妓成风，在明清的一些文学作品中也有表现。《青泥莲花记》卷三中便有"洞庭叶某，商于大梁，眷一妓冯蝶翠者，罄其资，迨冻馁，为磨佣"的记载。而《情史》卷四也讲了一个叫程生的商人与一名叫张润的妓女两情相悦的故事。程生为张润倾家荡产，以至于"衣敝履穿，不敢复窥张室"。好在张润不忘旧情，将私房钱赠与程生，让他再去经商，赚回家产。可惜程生恶习不改，竟又将张润所赠花在了另一娼妓身上，辜负了多情女子的一片苦心，只好继续贫困下去。就在同一卷书中，还记述了一位叫杨玉山的松江商人，这位商人"性爱小妓"，尤其喜欢收集小妓们送的丹帕。数年间，他积攒丹帕几十副，还别出心裁地用这些帕子做了一个帐子，取名"百喜帐"。从这位商人的这项创意来分析，他的狎妓水平应该不低。

商人狎妓成风，与他们的富有是分不开的，登上素有"销金窟"之称的青楼，必须有强大的经济实力做后盾才行。像前面提到的那位结百喜帐的松江商人，如果没有足够的钱财，哪里能付得起整天沉湎温柔乡中的巨大开销。当然，宿妓嫖娼也不全是富商们的专利，某些并不富有的人也会偶尔为之。明代冯梦龙的《醒世恒言》一书中，就为我们讲述了一个以卖油为生的小商贩独占花魁的故事。这个叫秦重的商贩整天沿街叫卖，每日所得也只够糊口。某日，秦重偶然看见临安城的当红妓女花魁娘子，一下意乱情迷，患了相思之症，决定从此积攒银两，与花魁娘子亲密相处一夜，此后虽死无憾。一年之后，秦重终于攒够了十两纹银，怀着激动的心情跨入了花魁娘子的闺阁。让他没有想到的是，这天花魁外出应酬，大醉而归，一夜呕吐不止。秦重未近芳泽不说，还得为花魁清理秽物，打水泡茶，白白辛苦了一夜。花魁娘子醒来后，为秦重真情所动，毅然付千金自赎，从良嫁给秦重，成就了一段千古良缘。

小商贩秦重的经历可以算作是一段浪漫的传奇故事，其中透出商人们在狎妓过程中对真情的渴望，这种渴望在好多文艺作品中都有表现。就拿喜欢小妓丹帕的杨玉山来说，他的宿妓经历也并不是戏谑地结顶帐子就了事，其结局足以让人羡慕。《情史》中说，杨玉山曾娶雏妓张小三为外室，钱财花尽后大病不起，以至双目失明。张小三在此情况下不但没有弃他而去，反而拿出私房钱，将杨玉山和其妻子都奉养起来。杨玉山死后，又侍奉其妻，守柩不去。

前边提到的都是商人与妓女真情以对的故事，但并非所有商人与妓女的交往都有情有义，流传甚广的杜十娘怒沉百宝箱就是这样一则故事：一个富家子弟在杜十娘床头花尽银两，即将落魄街头。杜十娘观察多日，感觉这个富家子弟值得托付终身，于是用自己的积蓄自赎，与富家子弟踏上返乡的路程。二人行至中途，那个富家子弟担心回乡后为家人不容，便在一个富商的蛊惑下，将杜十娘转手倒卖与他人。杜十娘闻此消息伤心欲绝，打开随身所带的箱子，将满箱珍宝抛入江水之中，自己也投江自尽。

在这部作品中，商人一改怜香惜玉的角色，转而变成受谴责的对象。杜十娘的多情和贞烈，反衬出的是另一类商人的无情无义。从这里也可以看出，商人对红绣鞋的喜爱也还是有一定的限度。

杜十娘怒沉百宝箱

选自《今古奇观》明刊本 （明）抱瓮老人 编 收藏于法国国家图书馆

「杜十娘怒沉百宝箱」出自冯梦龙小说《警世通言》。万历年间，太学生李甲与妓女杜十娘情投意合，经常花钱去与杜十娘幽会。杜十娘见李甲心怀诚意，有心将自己托付于他。于是，杜十娘让李甲去找老鸨给自己赎身。老鸨要了三百金。杜十娘又拿出一百五十金，李甲问朋友柳遇春借了一百五十金，成功为杜十娘赎身后，李甲带着杜十娘以及百宝箱坐船回老家。在瓜州渡口停泊时，杜十娘对月弹曲放歌，一抒胸中快意。不料，却惊动了邻船盐商孙富。孙富贪恋杜十娘的美色，便唆使李甲将杜十娘以千金之价卖给自己。李甲当时也是不知如何面对家乡父母，便动摇了。不过，他们二人的谈话被杜十娘听得清清楚楚，杜十娘深感人格被辱，自己也抱着箱子投江而死。李甲懊悔不已，一生不安。杜十娘可谓是青楼中最敢于与命运作斗争的女子了，不过在那个封建礼教吃人的社会里，她还是没能逃离悲剧的命运。

日复一日，老鸨见李甲已不剩多少钱财，便要驱赶他。

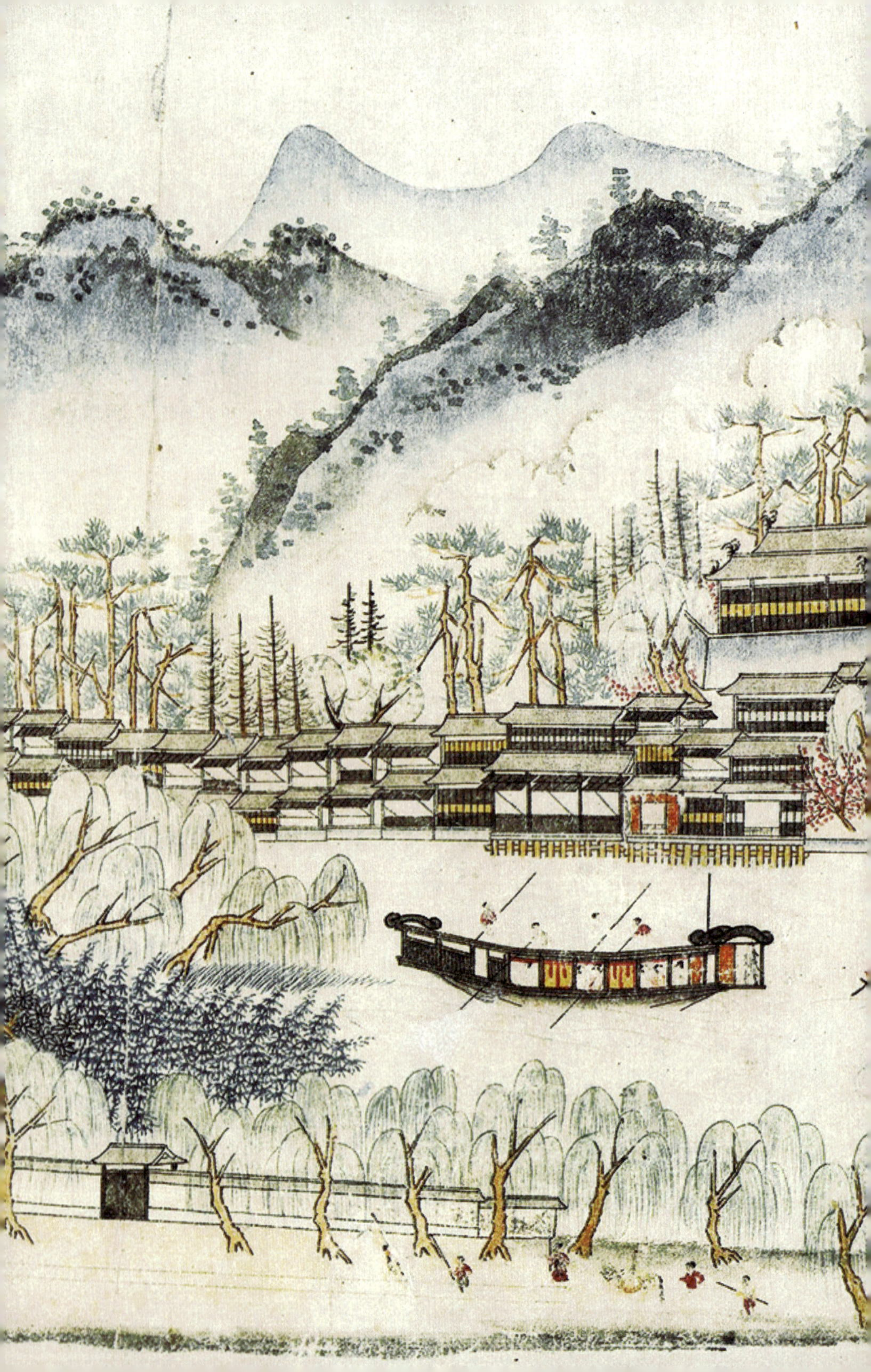

第三章 商者的钱财

唯有善者留其名

自古以来，商人在中国就是财富的代名词。积累了一定的资本后，商人们就需要考虑资本的流向，即钱该花向哪里。由于中国古代社会的特殊性，商人们的资本很难投入到工业等生产领域中去，因此手中经常会有大量的资本盈余。这些资产除了用于购置土地、房产及日常的消费之外，还有一部分便流入了一些公益活动中。筑路、建桥、兴修水利等都是这些活动的主要内容。

中国商人进行的大规模有意识的公益活动大约起于宋元，兴盛于明清，但其源头却可以追溯到春秋战国时期。因为在那时，中国的商人们就开始有了类似的义举。而实施这一义举的商人则是大名鼎鼎的管仲与鲍叔牙。

鲍叔牙像　选自《圣谕像解》清刻本　（清）梁延年

鲍叔牙（？—前644年），姒姓，鲍氏，名叔牙，春秋时期齐国人。鲍叔牙是齐国大夫鲍敬叔的儿子，与管仲交好，早年常常接济贫困的管仲。鲍叔牙不愿意为仕，后来在管仲的劝说下，才选择辅佐公子小白。齐襄公继位后，荒淫无道，大家纷纷潜逃，公子小白跟随鲍叔牙去了莒国，公子纠跟随管仲去了鲁国。后来，齐国内乱，公子小白最终赶在了公子纠前回国继承了王位，是为齐桓公。但鲍叔牙拒绝了齐桓公打败公子纠，平定内乱后，便想要任用鲍叔牙为相。但鲍叔牙拒绝了，并力荐管仲。因此，管仲得以为相。管仲不负鲍叔牙嘱托，为齐桓公制定了王霸之策，很快使齐国强大起来，最终使齐桓公成为『春秋五霸』之一。直到公孙隰朋死后，鲍叔牙才称相。但鲍叔牙认为管仲太过刚正容易得罪主上，就推介了公孙隰朋为相。齐桓公又召回了当初刚正答应他辞去的易牙、开方、竖刁三人。为此，鲍叔牙没过多久后就郁郁而终了。如今，常用『管鲍之交』来赞扬鲍叔牙与管仲的知音之交。图为鲍叔牙与管仲获利后分红场景。

管仲生于颍上（今安徽省阜阳市颍上县），又称管敬仲，名夷吾，字仲，周王同族姬姓之后，是春秋初期著名的政治家和军事谋略家。管仲青年时曾经从商、从军，又3次为小官，均被辞。后因助齐桓公兴国有功，使齐国成为春秋霸主，被桓公尊为仲父。管仲与鲍叔牙是春秋战国时一对莫逆之交，曾先后在齐国为相。管仲做商人时，鲍叔牙是他的商业伙伴。管鲍合伙做生意，管仲因家境贫困，拿不出太多的本钱，鲍叔牙就成了合作的主要出资人。虽然出钱较多，鲍叔牙却从不因此而为难管仲，相反，还时时让利与他。按经商时的约定，管仲与鲍叔牙经商所得到的利润要平均分配，这对于出资较少的管仲来说已属不错，可让人想不到的是，每次分红时管仲还要多拿一点。鲍叔牙的家人看到这情况很不服气，纷纷骂管仲贪婪，劝鲍叔牙不要跟他合伙，鲍叔牙却说："管仲哪里会贪这几个小钱啊，是我看他家里困难，自愿给他的。"一席话说得家人不好再说什么。管仲和鲍叔牙的生意做得虽小，但总能赢利。有一天，他们在一个叫延陵的地方做成了一笔买卖，赚到钱后两人便出了延陵镇西街，在离镇子不远处的一条长长的小沟里分红。按原来的习惯分完后，鲍叔牙发现还剩有不少碎银，就要全部让给管仲。管仲认为自己已经分多了，执意不肯再拿，两人推来推去，仍然决定不了碎银的归属。推搡间，管仲忽然看见不少乡民从沟西面的大路上走来，绕了好远的路，从上方的一座小桥过去，再绕回来进了近在咫尺的街道。管仲眼睛一亮，他接过鲍叔牙手里的银子，数了数，笑着说："正好是一座桥的银两，干脆我们用它来造一座桥吧。"鲍叔牙听后大喜，立刻同管仲一起到附近的村子里雇人开石，在沟沿上搭起了一座用条石铺就的小桥。至此，从西边来延陵的人便可直接进入街道，再也不必绕冤枉路了。后来的人们为了纪念管仲和鲍叔牙的义举，特意将这座石桥叫作分金桥。

管仲、鲍叔牙仗义修桥，掀开了中国古代公益事业的序幕，也开创了商人从事义举的先河。可惜的是，在此之后的相当长时间里，类似有影响力的事情就很少发生了。至少在宋元之前，商人们更愿意把钱捐赠给皇上或官府，以求得政府给予的庇护，摆脱社会对他们的歧视，在政治上争得一席之地。对于不能对他们产生直接影响的社会公益事业，则大多不太热衷。直到明清时期，这种情况才发生了根本的变化。身处商业发展的迅猛时期，明清商人的财富积累速度非常惊人，家族和地域色彩十分鲜明的商人群体的诞生，使商人的数量和手中掌握的财富不断增长。其中的好多人由贫而富，对自己的社会地位会有一段短暂的适应期，因此特别重视社会对他们的接纳程度。为了得到人们的认可，同时也出于炫耀财富或缓解乡人仇富心理的目的，有实力的商人们开始自觉地拿出经商所得的财物，做出一些利于百姓的义举。在这方面做得最好的，应该算号称天下最富的徽商和晋商。

在明清的各类史料中，收录徽商投资公益事业的事例最多，记载也最为详尽。随便从中撷取几例，便可感受到他们投身义举的热情：

婺源县一位叫余源开的商人经商致富后，修宗祠、平道路、创义祭、建石桥，乡人称其为见义勇为的好人，并以匾额相赠，以表彰他的义举。与余源开同乡的另一商人詹文锡到四川经商时，发现有一条险道通行不便，就发誓有钱时一定重建此道。几年后，他经商发财，果然拿出数千金，雇用当地人凿山开道，打通了航道。当地人为感谢他的行为，特将此地称为"詹商岭"。

休宁商人汪五就的家乡有一条二里多长的土堤，因长久失修，堤上多处坍塌，汛期时常有洪水涌进村里，祸害乡亲。汪五就在经商取得成功后，立刻出资雇工买石，筑起了坚固的石坝。这道堤坝后来被人们命名为"五就公堤"。

岩寺一位姓余的商人常年热心公益，当地史志中称他"置义田、义屋、义塾、义冢，以赡族济贫，所费万缗"，很受乡邻们的称道。有一次，他发现本镇镇外的一座小桥年久失修，已不能载人行走，便捐资4000两修建了一座新的石桥，人们称这座桥为"佘公桥"。

此外，有关晋商办公益、施义举的记载也很多。如山西《灵石县志》就记载商人张佩从直隶经商归乡后，积极"建桥修路输金赈贫，又设义冢二所，以待村中之贫而无葬地者"。而《稷山县志》也有商人刘世英"凡修桥梁平道路浚沟洫皆独任其劳"的记录。另外《安泽县志》说本地商人乔廷楹，"慷慨好善，凡里中婚嫁丧葬无力者，无不罄囊相助，至修桥补路犹其小焉者"。他们的义举也都得到了乡邻广泛的称赞。

当然，商人们的义举绝不仅仅表现在这些投资相对较少的项目上，有些大商人为办义举往往不惜钱财，一掷千金。徽商中的杰出代表鲍氏家族就曾捐银数千两开办了紫阳书院，并花巨资请来名师，为本乡子弟提供优越的求学环境，他们理所当然地受到了人们更多的尊重。

陶朱公的黄金

兴办公益事业是最让商人们感到自豪的花钱方式，这种付出往往会给他们带来意想不到的收获，提高他们的社会地位。但是，商人花在这上面的钱毕竟是少数，更多的资本还是用在了自己身上，其中有些犯罪的商人便会以商业资本为代价，来换取免受刑罚的权利。"有钱能使鬼推磨"就是对这一行为的最好解释。

春秋战国时的著名商人范蠡就曾做过这样的事情。被人们称为陶朱公的范蠡，字少伯，为楚国人，后到越国为官，成为越国的上大夫，辅佐越王勾践治理国家。范蠡是一位成功的政治家，同时也是一位成功的商人，因经商有道，他后来还被民间尊为财神。

公元前494年，吴王夫差率军攻越，将越王勾践围在了都城会稽的山上，越国已成为吴王夫差的掌中之物。在此紧要关头，范蠡提出建议，让勾践备上美酒珠宝，派能说会道的文种到吴国求情，表示自己愿意成为吴国的臣子，日夜服侍吴王，绝无异心。在范蠡的周旋下，夫差终于答应撤军，并把战败的勾践君臣带回了吴国。到吴国后，范蠡买通了夫差宠臣太宰伯嚭，先行回国遍寻美女珠宝，准备继续贿赂吴王。在这些美女中，有一个叫西施的女子，她不仅生得美若天仙，还怀有一腔报国的热情，被范蠡认作贿赂吴王的首选之人。在离开越国之前，西施与范蠡产生了感情，但为了国家的复兴，她毅然抛却了个人私情，来到吴地。西施到达吴国后，首先讨得了夫差的欢心，整日与夫差饮酒作乐，使夫差丧失警惕，放越王勾践回国。回国后，范蠡帮助勾践积极备战，最终战胜吴国军队，复国成功。勾践重登王位，特地将范蠡拜为上将军，以表彰他在复国过程中的功绩，但范蠡认为，勾践是一个可以共患难但不能同安乐的人，于是弃官而去，后辗转来到齐国，改名为鸱夷子皮。齐国人知道他有很好的品德和很高的才能，就请他当宰相。此时的范蠡已厌倦官场纷争，因此在齐为相不久又辞官，到了当时的商业中心陶（即今山东省菏泽市定陶区）定居经商，自称"朱公"，陶朱公这一称谓由此而来。在陶的日子里，范蠡苦心经营，很快成为战国时最著名的商人之一。这时，范蠡已近暮年，3个儿子也都长大成人。有一次，范蠡的二儿子在楚地杀了人，消息传到陶，一家人都慌了神。为了让儿子少受痛楚，范蠡决定让小儿子带上黄金，到楚国活动救人。小儿子将黄金装上牛车，正准备出发时，被大儿子拦住了。大儿子说他是长子，应该负起救弟弟的责任，要求范蠡让他去楚国，并以不让去就自杀相威胁。在他的一再要求下，范蠡只好允许。临行前，范蠡交给大儿子一封信，让他带信去找一位姓庄的老先生，并一再叮嘱他到了那里就把所带的黄金全都交给老人，其他事都不要去管。大儿子到了楚国，在一个很荒凉的

西施像
选自《画丽珠萃秀》册 （清）
赫达资/画 （清）梁诗正/写 收
藏于中国台北故宫博物院

西施，子姓，施氏，原名施夷光，春秋末期越国美女。越王勾践对吴战争失败后，采纳文种"伐吴九术（一说七术）"中的美人计，命范蠡将学成歌舞礼仪的西施和郑旦献给吴王夫差。吴王果然大悦，筑姑苏台，建馆娃宫，置她们于椒花之房，沉溺酒色，荒于国政，因此最终吴国被越国灭。相传，勾践灭吴后，西施随范蠡泛五湖而去，不知所终。西施与王昭君、貂蝉、杨玉环并称为"中国古代四大美女"，"沉鱼"说的就是她浣纱的故事。

地方找到了庄老先生的住处,这让他感到非常不放心。庄老先生接过黄金后,对他说:"你的事情到这里就结束了,现在就离开楚国吧,即使看到你弟弟放出来也不要说什么。"范蠡的大儿子听了满口答应下来,并礼貌地和老者告了别。

范蠡像 选自《博古叶子》清刻本 （明）陈洪绶

范蠡（前536—前448年），字少伯,楚国宛地三户（今南阳市淅川县滔河乡）人。春秋时期越国相国。曾献策扶助越王勾践复国,兴越灭吴,后隐去。范蠡功成名后化名为鸱夷子皮,遨游于七十二峰之间,其间3次经商成巨富,三散家财。后定居于陶（今山东省菏泽市定陶区）,自称"朱公",其广散钱财、淡泊名利的形象深入人心,被后人称为"商圣",尊为财神,许多生意人皆供奉他。

庄老先生收了范家的金子后，便让妻子保管起来，说："现在陶朱公的儿子有了难，我一定要帮助他，这些金子你先封存起来，等办完事一块还他。"然后，庄老先生便入宫去见楚王。庄老先生是楚国名望最高的有德之人，楚王见他来访，心中非常高兴，忙向他请教治国之策。庄老先生说："治理国家最重要的是仁政，前些天我观察星象，发现楚国会有一些麻烦，大王应当注意才是。"楚王听了老先生的话很是害怕，就让老先生说出破解的方法。庄老先生便以办好事可解灾为由，让楚王实行大赦，楚王马上答应下来。

庄老先生回到家里，便告诉妻子范蠡的儿子有救了，准备捎信给老朋友，让他拿回黄金。让他没有想到的是，范蠡的大儿子此时还在楚国，并结识了好多楚国贵族的子弟做朋友。从这些子弟口中，他得知楚国要实行大赦，自己的弟弟不会有危险了，心里非常高兴。高兴之余，他想起交给庄老先生的黄金，感到很是心疼，他想：那老者看上去没什么能耐，收了黄金连谢都不说一声，可见是个贪财的人，现在弟弟有救了，我可不愿让他白得那么多黄金。于是，他再次找到老先生住处，对老先生说："听说国王要大赦天下，我弟弟有救了，我特地来向先生辞行。"庄老先生看他的样子，一下明白他的心思，便让妻子拿出黄金给他。范蠡的大儿子也没有客气，把所有的黄金又都装上了牛车。

范蠡的大儿子走后，庄老先生感到非常生气，自己费了半天力气才把事情办成，如今却被当作占人便宜的无耻之徒，还受到无知小辈戏耍，心里甭提有多窝囊了。气愤之余，他再一次找到了楚王，对他说："楚王大赦天下，本来是件大大的好事，如今外边却有人说大王这次大赦是因为收了陶朱公的钱财才做出的，根本不是为了怜悯百姓。"楚王听了大怒，立刻下令先将范蠡的二儿子处死，然后再实行大赦。正准备拉着黄金回去的大儿子听到这个消息大吃一惊，弄不懂本来定了的事情怎还会有改变。精明过头的他拉着黄金返程时，满车的黄金一两未少，只是车上多了一具本不该有的尸体。

范蠡的大儿子拉着弟弟的尸体返回时，全家人都悲痛万分，只有范蠡一个人捶胸狂笑不已。有人问他儿子死了为什么还要大笑，他说："我早知道会是这样的结果，老大从小和我过苦日子，知道钱来得不易，所以处处想节省；老三从小享受惯了，根本不会在乎那点黄金，这也正是我让老三去的原因。结果老大争着要去，还以死相胁，你们大家都劝我让他去试试，那老二的死就是注定的了。"

范蠡救子不成，实在有些可惜，这除了大儿子珍惜钱财的原因外，也怪他所处的年代不对。如果在西汉，这一切就变得相当简单，《汉书·武帝纪》曾有天汉四年（前97年）"秋九月，令死罪入赎钱五十万减死一等"的记载。五十万的赎罪钱对于范蠡来说根本不算什么，更为重要的是，有了这样的诏令，他的大儿子也不必去想该花该省的问题，二儿子的性命自然也不会丢掉了。

范蠡花费巨资救子，给后人留下了无数话题，有人还以此作为指责范蠡人品的依据。其实，范蠡应该算是一位非常有德的商人。他从商19年，曾三致千金，却从不爱财。据说，他几次把赚得的钱分与百姓，并热心公益事业，获得了"富而行其德"的美名。范蠡的千金救子，只是他人生当中一个小小的插曲。

无与伦比的豪宅

在中国古代，特别是明清两代，不断增多的商业机会催生了无数新兴的富裕阶层，而经历过贫困生活的新富商致富后往往喜欢在故乡兴建豪宅，以此来炫耀财富。他们对房屋建筑奢华的要求有一种近乎痴迷的执着，由此产生的结果就是在中国大地上出现了很多精美绝伦的民居大院，这些耗资巨大的民居成了商人们钱物花费的又一主要渠道。

说起商人的民居，就不能不提到山西，有海内最富之称的晋商们的居所在中国建筑史上也占有一席之地。从张艺谋拍摄的电影《大红灯笼高高挂》中，人们已经领略到了祁县乔家大院的风采，这个由乔贵发后人建造起来的古老宅院，四周有10多米高的水磨砖墙围绕，内有6个大院、20个小院，共313间房屋，这些大大小小的院落和房屋被形式各异、内容丰富的木雕和砖雕装饰得富丽堂皇、精美绝伦，显示了极高的艺术价值。天官赐福、和合二仙、三星高照、四时如意、八仙过海、招财进宝、富贵万年——这一系列寓意深刻的作品分布在院子的屋脊、墙壁、砖栏之上，让人看得眼花缭乱、目不暇接，其中透露出的富贵和大气不由令人叹为观止。

乔家大院是商人们奢华生活的写照，直到今天仍然让人感到一种震撼。其实，像乔家这样的商人民居在山西比比皆是，与乔家大院同处祁县且同时修建的渠家大院也具有同样迷人的魅力。渠家是祁县的外来户，明朝初年，其祖上从山西上党迁来，起先只是往来于上党和祁县之间，经营一些土特产品。后来，一个叫渠同海的祖先追随乔贵发的脚步，也在包头开了一家粮油店，之后又转而经营茶叶贩运，与俄商和清朝境内北方的蒙商做起了贸易。山西商人与俄商的茶叶贸易由来已久，最初所供的茶叶都来自福建武夷山。清咸丰年间，太平天国运动开始，福建的茶路被阻断，商人们交付不了与俄商们预约的货物，便另在湖南和湖北找到了新的茶源。为了便于茶叶运输，商人们开始把茶叶熏蒸后压制成砖形，是为砖茶，这种茶受到了俄国商人的热烈欢迎。在茶源转场的过程中，一些老的茶商或多或少都受到了一些影响，而茶场一直在两湖的渠家却因此得到了最大的发展机会，并由此迅速发达，成为祁县的名门望族。在渠家的发迹史中，有一位叫渠源桢的先人起了非常重要的作用，他先后开设了"三晋源""百川通"等票号，使渠家的事业达到了最兴盛的时期。事业发达后，渠家开始大兴土木，修建宅院。渠家的宅院就建在祁县城内，呈全封闭的城堡状，城堡的外墙高10多米，墙头有垛口似的女墙，正面为宽敞高大的阶进式大门洞，上有玲珑精致的眺阁，十分巍峨壮观。在城堡的内部，建有8个大院、19个四合小院，共有240间房屋，整座院落布局严谨，错落有致，气势恢宏。渠家大院的主院为里五外三进式牌楼院，立有象征着官位等级的"十一踩"牌楼。在渠家主院的前院，建有结构精美的戏台，专供主人节日和庆典时看戏之用，而大院右侧则为深达百米的五进式穿堂院。与乔家大院一样，渠家大院的房屋回廊等处也都雕有精美的图饰，栩栩如生的花鸟鱼虫和民间故事被匠人们以多种技法镌刻在梁柱檐壁之上，可谓美不胜收，其雕刻水平比乔家更胜一筹。

除乔家和渠家大院外，同样享誉海内外的王家大院、常家大院和曹家大院也都是精美的建筑瑰宝，有着同样辉煌的气势：经明清两朝，历300余年建成的灵石王家大院沿一条中轴线对称而建，总面积25万平方米，共有231个院落，2078间房屋，风格沿袭了西周就已形成的前堂后寝模式，坐落其间的厅堂楼阁依山就势，遥相呼应，被认为"可赏、可望、可游、可居"，具有极高的文化品位和艺术成就；常家大院兴建于清康熙至光绪年间，规模是乔家大院的5倍，共有房屋1500多间，分别坐落在不同的院落里，房屋的后部建有花园、果园、菜园等，园子与院落之间有回廊、甬道和草亭点缀相连，大有江南园林之风韵；规模可与以上院落齐名的太谷曹家大院距今也有400多年的历史，曹家大院以"福""禄""寿""禧"字形建造的4座大院最具代表性，现存的"寿"字院落用巨型石条砌基，青砖垒墙，大院主体建筑的顶部有3座并列的亭榭，整座院子分为南北两部分，沿东西并排3个两进式大院，内有15个小院，有"三多堂"之称谓，寓意"多福、多子、多寿"，体现了院落主人美好的期盼。

以上我们说的都是山西商人住宅的宏伟，实际上商人住宅的奢华绝不仅属晋商独有。《马可·波罗游记》里曾记载南宋及元代的商人"房屋都建筑华丽，装设精美。他们都乐于在装璜、书画、建筑上大大花费一番，其数目足可令人瞠目"。而明清两淮盐商建在扬州的住宅更是以

《西湖清趣图》(局部) (元) 佚名 收藏于美国弗利尔美术馆

《西湖清趣图》描绘了钱塘门、断桥、孤山、苏堤、雷峰塔等西湖景观。从中,还能看出隐藏在湖山之中的大宅院,为当时权贵或富商的理想居住地。

园林化的设计著称于世。徽商郑氏四兄弟贩盐起家后，就在扬州建起了4座园林化的住宅，其中大哥元嗣"构有五亩之宅，二亩之间，及王氏园"，其余三人也都分别建有"影园"、"嘉树园"和"休园"。此外，盐商江氏的"江园"、汪氏的"南园"、黄氏的"趣园"、徐氏的"水竹居"和洪氏的"大洪园"也都负有盛名，特别是园内有九峰的"南园"，曾被游幸到此的乾隆皇帝赐名为"九峰园"，因而名声大振。据说，九峰园的9座峰都是用价格昂贵的太湖石堆砌而成，而这些峰只是园林的几座假山而已，整座园林耗资之巨由此不难算出。"名园十里斗繁华，咫尺仙源闭在家。转入亭中千曲路，不知篱外几重花。"这是清初剧作家孔尚任咏叹扬州园林住宅所赋的一首诗，其中体现的正是江南商人住宅的考究与辉煌。

另外，居住在天津的盐商查日乾父子也曾建有一座叫水西庄的园林式住宅，这座宅子"面向卫水，背枕郊野"，其中有堂有亭，有楼有台，有桥有舟，其风光丝毫不输于上述任何一处私宅。水西庄不仅建筑精美，自然环境与景观也十分幽雅精致，有北国"江南大观园"之美称。揽翠轩、枕溪廊、数帆台、藕香榭、花影庵、泊月舫、碧海浮螺亭……仅从这些楼台亭榭的名字中，就可体验到浓郁的文化氛围。

渴望先人的庇佑

生前追求生活奢华,死后讲究坟地风水,是商人们最为实际的追求。出于对现有利益的保护和后代子孙的期望,手中握有巨大财富的商人们对丧葬的重视程度丝毫不比阳宅低。当家里有人去世时,他们往往会想尽办法,不惜重金,找到一块风水上佳的宝地,以保佑子孙平安和事业旺盛。在寻找风水宝地的过程中,他们常常会做出一些让人瞠目结舌的举动。

在中国商业史上占有重要地位的徽州鲍氏家族曾发生过这样两件与坟地风水有关的事情。

第一件事发生在歙县瀹潭,事情缘于一次运送棺椁的过程。有一年秋天,鲍家要将祖先的灵柩运往瀹潭一处选好的风水宝地安葬,运输棺椁的船队由水路驶到墓地附近的码头后，当地乡人怕鲍家的安葬抢走了自己的风水，同时也怕棺椁会给码头带来晦气，便以活人使用的码头道路不允许死人棺椁停靠通过为由，拒绝鲍家上岸通行。撑船的伙计把岸上人们的意思通报给主事的鲍家人后，鲍家人微微一笑，马上命船转向，然后在另一河段弃船上岸，开出高价雇人前来修建码头。消息传出后，四面八方的百姓纷纷前来应招，修筑码头的队伍很快招募起来，施工所需的材料也置办妥当。由于修筑码头的工人收入颇高，前来干活的人越来越多，连原先拒绝鲍家人上岸的一些乡人也悄悄加入进来，一个简陋的码头在短短的几天时间内就立在了河边。码头建好后，由于道路不通，棺椁还是无法运到墓地，于是，鲍家又拨出银两，修筑了一条通往墓地的大道。大道畅通之日，鲍家人风光十足地抬棺行进，震动了十里八乡，当初在码头不让棺椁上岸的乡人在鲍家的银子面前只好败下阵来。

第二件事发生在同县的雄村，起因也与修道有关，只是说起来更让人吃惊，因为这条道竟然修在地下，而修建地道的直接原因竟只是缘于风水先生的随意一指。据说这位风水先生非常有名，看坟地极少有走眼的时候，是远近富豪们争相聘请的对象。为了使祖业更加兴旺，鲍家不惜重金，亲自将此人请至堂中请教。收了鲍家的银两，这位风水先生也是倾尽全力，走遍了附近的所有地方，最后把罗盘的指针指向了雄村曹氏宗祠院内。这一结果让鲍家很是为难，想用别人的宗祠做坟地，花再多的钱也不可能办到，而放弃又实在不大愿意。经过一番思考，他们决定修建一条地道，通过地下将祖宗的棺椁运到宝穴。为此，他们首先在曹氏宗祠附近砌起一圈围墙，在墙内挖开一个坟坑，从坟坑下开始了这项庞大的隐蔽工程。经过几昼夜的开挖，地道终于通到了曹氏宗祠底下。在选定的一个深夜，鲍家人悄悄把棺椁送入坑内，从地道运到了曹家宗祠下面，然后堆起坟堆。事情办完后，鲍家上下欣喜不已，以为此事做得天衣无缝,不会再出什么纰漏。谁想天不遂人愿,鲍家偷运棺椁之事恰好被附近一个夜里起来做豆腐的人看到。为了不泄露秘密,鲍氏族人遂以重金将那人收买,叫他改姓为鲍,并为其买田盖房,以供养家。尽管此事已考虑得非常周全,后来还是被曹家知道并告到官府。当县衙派人到雄村查访时,鲍氏家人一面出钱买通各方关系,一面撒人出去,开出一两银子一只蜘蛛的高价,收购了大量的蜘蛛。蜘蛛购回后,鲍家连夜将它们放置在新修的假坟上,让这些生灵吐丝结网,以证明这是一座老坟,根本没有近期动土的痕迹。一桩大事就这样再次被鲍家的银子摆平。

《扫墓图》 佚名

在古人的信仰里,祖先的坟墓管理的好坏与子孙后代的兴衰祸福有着很大的关系,所以扫祭是古人家族大事中最不能忽略的。古代清明扫祭的内容在各地有所不同,通常包含修整坟墓和烧纸钱、供奉祭品等。扫墓时,要先修整坟墓,主要是除杂草和添培新土,以表示对亡者的关怀。整修完后,才开始正式的祭祀。

以上这两件事有多大可信度目前已无法考究，但从中足以看出商人对丧葬之事的重视，这种重视同时还表现在对祖先阴宅的扫祭方面。出于对风水的追逐，像鲍氏家族这样的豪商巨贾们的墓地往往会离家乡较远，这使得他们不得不把传统的扫祭行为考虑得更加周全。每年的清明，这些商人们都要全族出动扫墓，在外经商的子弟们也要尽量赶回。为了使扫祭活动顺利进行，商人们除了要带上香、纸、锡箔之类用品外，还要带足果品、肉蛋、粮食和蔬菜等食品，作为一行人的生活所需。当浩浩荡荡的扫祭队伍到达墓地时，一般会在守墓人的家中烹制午饭，设下便宴。扫祭仪式完成后，平时难得一见的各系族人在墓地附近戏耍进餐，尽情向祖先和乡人展示自己家族的兴盛和风光。

除了对风水宝地的痴迷，商人们对丧葬的重视还体现在其他一些方面。对于那些出门在外经商的商人来说，客死异乡时有一个可以安然入土的地方就是一件非常重要的事情。为了实现这个愿望，寄居异乡的商人群体大多在居住地建有义庄，即商人们共同出资修建的公坟。明代晚期，在北京经商的徽商很多，他们就在建置北京会馆的同时，又在永定门外的石榴庄修建了一座义庄，称为歙县义庄。歙县义庄曾5次扩建，主要投资者为徽州茶商，同时也得到了明代大学士许国，清代大学士曹振镛、潘世恩的赞助。"规制甚宏，厅事高敞，周垣缭之，丛冢殆六七千，累累相次"是《歙事闲谭》对这座义庄的描述，如此的规模在全国来说也不可谓不大。

在北京之外，外地商人聚集的广东佛山也是义庄的主要建置地，安徽商人、江浙商人、广西商人、河南商人和湖广商人都在此建有规模不等的义庄或义山，以作为同省商人客死于佛山者埋葬或者棺椁暂厝之所，有的还不止建有一处。如江西商人曾于乾隆初年在佛山郊外买田建置义庄一座，同治年间在其附近又建置第二座，还取名为"江西别墅"。在明清两代，建置义庄成为很多在外经商商人们的共识，连文学作品对此也多有涉及，在《醒世恒言》的《杜子春三入长安》中，就讲到杜子春重整家业致富后捐助千金，在两淮及瓜州地区设立义田、义学、义冢的事情。受此风影响，一些商业不是特别发达的地区也有了类似的建筑，如山东临清的徽、苏二府商人就曾捐资购田30余亩，修建义冢两处，专供客死临清的徽、苏商人寄榇或埋葬，并以"他郡不得与焉"限定了义冢的使用范围。另外，出于对故乡的眷顾，有些商人还在家乡也建了义冢，全族或全村无坟地可葬的乡人都是其接纳的对象，这种做法其实和《杜子春三入长安》中那位盐商杜子春的做法一样，已超出了互助互济的范围，属于慈善事业的一种了。

至于这些义山、义庄及义冢的规模，虽然比不得商人在故乡所建的阴宅气派，却也同样气势不凡。如前文提到的"江西别墅"，不仅设有正厅、楼房和左右侧室，还建有观音堂以及花圃亭榭，环境相当幽雅，是当地商人及亲属生病疗养时的最好去处，其功能早已超出存放死者棺榇的范畴。

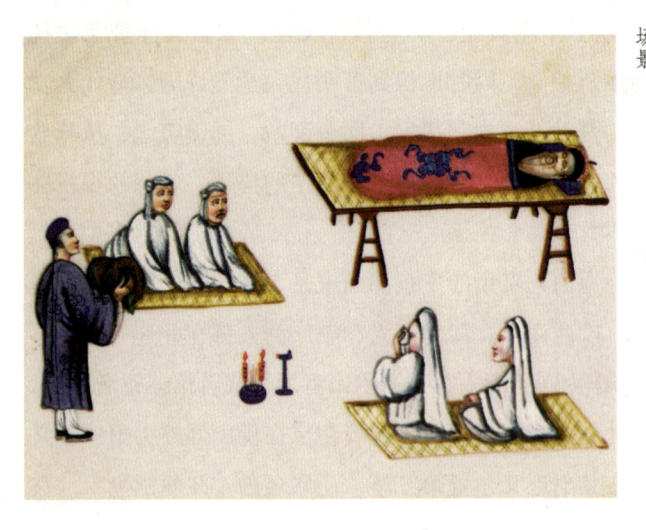

初终图
选自《街头各行业人物》外销画绘本 （清）佚名

在中国民间，死是初终的开始，死在卧室一般被认为是不吉利的。因此，将死之人一般都会提前由家人搬到正室，以待善终，也叫"寿终正寝"，以与横死、客死、夭折区别。图中，就是在正室祭拜的场景。

宗祠的『道德绑架』

宗族是以血缘关系为纽带建立起来的生活群体，宗族观念浓重的徽州是徽商的发祥地，其宗族活动也不可避免地会带有浓郁的商业色彩。大量的宗族成员弃农经商，使宗族的整体经济实力增强，商业资本源源不断地输回族内，维持着各种开销。这种资本的回流开始只是一种自发的行为，主要用于供养商人的妻儿父母。随着经商人数的增多和商业规模的不断扩大，资本回流慢慢变成了一种义务，敬祖祭宗、抚恤孤寡、教养子孙等好多宗族内的事务都要求在外经商的本族商人们捐资相助。这种捐助被冠以"收族"的名称，凡捐赠多者皆被称为德者，在族内的地位也会升高，反之就会被视为不敬祖宗，受到众人的鄙视。在这样一种风气影响下，商人们开始感到了沉重的压力，不得不把越来越多的钱财投入到宗祠之中，有些人甚至因此由富变穷，成为宗祠"收族"的牺牲品。

《祠堂图》 佚名

祠堂，在民间是祭祀祖先的地方。除了祭祖以外，在办理婚、丧、寿、喜等事情时，也会在祠堂进行。正文里，发家致富的商人为族人发放『月折』的礼俗也是在祠堂中进行的。

《陈氏族谱》 （清）陈循 修撰

族谱，也称家谱、宗谱等，是记载一个家族世系繁衍情况的谱册。明清时期，人们的宗族意识强烈，出现了匠人修撰家谱的潮流。图为陈氏族谱，由十二氏陈循修撰。陈循是康熙二十三年（1684年）甲子武科解元，三十三年甲戌科武进士。

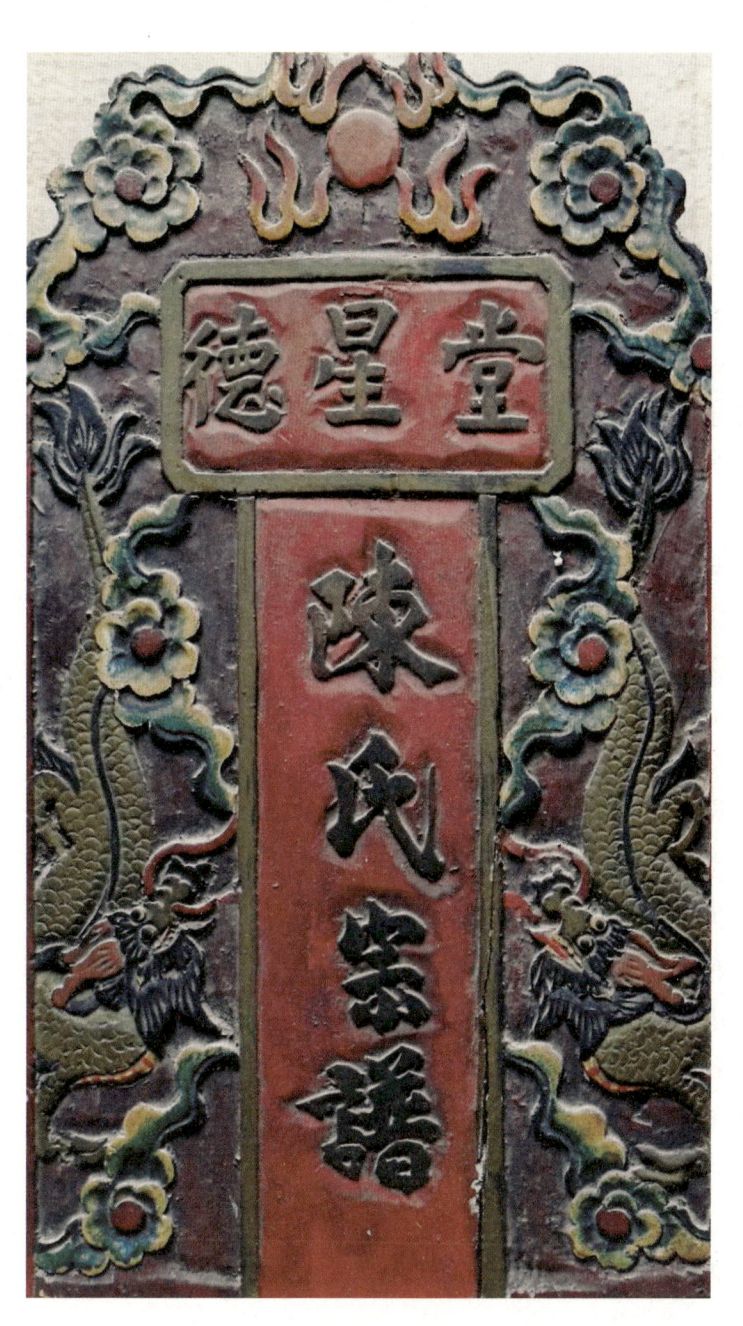

休宁一位姓查的商人就遭遇了这样一段经历。

这位叫查道大的商人在外经商多年，积蓄了一些银两，便回家乡盖了一处宅院，准备与家人同住。迁入新居后，查道大忽然发现好多亲朋故友都没有前来道贺，自己出了门还常有人在身后指指点点。不明所以的他去问朋友，朋友告诉他说，你发了财只顾自己享受，不给宗祠捐钱，别人当然看不起你。查大道听了羞愧难当，连忙拿出一些钱捐了出去，族人终于露出了笑脸。此后，每遇族人中有婚丧嫁娶、读书科举等事，他都要拿出钱来表示祝贺，赢得了族中大多数人的称赞。遇到祭祖之类的大事，他即使在外经商也要尽量赶回参加，并慷慨解囊，乡人大赞其德，出尽了风头。几年下来，他光是乡射礼就参加了21次，其中5次被列为大宾，为此付出的银两不计其数。在频繁的捐助过程中，他几次想不捐或少捐，却发现在如潮的赞美声中已很难收手。这样做的结果是，他当然不会再在族人面前感到羞愧，但囊中的羞涩却是在所难免了。

查道大的遭遇是令人同情的。实际上商人对宗祠的捐助是有其特殊背景的，一般说来，崇尚经商的地区大多比较贫困，最初走上经商之道的人们很难有足够的资本，必须向族内的大户借贷或向族人集资，有些商人甚至受到了全族的支持和帮助，他们致富后自然愿意以捐资的方式来回报族人的帮助。随着族内经商人数的增加，这种捐助逐渐从自愿转而成为一种义务，不管是否得到过帮助，商人们都要捐献一些财物，用来维持族内的公共开支。应该说，这种捐助行为开始是有其积极意义的，只是这种行为有时会做得过火，这就产生了让查道大之类商人头疼的一些问题。但不管怎样，"收族"这种形式还是有利于壮大商人宗族的经济实力，总体上看利大于弊，因而被一路沿袭下来，并得到进一步发展。到清代时，比"收族"更让商人头疼的"月折"制度终于产生。

"月折"是在原先商人们自愿捐助基础上发展而来的一种资费公摊

制度，又称"匣折"或"乏商月折"，具体做法就是由同族内或同一行业内的商人在固定的时间内把固定的份额资金交给宗祠，再由宗祠内的相关管理者发给族内亏本商人及其子孙，作为他们的生活补贴。在清代的不少文献中，对"月折"都曾有过记载，清代叶调元在其《汉口竹枝词》卷五《杂记》篇中就说"盐商后裔，各旗醵金以养，名曰周恤桑梓"。可见"月折"制度最初在盐商中是很流行的。对此，清代林苏门在《邗江三百吟》中也有过"盐商之家，有歇业中落者，两淮公保立折，每月某某旗给银若干两，亦睦姻任恤之意"的描述，这把"月折"的做法表述得更为具体。"月折"制度的产生，对于商人宗族这个整体来说是件好事，它起码为宗族内的所有人都提供了生活的保障，让经商的人不会有后顾之忧。但随着分摊费用的不断上涨，商人们逐渐不堪重负，正常的商业行为也开始受到影响，供养宗族的"月折"最终成为了吞噬商人资本的巨口。

"月折"的资费摊派起初还可以被人接受，但随着宗族掌管钱财者假公济私造成花费骤增和族内子弟们越来越奢靡的生活消费习惯的形成，"月折"需要的银两逐年增多。"米珠薪桂价云何，游手终年快活过，寒士染成纨绔习，盐旗桑梓误人多"以及"年少儿郎性格柔，生来轻薄爱风流，不思祖业多艰苦，混酒银钱几时休"都是当时流传颇广的专唱商人家族子弟追求快活、游手好闲的生活习性的词句，而这些纨绔子弟们的消费大多要从"月折"中支出，这使得商人们的摊派数目越来越庞大。就以盐商家族为例，清末两淮盐务总商控制的月折每月支给子孙们的白银就达10万余两，而在月折之外冒取滥领的数目也在数十万之间。如此巨额的支出必然导致盐业成本大增，从而加快了清末盐商的衰落过程。

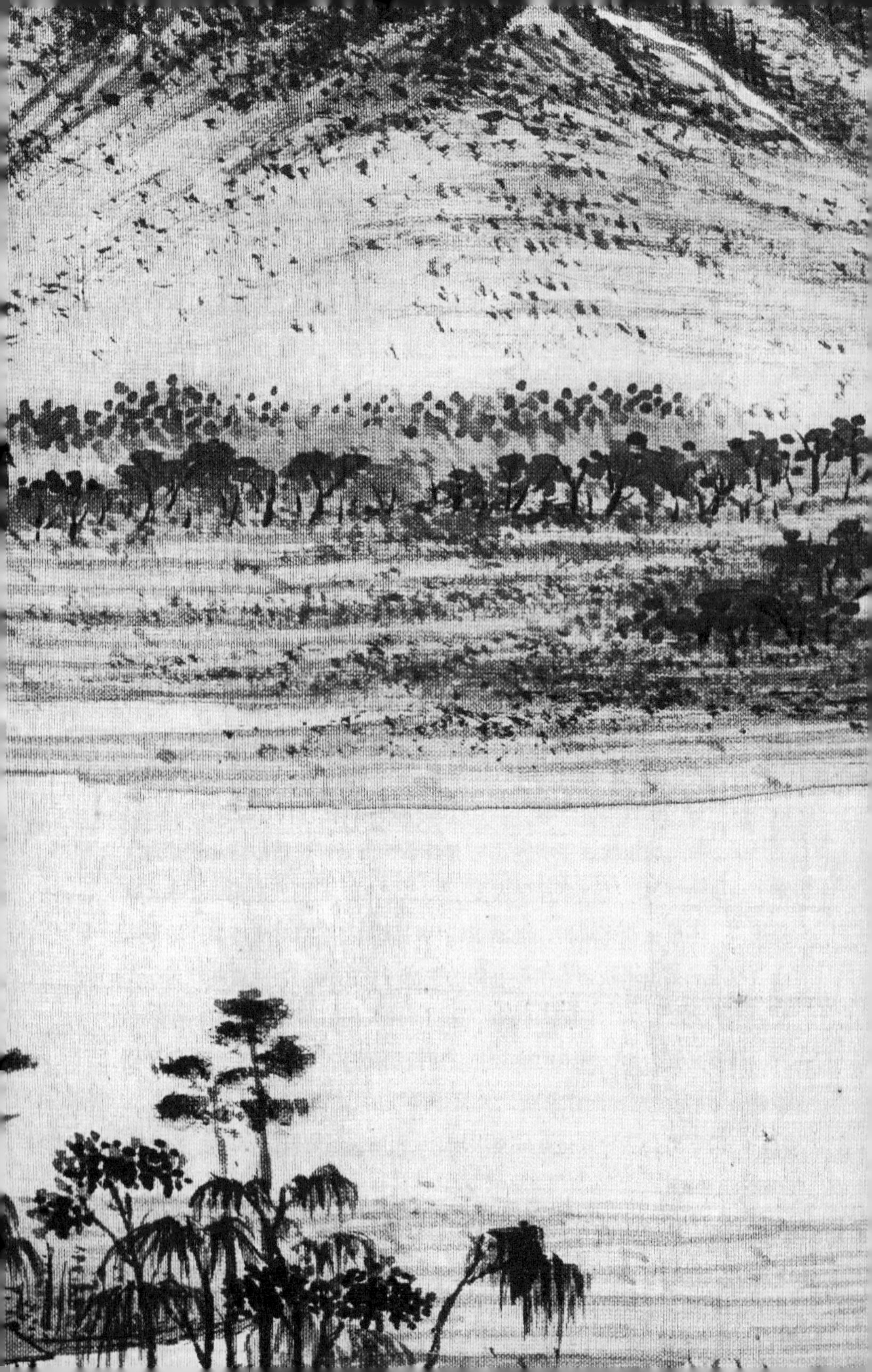

第四章 商者的精神世界

供奉的只有财神

宗教信仰是人们主要的精神依托，与一般人相比，商人的信仰具有十分鲜明的职业特点，除了与大众相同的对佛教、道教及其他主流宗教的信仰外，他们还供奉财神、妈祖以及相应的行业神，这些信仰是窥探商人精神世界的重要窗口。

财神是所有商人共同信奉的神灵，有文财神和武财神之分，文财神是被商纣王剜心的商朝名臣比干，武财神则是有"黑虎玄坛"美称的赵公明。在某些行业，蜀汉大将关羽也被当作财神来供奉，这位英武忠勇的汉寿亭侯在典当行、饭庄等容易滋生事端的公共场所经常会找到自己的位置。在这样一尊神位前，人们祈求的当然有财富，但更多的是有辟邪镇恶的意味在里头。在一般的商人家中，武财神赵公明是被供奉最多的，商人们聚集的会馆、行会以及票号、钱店、钱庄、银号等处也大多摆的是赵公明的神位。如建于康熙五十三年（1714年）的广东银行会馆"忠信堂"内就有神坛一座，坛口大钟上镌刻的铭文就是"在银行会馆玄坛祖师案前永远供"的字样，可见这里的位置是留给赵公明来坐的。同样建于康熙年间的"正乙祠"是由浙江银号商人建立在北京的另一座银号会馆。光从会馆的名称上就可看出供奉的神位是谁，因为"正乙"二字正是出自赵公明的神号"正乙龙虎玄坛如意真君赵公元帅"之中。北京的银号如此，另一个商业城市上海也不例外，在上海南市钱业公所内，供奉的也是"正乙玄坛神"的神位。对于商人们来说，会馆本是同乡或同业人等饮酒娱乐、联系友谊的最好场所，将财神供奉在此，更增添了一股神秘的气氛。在其中订立商约，也就有了一种可靠的感觉。清朝末年，钱庄商人每年正月初四还要举行浩大的迎财神活动，活动中店内所有成员都要对财神像顶礼膜拜，祈求财运亨通。这种礼仪也把商人们对财神的敬畏表现得更为具体。

财神　年画

道教中主管财源的神仙多被民间尊称为『财神爷』，中国民间主要供奉的是中财神王亥、东财神比干、南财神柴荣、西财神关公、北财神赵公明五大财神。还有四方财神：端木赐（西南）、李诡祖（东北）、范蠡（东南）、刘海蟾（西北）。以上统称为九路财神。另外，财神又可以分为文财神、武财神。比干、范蠡是常见的文财神，古代多供奉在官宦人家。柴荣为君财神，多被武术机构供奉，关羽为武财神，多被儒商供奉；财神信仰表明了中国老百姓向往美好生活的朴素愿望。一般，农历初五为迎接财神的日子。

在各地盐商聚集的扬州，除了供奉财神的神位外，还有其他一些财神崇拜形式。"土地灯完二月中，年年思想作财翁，借银又上邗沟庙，到底人穷鬼不穷"是清代董伟业《扬州竹枝词》中的几句唱词，词中所说的"借银"就是曾经流行于扬州后来又流传到北京等地的"借元宝"风俗。这种风俗的做法是：企盼发财的人们（主要是商人），择吉日斋戒沐浴，前往"邗沟财神庙"哭穷借银。所借之银就是庙中以纸做成的金银锭，这些金银锭随意堆放在桌几之上，求财者可以随便拿取，等发财后再做数倍于所借之数目的金银锭还回庙中。同北京、上海一样，这些地方的商人也会经常举办各种与财神有关的活动，每当新春佳节来临时，"对我发财""财源滚滚"之类的吉祥话都会被贴在各贸易铺户的门头或房柱之上，以求来年吉市。而正月初五时，又是大小铺设供迎接财神的日子，同时也是商家开业的好日子，谓之曰"利市日"。这一天，市内所有经营的店铺都要悬挂青、赤、黄、白、黑五对彩线，分挂在东、西、南、北、中五方，取"五路财神到，开张大吉曰临会"之意。为了寓意开张大吉的祝福，橘子成了这天商人们互相恭贺的最好礼物。

妈祖是水运商人们信奉的主要神灵。据民间传说，妈祖出生于仕宦之家，为晋代福建晋安郡王林禄的二十二世孙女，是其母亲在梦中服了观世音赐予的神丹后而生。妈祖从小与一位道士修炼秘法，十几岁即能驾云渡海，救助百姓，28岁时升天成仙。成仙后的妈祖整天在大海中奔驰，救急扶危，拯救过许多渔舟商船，被沿海商人视为行善济世的保护神。在福建的福州、福清、莆田、泉州等地，有很多从事海上贸易的商人，他们常年在惊涛骇浪中往来奔波，时时都会处在危险之中，妈祖便成为他们心目中最可靠的救赎神灵。可以毫不夸张地说，对妈祖的膜拜就是他们与命运搏斗的精神力量。在福建沿海，商人每次外出经商之前必到妈祖庙祈祷平安，以求得心理上的慰藉。当商船离港时，他们还会带上妈祖神像及其他有关用品，以便遇到危难时可以随时求拜。这种对妈祖的依赖不为民间商人独有，就连官家的船队也不例外。明初的郑和曾率领庞大的船队七下西洋，为了能得到妈祖的庇护，他出海前特地在福建长乐兴建了天妃宫，以求远航顺利。据说在当时的沿海地区，不管是官船还是私船，所有经营海上贸易的船只都把妈祖当作最灵验的神来敬拜。这些船只每到一个港口，商人和船员首先会捧着船上妈祖神像到岸上进

《天后圣母圣迹图志》清刊本（节选） 佚名

妈祖，也称『天妃』或『天后』，民间俗称『妈祖婆』，是民间传说中掌管海上航运的女神。相传，妈祖是宋代福建兴化府莆田人，原名为林默。因父母信佛，而梦观音赐药所生。她从8岁就开始从师学习，10岁皈依佛教，13岁学习佛教法术。成年后，她不肯出嫁，以巫为业，经常救助在海上遇难的船只。因此，名声远传，被人们称为『神女』。但可惜的是，她28岁时，在一次救助遇难船员的过程中，不幸遇难。此后，出船的渔民遇到海难时，就会喊出『妈祖』来祈祷，竟然多有灵验。最终，在清朝康熙年间，当地百姓立庙奉祀，并称她为『通灵圣女』，在福建乃至东南亚沿海一带得到祭拜。《天后圣母圣迹图志》内容即为东南沿海地区记述妈祖保护出海航运的事迹。

海天活佛

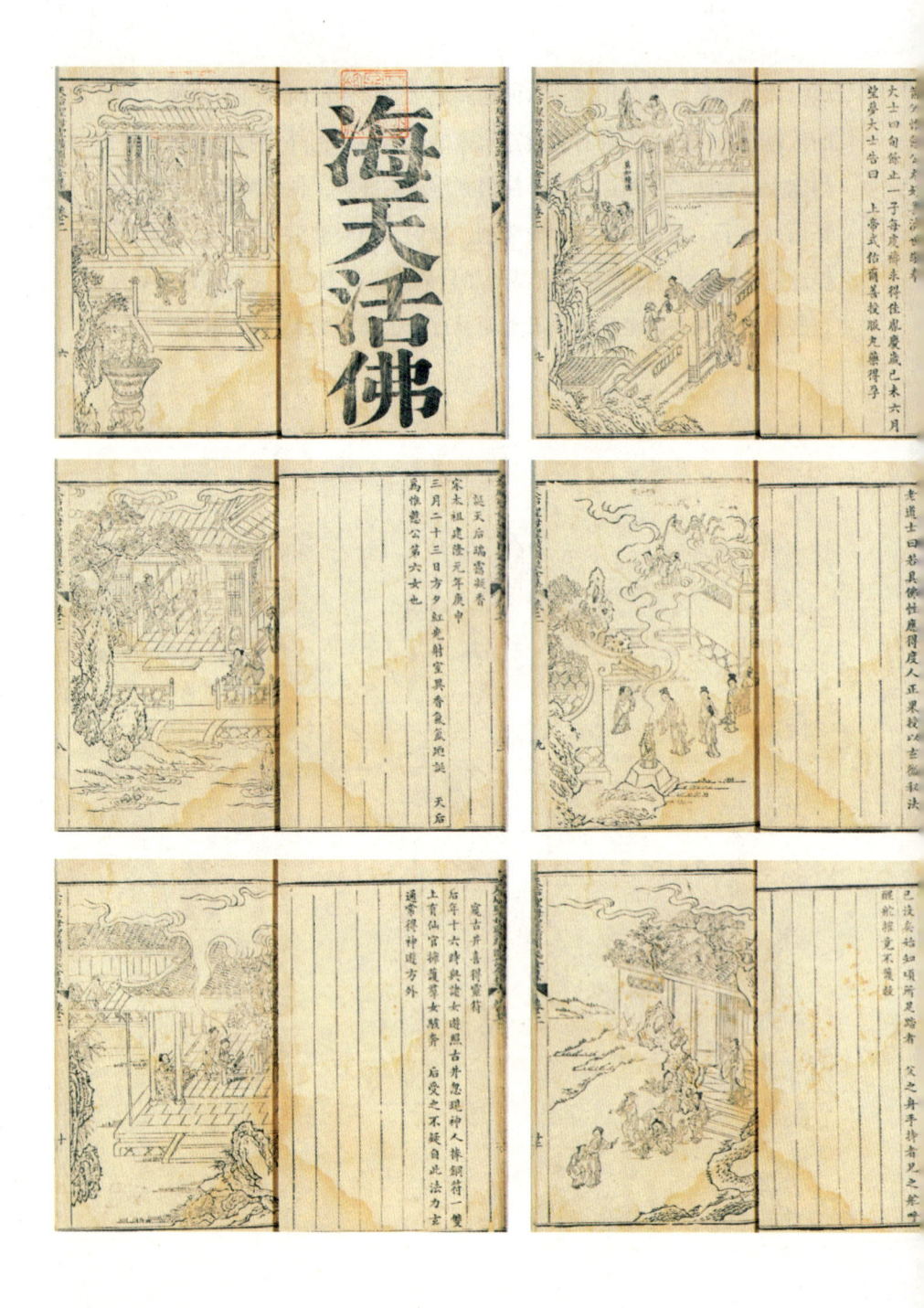

誕天后瑞靄凝香
宋太祖建隆元年庚申
三月二十三日方夕紅光射室異香氤氲誕
天后為懷慤公第六女也

寇古井喜得靈符
后年十六時與諸女遊照古井忽現神人授銅符一雙
上書仙官桃蕊夢女服齋后受之不疑自此法力玄
通常得神遊方外

老道士曰姑具佛性應得度人正果授以玄微秘訣

已从示姑如頃列足踏看父之舟手持杏兄於水醒舵搖竟不覺駭

請蒼穹雨濟旱氏

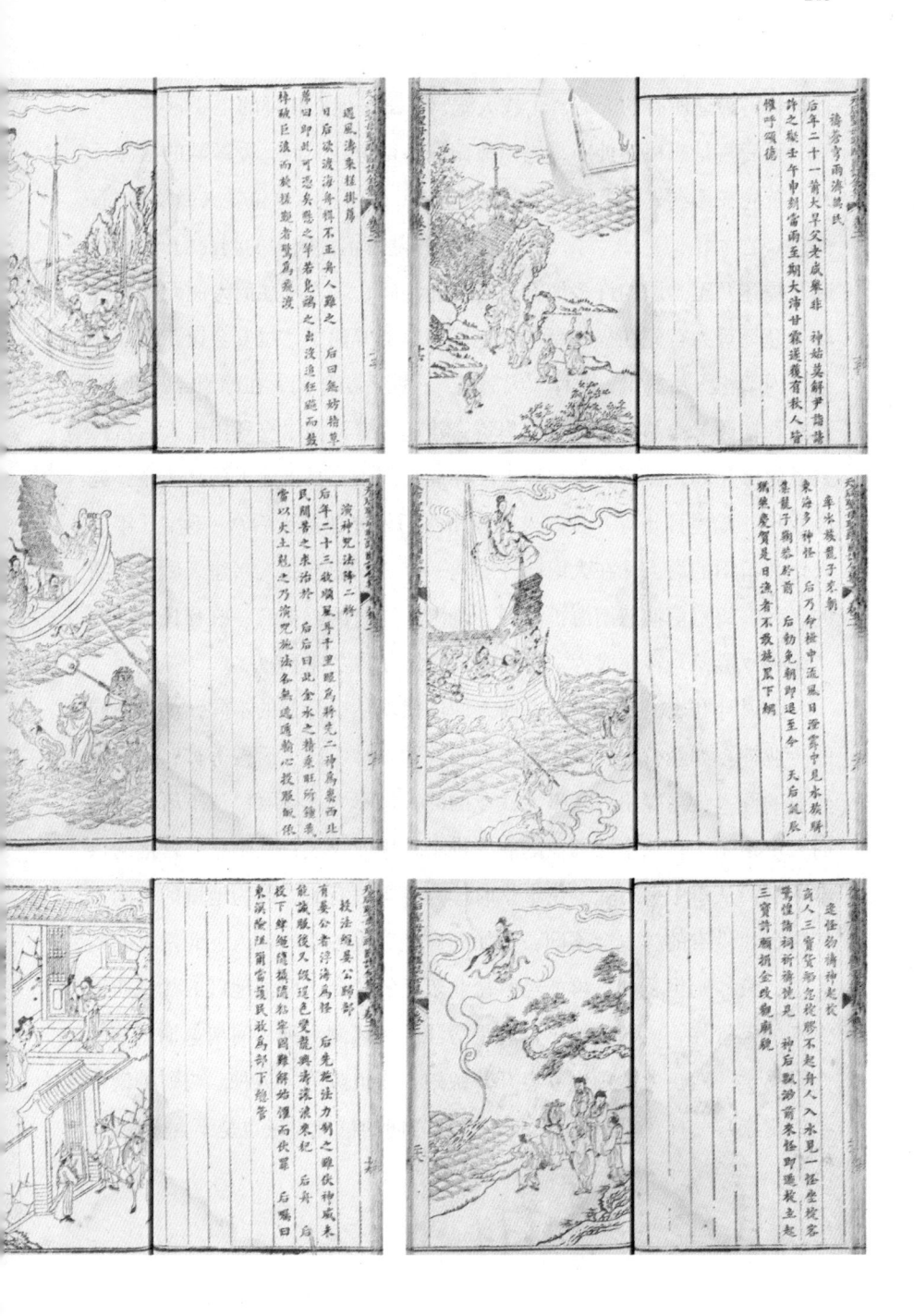

后年二十一歲大旱父老哀集非 神始莫解尹請傳
許之聚士午申刻當雨至期大澍甘霖遍覆省秋人皆
懽呼頌德

逐風濤東槎提舟

一日后游渡海舟得不正舟人難之 后曰無妨指呈
葛曰即北乎可患鳥之舟若危傾之出沒逕狂眺而鼓
峰破巨浪而駛聚觀者嘆為嘉瑞

年水族龍子來朝

東水族龍子來朝
東海多神怪 后乃命檢中流風日澄霽中見水族駢
來龍子朝恭於滿 后勸免朝即退至今
獵其慶賀是日漁者不敢施罟下網

演神咒法降二將

后年二十三收嘯黑年千里眼烏神先二神為祟西北
民聞苦之求治於 后曰此金水之精素旺所鍾其來
當以大王鎮之乃演咒施法名無逃匿輸心投服馭依

逐怪物請神起伏

武人三寶貨與怨愁膠不起舟人入水見一怪堂皎皎
駕怪請祠祈濟既見 神后馭奶前來怪即退敢立起
三寶許願折金戈觀廟貌

技法縱黃公瞎眸

有要公者浮海為怪 后先施法力制之畢伏神威未
能馴驟復入假鑑與壽溪浪老紀 后乃後解始馴而伏罪 后喝曰
東溪俊往蘭富遺民歛馬部下憶警

香祈福，沿途所有的天后宫（或天妃宫）都是他们朝拜的主要庙宇。

天后宫是妈祖的神庙，妈祖在湄洲岛得道升天后，爱戴她的沿海百姓们首先在湄洲岛之上建起了第一座庙宇，用来供奉这位受人爱戴的"海神"，是为第一座天后宫。此后，天后宫随着信仰妈祖的闽商们的推广，遍及福建乃至全国的许多地方。清乾隆年间，妥安米盐商人谢元勋和盐商吴勉怀等人首先在福州繁华的上杭街集资筹建了"绥安会馆"，并在会馆内奉祀天后妈祖，改称"天后宫"；明万历年间，在苏州经营纸张、食糖和桂圆等商品的闽商共同集资，建起了胥江西岸夏驾桥南天后宫。到了康熙年间，漳州、泉州商人又在吴县阊十一都再建天后宫两座。乾隆元年，福建汀州等8县商人在温州西门外先建造天后宫一座，6年后兴化和莆田的商人又在大南门外筹建一座……随着商人兴建天后宫热潮的兴起，妈祖信仰从南海扩散到了全国，这时的妈祖已一改昔日单纯的"海神"形象，转而成为一个无所不能的万灵之神了。

除财神和妈祖信仰之外，商人们还根据从事行业的不同，供奉不同的行业神。如经营粮食贩运买卖的商人供奉神农氏、后稷等神；从事蚕丝业的商人供奉嫘祖；从事冶铁业的商人供奉太上老君；从事屠宰业的商人供奉张飞；从事酿酒业的商人供奉杜康或仪狄；从事茶叶营运的供奉陆羽；从事中药行业的供奉李时珍，等等。有时，因为地域的不同，相同行业供奉的神也会不同，比如同样经营香烛业的商人，北京供的是关帝，长沙则供葛仙；再如经营盐业贩运的盐商，两淮地区的盐宗庙里供奉的是管仲，山西盐池供奉的是宿沙氏和风洞之神，河南盐池供奉的则是葛洪，四川井盐则供奉有开井娘娘、张道陵等十数种。与财神崇拜及妈祖崇拜一样，这些行业崇拜给予商人们的精神力量也是不言而喻的。

张道陵像

选自《有象列仙全传》明刊本 （明）王世贞／辑

张道陵（34—156年），传为张良后人，东汉沛国丰（今江苏省丰县）人。张道陵起初为太学生，学识渊博，贯通五经。汉顺帝时，离开太学，到鹄鸣山潜心修省道，并著书24篇。后来，他自称「太清玄元」，创立道派，规定出五斗米就可入他的道派，因此被称为「五斗米道」。后来，在「五斗米道」的基础上，他的后人创立了道教。张道陵经常用符水咒法为人治病，劝人为善，教人思过。张道陵在民间受人祭拜，不过他并不具有财神爷的性质，人们祭拜他也多为祈求平安。

商人还是文人

儒商是中国古代社会一个独特的现象，儒者的学识风度和商者的尊贵生活让很多人钦慕不已，所以总会受到人们更多的尊崇。在商风盛行的明清之际，许多知识分子投身商界，使儒商的数量大增，极大地改变了商人在人们心目中的形象。在这样一种背景下，一批有真才实学的商界名流也纷纷投身诗界画界，与原本是儒者的商人汇聚成一个新的团队，形成了商贾文人这一独特的群体。马曰琯、查为仁、江春等人都是其中最杰出的代表。

马曰琯祖籍安徽，寓居扬州，是清代前期扬州徽商的代表人物之一。他一生好学，通今博古，经商之余最喜欢写诗、藏书和结交文人。雍正年间，他在扬州曾专门建造了一座可广纳名士的别墅，称为街南书屋，又名小玲珑山馆，经常邀请各地的名人文士前来聚会，探讨文辞。著名学者全祖望、厉鹗、郑板桥等都曾光临这里。在小玲珑山馆举办的"韩江诗社"文笔会中，马曰琯兄弟二人经常与方土庶、厉樊榭、姚世钰、刘师恕、程梦星、厉鹗、闵华等人游宴唱和，还将所著诗词结成12卷的《韩江雅集》出版。《韩江雅集》后来还被收入王云五主编的《丛书集成》，李斗的《扬州画舫录》、襄庆的《两淮盐法志》以及阮元的《广陵诗事》对此也均有记载。马曰琯曾主持扬州诗坛数十年，著有《沙河逸老诗集》等诗集，并辑有《焦山纪游集》《林屋唱酬录》等著作。另外，马曰琯还利用小玲珑山馆的资源优势，捧红了扬州八怪之一的汪士慎。据说汪士慎初到扬州时无人赏识，连生计都成了问题，是马曰琯的玲珑山馆接纳了他，并倾力相助，使包括他在内的"扬州八怪"的作品声名远扬。歙县人凌廷堪也曾做商人，23岁时经商不成又发愤读书，也是靠马氏兄弟全力帮助才学有所成，成为清代著名的经学家和音律学家，扬州学派的主要代表人物之一。在马家的资助下，凌廷堪还写出了《礼经释例》《魏书音义》《燕乐考原》《元遗山年谱》等著作。马曰琯在清初的诗坛确实有着十分尊崇的地位，与弟弟马曰璐一起被称为"扬州二马"，连《清史稿·文苑传》中都列有他的传记。作为一名富甲一方的商人，马曰琯却能以一位文人名士的身份出现在这类文献中，本身就说明了问题。

《销闲清课图》卷
（明）孙克弘 收藏于中国台北故宫博物院
画卷内容为明代晚期文人的闲雅生活场景。晚明文人喜好自然，常用听雨、观史、洗砚、赏雪、游山、烹茗等雅事来表达自己高雅的品位。这种文人趣味，在后来也多被儒商效仿。

灯 小斋幽寂，夜雨篝灯，坐对终夕，为戴发僧。

高枕 樊笼解脱，每遇暑昼时，饱食缓行，继以偃息，自欣骨节有少趣。

烹茗 顾渚天地，吴越所尚，中冷惠泉，须知火候，一盏风生，其乐奚如。

礼佛 非能雅究三昧，五蕴全空，第奉皈依，以警妄衷。

月上 几树梧桐，一轮初驾，微风飘拂，景色可喜。

夜坐 蒲团孤坐，万籁俱寂，人境自远，此际不知在尘埃间者。

听雨 人事不撄，坐听雨声，北牖微风凉飔时袭，恰似悠然人庄周之境。

宋元名笔不久尽睹，独於近代石家时获鉴赏，以清胸臆。

▲ 听雨 心事不忧,坐听雨声,北窗微风,凉飔时袭,于此悠然入庄周之境。

◀ 展画 宋元名笔,不及尽睹,独于近代名家,时获鉴赏,以清胸臆。

山游 小艇摇曳，秋水清冽，寻名山以遨游，畅然而得真趣。

焚香 磁炉沈速，热火时温，幽芬馣满，四壁生馨。

主客真率 床头积酝，鱼菜可辨，往来无拘，形骸殊适。

薄醉 醇酒清歌，聊适余兴，毋蹈沉酣，德义兼令。

灌花 盆草时卉，窗前种植之，以见生意。

阅耕 游目青畲，榖哉夏畦，歌发缓行，筋力忘疲。

修竹 数竿苍玉，青翠如沐，日影筛金，风奏瑶琴。

观史 理学名书，老眼不入，裨谈杂志，聊以永日。

摹帖 前代遗墨，性拙不能尽得其榖，时切效颦，庶几腕中自有生意。

新笋，春芽可羹，亦能佐茗，良友剧谈，胜事可人。

洗砚，临池涤垢，端歙时润，雾卷松膏，千军常胜。

赏雪，长林初霁，琅瑶盈尺，呼僮命觞，心胆澄澈。

书是最雅的商品

在著书立说的同时，明清的商人们还喜欢藏书和刻书，在他们的心目中，藏书和刻书都应算是雅事，但有时又会有不菲的商业价值，因而都非常热衷此道。藏书是徽商们做得最多的雅事，前边提到过的徽州儒商马曰琯、鲍氏家族成员鲍廷博等都是此中大家。凭借雄厚的资金做基础，商人藏书具有一般人不可比拟的优势，能够求得更多的孤本善本。徐乾学的"传是楼"、王士祯的"带经堂"、朱彝尊的"曝书亭"和马曰琯兄弟的"街南书屋"是当时中国的四大藏书点，这中间只有马氏兄弟的"街南书屋"是由商人创办。"曝书亭"的老板朱彝尊在他所写的《曝书亭著录自序》中声称，此生"拥书八万卷，足以豪矣"！但这一足以让他自豪的目标比不上马氏已有的藏书量。史学家全祖望在《丛书楼记》中指出："百年以来，海内聚书之有名者，昆山徐氏，新城王氏，秀水朱氏其尤也，今以马氏昆弟所有，几几过之。"应该说这话并不夸

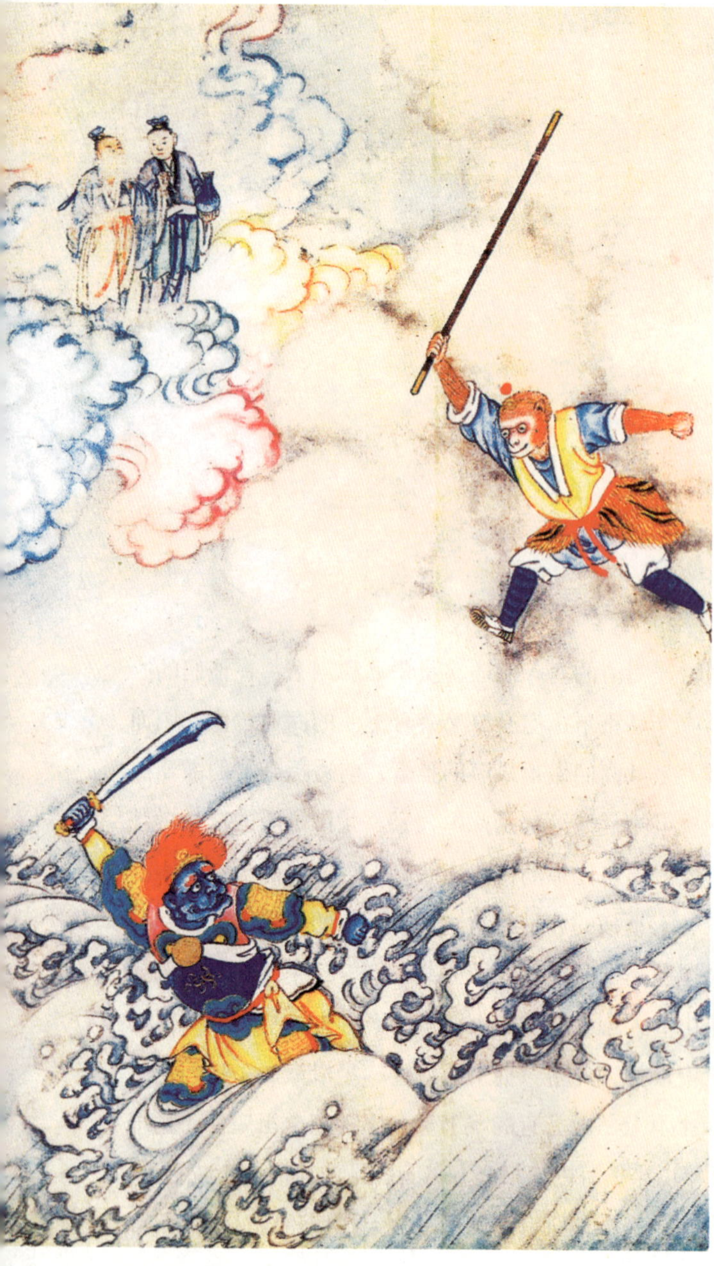

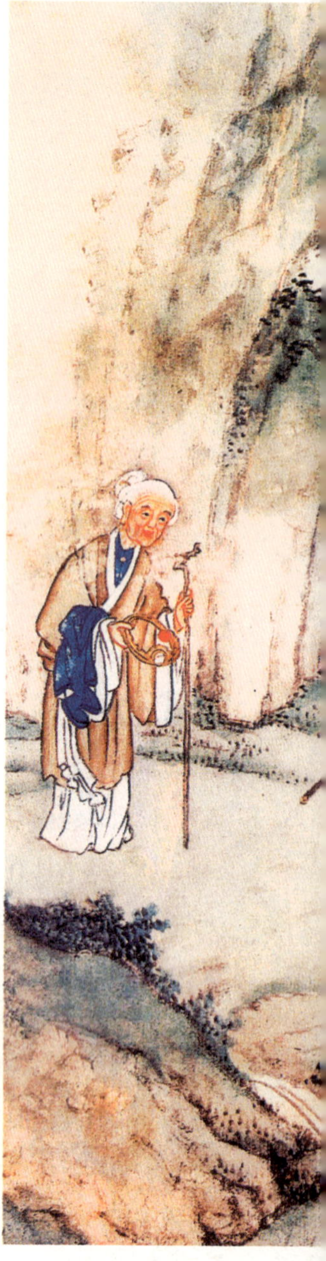

《清彩绘全本西游记》（节选） （清）佚名 收藏于江西萍乡市图书馆

《清彩绘全本西游记》是《西游记》在清末的彩绘本，全书共有300余幅彩绘图片。画中的神怪人物造型很好地再现了原著，至今看来，依然不过时。由此可见清代印刷技术的先进，以及印刷业的兴盛。

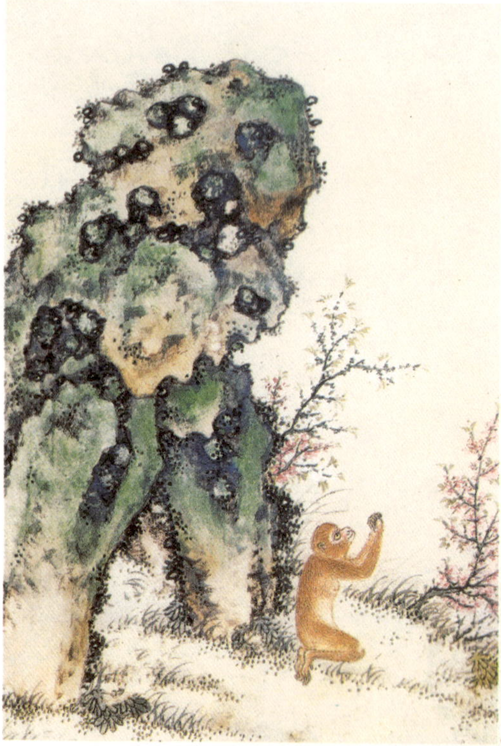

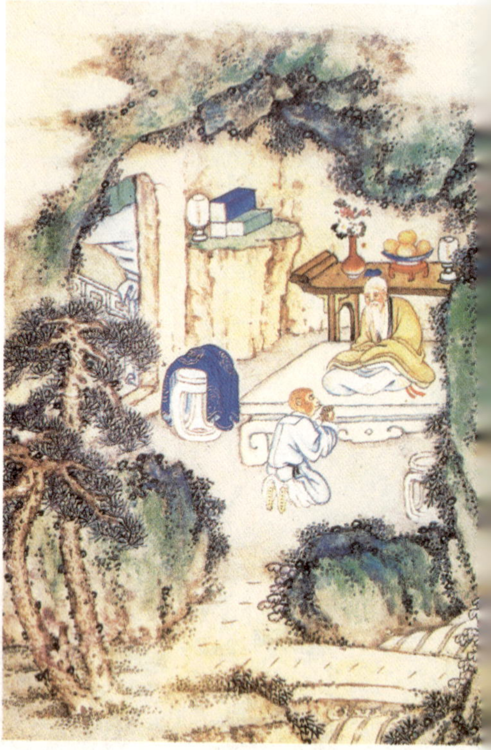

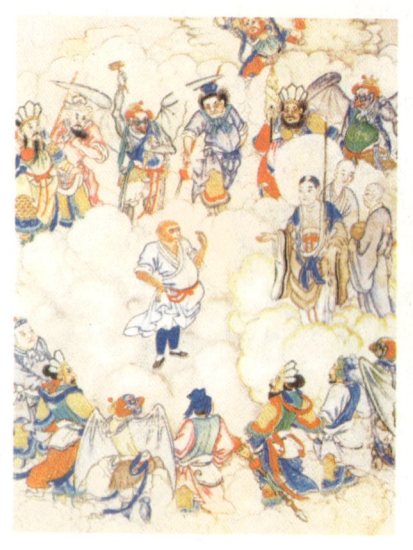

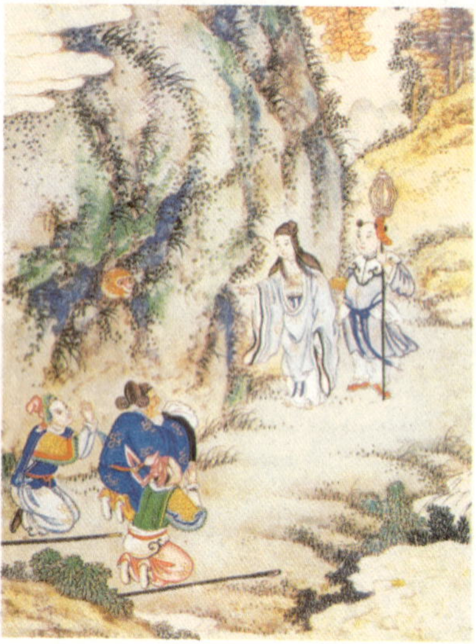

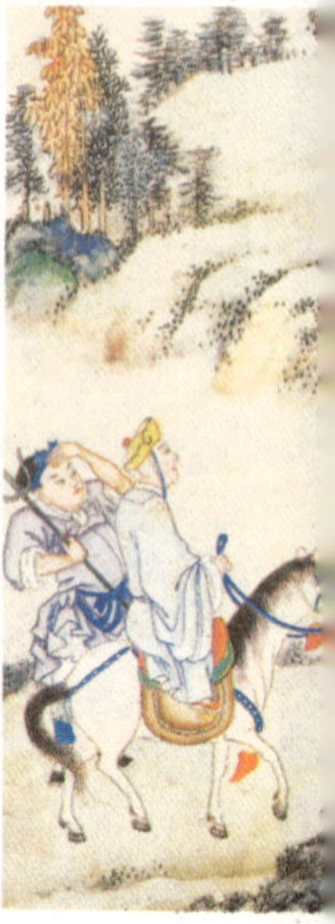

1. 猴王出世
2. 拜菩提老祖为师
3. 当弼马温
4. 斗哪吒
5. 如来佛祖降服孙悟空
6. 被困五指山
7. 被唐僧解救
8. 八戒娶妻

1	2	3	4
5	6	7	8

张，据说马氏兄弟的藏书总共有10万卷之多，这一数目足以让亦商亦儒的儒商们挺直了腰板。

商人藏书丰富，还可以从乾隆三十七年（公元1772年）的献书行动中看出来。是年，朝廷开馆编纂《四库全书》，要求各地藏书大家献书，以马氏家族、鲍氏家族为首的儒商家族都是献书的大户，光是马曰琯之子马裕进呈的藏书就达776种，位居江浙献书最多的鲍、范、汪、马四大藏书家的前列，这一数目比从明代《永乐大典》内辑出的图书还多200余种。为此，马家还和其他4家一起获得了皇帝御赐的《古今图书集成》一部，后来马裕又单独获赐《平定伊犁御制诗三十二韵》、《平定金川御制诗十六韵》和《得胜图》32幅。与马氏家族一样，在杭州经商的安徽籍商人鲍廷博也是清代著名的藏书家和古籍整理专家。生于富豪之家的鲍廷博知识渊博，有过目不忘的读书本领。他一生酷爱搜集收藏古籍，不惜花费巨资购买宋元善本珍藏，藏书的质量和数量直追马家。在轰轰烈烈的献书运动中，鲍廷博呈献以宋元旧版为主的家藏善本600余种，也同样得到了乾隆皇帝的嘉奖。朝廷不仅将鲍家所献的全部献书发还，乾隆皇帝还亲提御笔在他们所献的《唐阙史》等书上题诗以示恩宠。据有关资料记载，有功于朝廷的马、鲍两家不仅藏书丰富，而且绝不仅仅拘于收藏。从马曰琯算起，马氏家族的历代主人都非常好客，与一般的藏书家相比，他家藏书最大的特点就是可以借阅，扬州的名流及书生寒士只要需要，马氏家族都会为其提供读书的便利，著名学者卢见曾也都曾从他家的藏书中受益，卢见曾为感谢借书之恩，还特以"玲珑山馆辟疆俦，邱索授罗苦未休，数卷论衡藏秘笈，多君慷慨借荆州"的诗句相赠，并为马家藏书之地题写了"借书楼"3个大字。与马家相比，同样慷慨好客的鲍廷博更让人感动，他不但不拒别人借阅传诵，还经常帮着人家校验古本，详加指点。即便在年过八旬之后，鲍廷博仍然不改其慷慨好客的秉性，每当有人问及古籍所指相关内容，总会不厌其烦地引经据典，旁征博引，直到人家彻底弄懂为止。

《四库全书》清钞本（节选） （清）永瑢、纪昀等 编

《四库全书》全称《钦定四库全书》，是清代乾隆时期编修的大型丛书，成书于乾隆五十七年（1792年）。由纪昀等360多位高官、学者编撰，3800多人抄写，耗时13年编成。内容涵盖中国文、史、哲、理、工、农、医几乎所有的学科种类，分经、史、子、集4部，故名「四库」。共计79338卷，36000余册，约8亿字。成书后，乾隆帝命人手抄7部分藏于全国。先抄好的4部分贮于紫禁城文渊阁、辽宁沈阳文溯阁、圆明园文源阁、河北承德文津阁珍藏，所谓「北四阁」。后抄好的3部分藏于扬州文汇阁、镇江文宗阁和杭州文澜阁，所谓「南三阁」。

刻书和售书是商人们喜欢做的又一件雅事，因为刻售书籍有时会挣得一些利润，所以操此业者远远高过藏书。中国刻书历史悠久，宋朝起直至明朝，刻书售书的市场主要由苏州、杭州、四川和福建等地的刻书家把持，其他地方的刻制水平很难达到他们的水平。明代以后，随着徽商的兴起和商人从事文化事业人数的增加，徽州刻书一跃成为业界引人注目的角色。明万历年间进士胡应麟在《少室山房笔丛》卷四中曾这样说过："余所见当今刻本，苏、常为上，金陵次之，杭又次之。近湖刻、歙刻骤精，逐与苏、常争价。"这说明当时徽商经营刻书售书的规模已初步形成。与藏书一样，在徽商的刻书大军中仍然少不了马曰琯兄弟的身影，他们的刻工版本极佳，被时人称为"马版"。马氏家族除了用"马版"为自己刊刻了《说文》《玉篇》《广韵》《字鉴》等书籍外，还积极帮助其他学者刊刻著作，他们为戴震刊刻的《屈原赋注》和《水经注》，为孙默刊刻的《乡谷卧全》，为朱彝尊刊刻的《经义考》等都是学术价值极高的经典作品。杭州人厉鹗和吴兴人姚世钰是常住马家的食客，他们利用马家的藏书精心钻研，写出了很多著作，这些著作最终都由马氏家族出钱刊印。当如今的人们翻阅着厉鄂的《辽史拾遗》《宋诗纪事》《南宋杂事诗》《东城杂记》《南宋院画录》和吴兴的《莲花庄集》等著作时，很少有人会想到，这些竟然都是马曰琯兄弟的功劳。

歙县商人吴勉学是可与马曰琯兄弟比肩的又一位刻书大家，与马氏兄弟不一样的是，他刻书售书的动机主要出于商业目的。医书是古代社会各阶层人士都有需要的实用书籍，刊刻此类书籍获利最丰，因此，吴勉学就把很大一部分力量用在了这上边。由他刊刻的医书《伤寒六书》《古今医统正脉》《难经本义》《针灸甲乙经》等44种共240卷医学专著被辑为《古今医统正脉全书》，流传甚广。《四库全书总目》收录的金代名医河间刘完素的医学名著《河间六书》总共8种27卷，也全部是吴勉学辑刻。吴勉学大规模地刊刻医书，虽然目的是为了赚钱，但客观上方便了当时人们学医就医的需求，取得了一定的社会效益，同时也对"新安医派"的形成做出了贡献。当然，作为一名刻书大家，他的书籍刊刻绝不仅仅局限在医书一项，《毛诗》《周礼》《仪礼》《春秋左传》《资治通鉴》《国语》《国策》《二十子》《东垣十书》《事物绀珠》《新乐府》《楚辞集注》等著作也都上过他家的刻台。清人赵吉士在《寄园寄所寄》中说到吴勉学时，称他"广刻医书，因为获利，乃搜古今典籍，并为梓之，刻资费及十万"。而《徽州府志》也以"尝校刻经、史、子、集数百种，雠勘精审"的评语记录了他在刊刻书籍方面的成就。

在马、吴二人之外，明清商人中刊刻书籍的大家还有很多，辑刻的书籍数不胜数。善作乐府、杂剧的休宁商人汪迁讷刊刻了自己创作的乐府本集《环翠堂集》和杂剧本集《环萃堂精订五种曲》，同时还刻有棋谱《坐隐先生订棋谱》，还有其他刻本《二十一家集》《汉魏六朝明家集》《山居集志》《春秋四传》等。在历代书目著录里，他的刻本数目力压马、吴等诸多刻书大家，位列徽商刻书业者的头名。徽商刻书大家在明清的刻书业中无疑占有重要的地位，但其他地方的商人也当仁不让。常熟汲古阁的大典当家毛晋、吴兴商人闵齐伋、乌程商人凌濛初都是当时最大的出版商，并凭借刊刻出售书籍聚积了更多的财富。就拿毛晋来说，数年间共刻书600多种，刊刻书籍遍及全国，从而留下了"毛晋之书走天下"的说法。光从这一点来看，他的刻书成就不会低于上边提到的几位徽州商人。

商业资本演绎的一出好戏

戏剧在中国有着非常悠久的历史，是人们日常消遣中一项主要的内容。商人作为一个富裕的群体，更喜欢沉醉于管弦歌舞不断的精神刺激，因而在这上边花费了巨大的精力和金钱。为了获得心理上的满足，他们往往自办家班，有时还把拥有戏班的大小、班中演员名望的高低作为彼此比试实力的方法。商人蓄养家班的做法在明清最为兴盛，其中以南北两大商帮晋商和徽商的做法最为突出。

晋商的发源地山西是戏曲的故乡，远在秦汉时就有了称为"百戏"的社火，这种以唱为主的社火在宋元初步成形，明清时达到高峰。从有关资料来看，山西社火的兴盛时期也是晋商崛起的时期，正是有了号称"海内最富"的山西商人的参与，才造成了山西戏曲的繁荣。山西商人参与戏曲活动最初从晋中一些庆典和祭祀中开始。在这些活动中，乡人们总要请当地人组成的"自乐班"演出秧歌剧，经济富裕的商人是演出的主要赞助者。晋中的秧歌剧最初只有几个简单的剧目，随着晋商实力的增长，越来越多在外地经商的商人们不断把当地的一些好看的剧目移植过来，使晋中秧歌剧的内容和形式越来越丰富。《放风筝》《小上坟》《金全卖妻》《郭巨埋儿》等剧目都是这样移植而来。为了适应商人的需求，有的剧团还排演一些诸如《上包头》《算账》《当板箱》等与经商有关的剧目，这些剧目的出资方主要是商人，商人领班或兴办剧社的形式初具雏形。

社火皮影戏

　　社火，旧称"射虎"，是春节期间民间的各种杂戏、杂耍。"社火"最早可追溯到商周时期宫廷驱鬼逐疫的祭祀仪式。后传入民间，并加进了杂戏，变为供人娱乐的社火。社火活动有跑旱船、跑驴和踩高跷等。古时，皮影戏一般只在下层人群中演出，一般的小商贩会看。

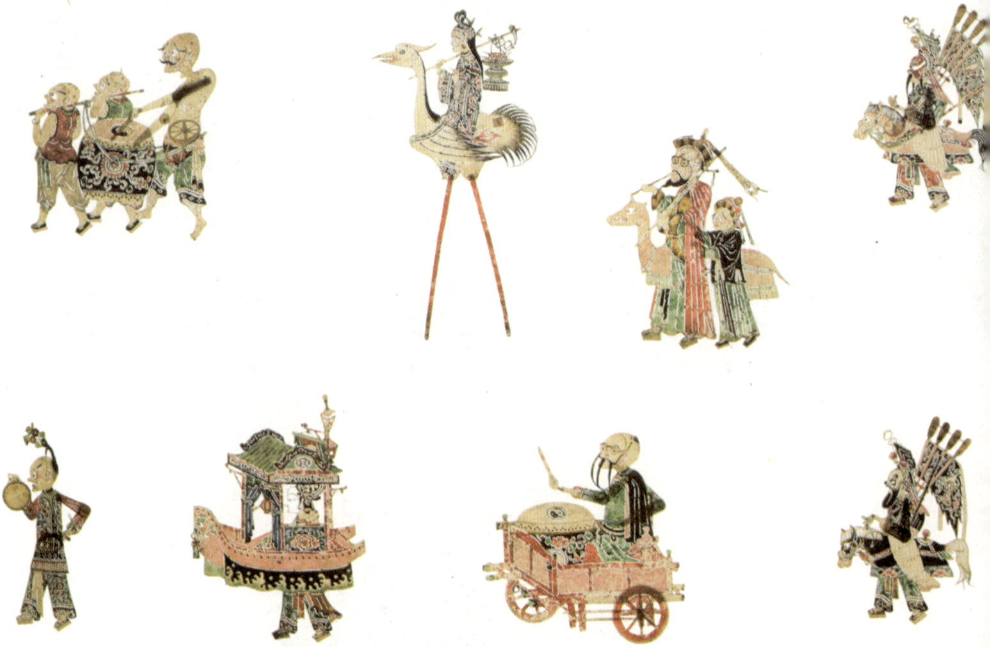

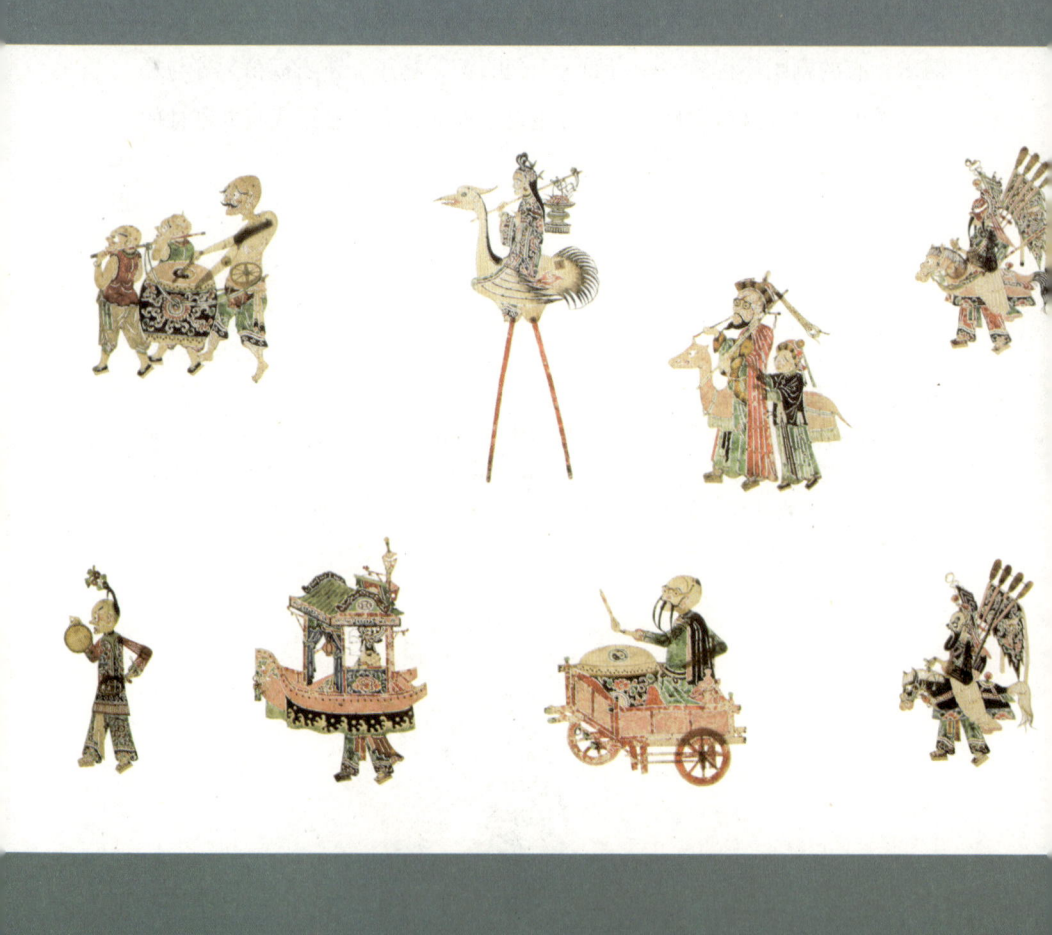

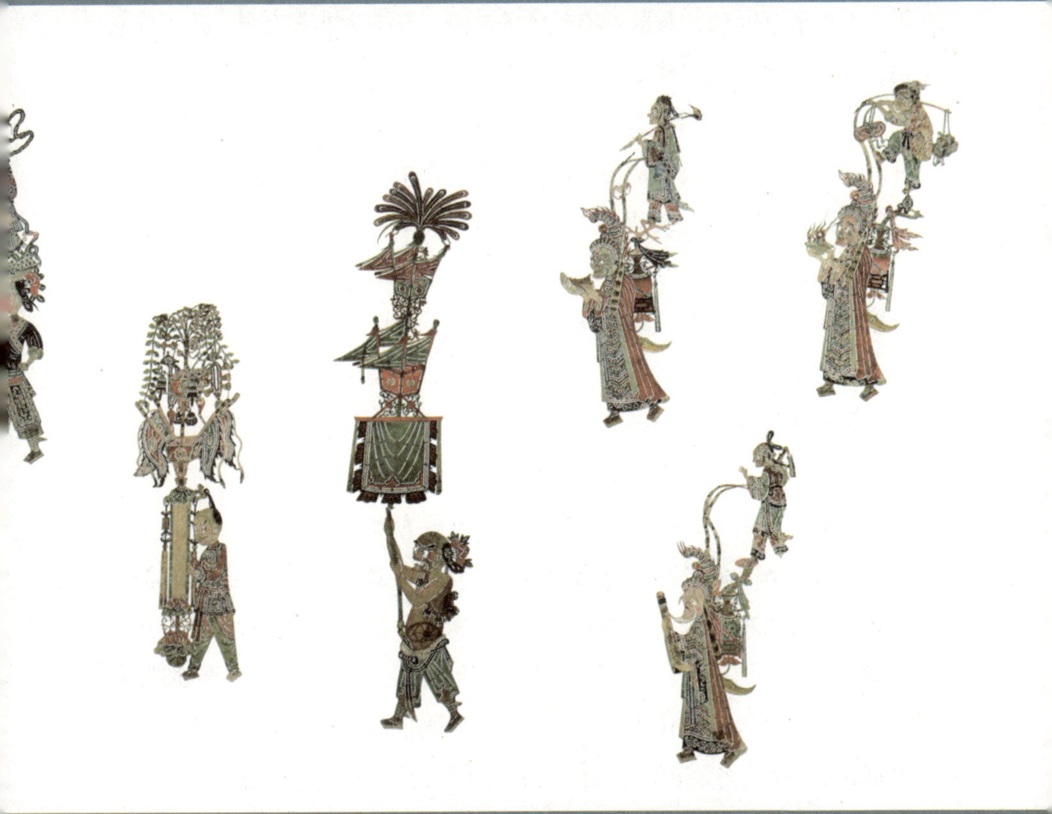

民间小戏的发展如此，大戏也不例外，明清时在全国各地晋商会馆上演最多的晋剧的发展也经历了这样一个过程。晋剧原来叫山陕梆子，主要流行于山西、内蒙古、河北及陕西的北部。山陕梆子最早形成时，无论是唱腔还是表演程式都有较大的缺点，影响力非常有限。为了让它适合更多人的欣赏口味，好多商人都做出了贡献。清嘉庆年间，祁县富商岳彩光就花钱从晋南蒲州一带买来30多个孩子，请来山陕梆子名角任教，想创出一种更为优美的演唱风格，可惜未能如愿，但他为此创办的云生班却成了有记载的晋商创办的最早戏班。清咸丰年间，祁县巨商渠苏兴再次出手，兴办起了以晋中籍孩子为主的"三庆"娃娃班，以图突破传统，改变声腔，并最终取得了成功。自此，晋剧这种唱腔优美、极富韵律的剧种在渠家的努力下基本成形，由渠家组建的家族戏班"上下聚梨园班"在晋中地区红极一时。此后的多年间，晋商兴办私人戏班的习俗一直未断，其中以榆次商人崔玉峰创办的"大保和班""二保和班"和太谷曹家创办的"三多堂"自乐班最为著名。

与晋商齐名的徽商们对戏剧的投入同样不遗余力。逢年过节上演徽剧是徽州传统的庆祝节日的方式，因此徽州各县以及每个较大的村镇，都建有砖木结构的戏台，遍布徽州各地的徽商是这些戏台的主要建造者。徽商足迹遍及天下，作为徽州地方戏的徽剧也借此广为流传，以至最后进京扎根，融合各剧种的长处，发展为京剧这一举国公认的国剧。据《中国大百科全书·戏剧曲艺卷》中记载，清代中叶时，徽剧就已盛行于皖南、鄂东和赣东北一带，此后又流入江苏、浙江、江西、湖南、湖北、广东、广西、陕西、山东、山西、四川、贵州、云南等地，影响了全国40多个戏曲剧种。在戏剧表演发达的扬州，随处可见徽商兴办的戏班。《扬州画舫录》记载说，在扬州有七大内班，其中有四大班可以肯定为徽商所办，即徐尚志的"老徐班"，黄元德、汪启源、程谦德的"昆班"

和江春家的"德音班"（内江班）及"春台班"（外江班）。对于一般人来说，供养内班的费用之高简直难以想象，唱戏的服装、演出的道具、演员的收入……哪一项都离不开银子。据说盐商江春家经常是"曲剧三四部，同日分亭馆宴客，客至以数百计"，风光自然是风光，但花费也着实让人惊讶，他的"德音班"和"春台班"每年费用相加，竟在角3万两银子以上。商人以如此大的财力涉足戏剧，供养内班，除了供自己欣赏、炫耀财富和用于商业交际外，还有一个重要的因素，那就是奉迎当朝天子的临幸。清乾隆年间，皇帝几下江南，扬州当然是必到之地，当乾隆皇帝到达扬州时，淮南北三十总商分工派段，在高桥到迎恩厅的两岸排列档子，恭设香亭，弹弦吟唱，商人们的戏班是当然的主角。对这一切，皇上深为满意，商人们自然从经济和政治上得到了不小的好处。由此看来，他们花巨资蓄养家班也就不足为奇了。

在商人们的推动下，中国戏剧在明清之际达到了全面鼎盛。从明清留下的一些史料和纪实小说中我们可以发现，凡是商业发达的地区，戏剧也必然发达。沈德符在其所著的《野获编》"口外四绝"中讲到与关外商人交往频繁的山西大同时说："所蓄乐户较他蕃多倍，在花籍者尚二千人，歌舞管弦，昼夜不绝。"明代小说《梼杌闲评》第二回谈到山东临清时也称："临清地方虽是个州治，倒是个十三省的总路，名曰大码头，商贾辏集，货物骈阗。其迎春社火之日，戏台即有四十余座，戏子有五十多班，艺伎也有百余名。"大同与临清均算是规模较小的商业市镇，如果所言不虚，这两处地方尚且如此热闹，那么大的商业重镇的繁华就更不用说了。而事实也的确如此。在晋商聚集的张家口，由商人们出资修建的会馆戏台数不胜数，以晋剧演员为主的各地名伶追着商人们的足迹，经常在此地搭台演唱，使本地台口不断。另外，南方商人云集的南京、扬州等地，也是戏班云集之地。南京是明王朝的留都，曾在较短的时间内聚集了徽、晋、闽、粤许多地方的商人。有一年，南京的徽商召集满城的达官贵人，遍集城中梨园界的各位名伶，举行了一次声势浩大的"梨园大会"。位列南明四公子之一的侯方域在《马伶传》中描述说：新安贾合两部为大会，遍邀金陵之贵客文人，与夫妖姬静女，列兴化于东肆，华林于西肆，两肆皆奏《鸣凤》。兴化和华林是南京城最有名的两个戏班，把这个班分列东西对唱，盛况可想而知。扬州是盐商聚集最多的地方，戏班也遍布全市，除了前边提到的徽剧班，还有昆山腔、秦腔、梆子腔、罗罗腔和二簧调等剧班。这么多的戏班联台唱戏，使得扬州城内整日管弦之声不绝，让人留连忘返，醉不思归。写出过《陔余丛考》的赵翼便以"又入扬州梦一场，红烟绿酒奏霓裳，经年不听游仙曲，又为玄英一断肠"的诗句对这一景观做了准确的描述。今天再读这首诗时，我们仍然能感受到这座商业都会燕语莺声、灯红酒绿的热闹场景。

商人养戏赏戏，有些还亲自参与戏剧的制作。如徽商汪季玄、吴越石等人能"自为搜抱协调""招邀导引"，应算是一名导演。而商人汪廷讷自编杂剧达6种之多，则应属编剧之列。提到会编剧的商人，徽商汪道昆当然不能不提，他的《高唐梦》《五湖游》《远出戏》《洛水悲》《唐明皇七夕长生殿》等剧本功力不凡，广受称道，在一定程度上改变了商人倚仗财富贪图享乐、一味沉醉声色之中的负面形象。

戏曲《穆柯寨》
选自《清代天津杨柳青戏曲年画》

《穆柯寨》又名《穆桂英挂帅》，来源于宋代杨家将的故事，讲的是：宋军将领杨六郎（延昭）命令孟良、焦赞前去穆柯寨，向寨主穆鸿举要降龙木，以破辽军"天门阵"。哪料，被穆桂英打败，狼狈逃回营地。不得已，又请杨延昭之子杨宗保，不过杨宗保也被穆桂英生擒。但是，穆桂英却爱上了杨宗保，并以身相许。因此，双方和好，杨延昭也顺利得到了降龙木。《穆柯寨》是剧院常演出的戏曲，在商人群体中很受欢迎。

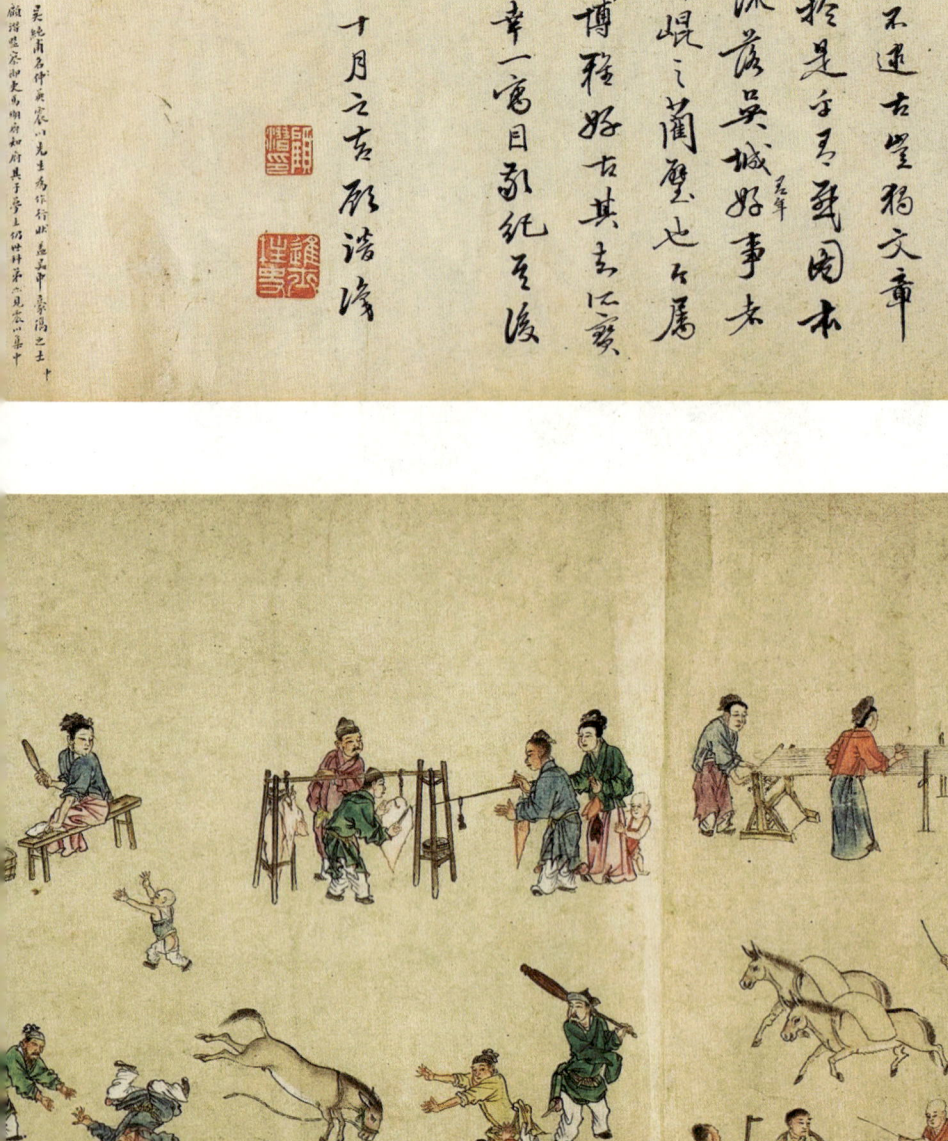

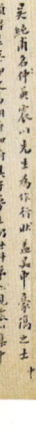

國初去今百六十年風畫名好是
者鮮矣令人之不逮古豈獨文章
行業然哉于於古豐岡木
朱民家藏流落吳城好事者
重購兩歸崑之蘭坡也屬
吳君純甫、博雅好古其去江蘇
矣延挹過余幸一寓目記之後
兩為之
正德庚寅冬十月之古邢諧峰
桃展柱堂

243

《太平风会图》
（元）朱玉　收藏于美国芝加哥艺术博物馆
此卷描绘了元代市井生活的方方面面，小商贩、艺人、匠人等熙熙攘攘，充满了浓烈的商业氛围。

右太平风会图吾崑朱君璧氏所画
图长二丈吾饮馔宏大人物繁密
都骑居今善以百数或坐或立或
小或大此阛阓雜遝贸易往来肩挑贸
荷归女儿童凡觉者总计十则皆横
于鞍闲鞯定色极情态熟渡舟岩
四玩物易骑载篮莫不夏介胃余
猱束骑之影大咨以亘细入毫髪
居出少豪非思致目力憂绝于人者

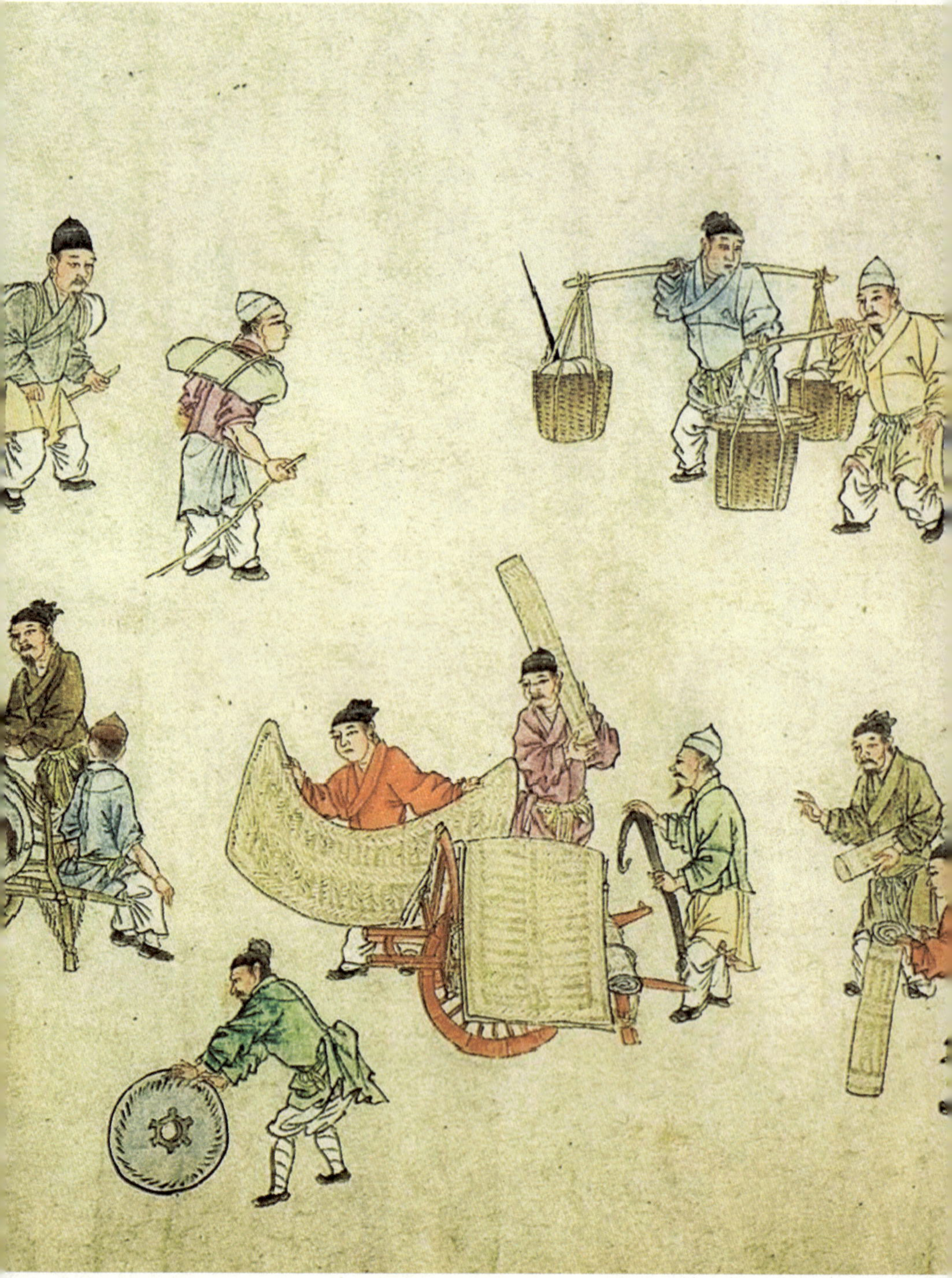

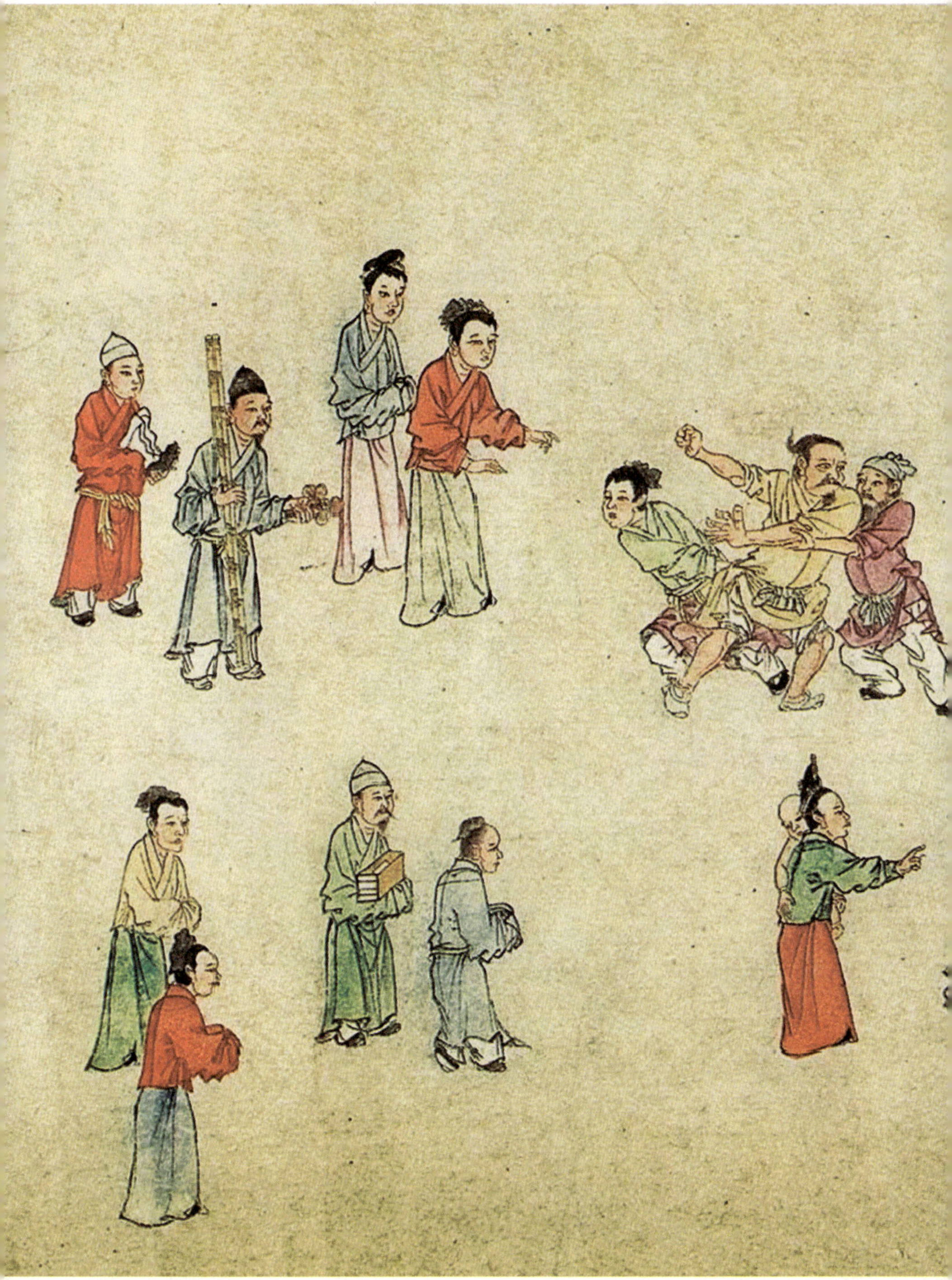

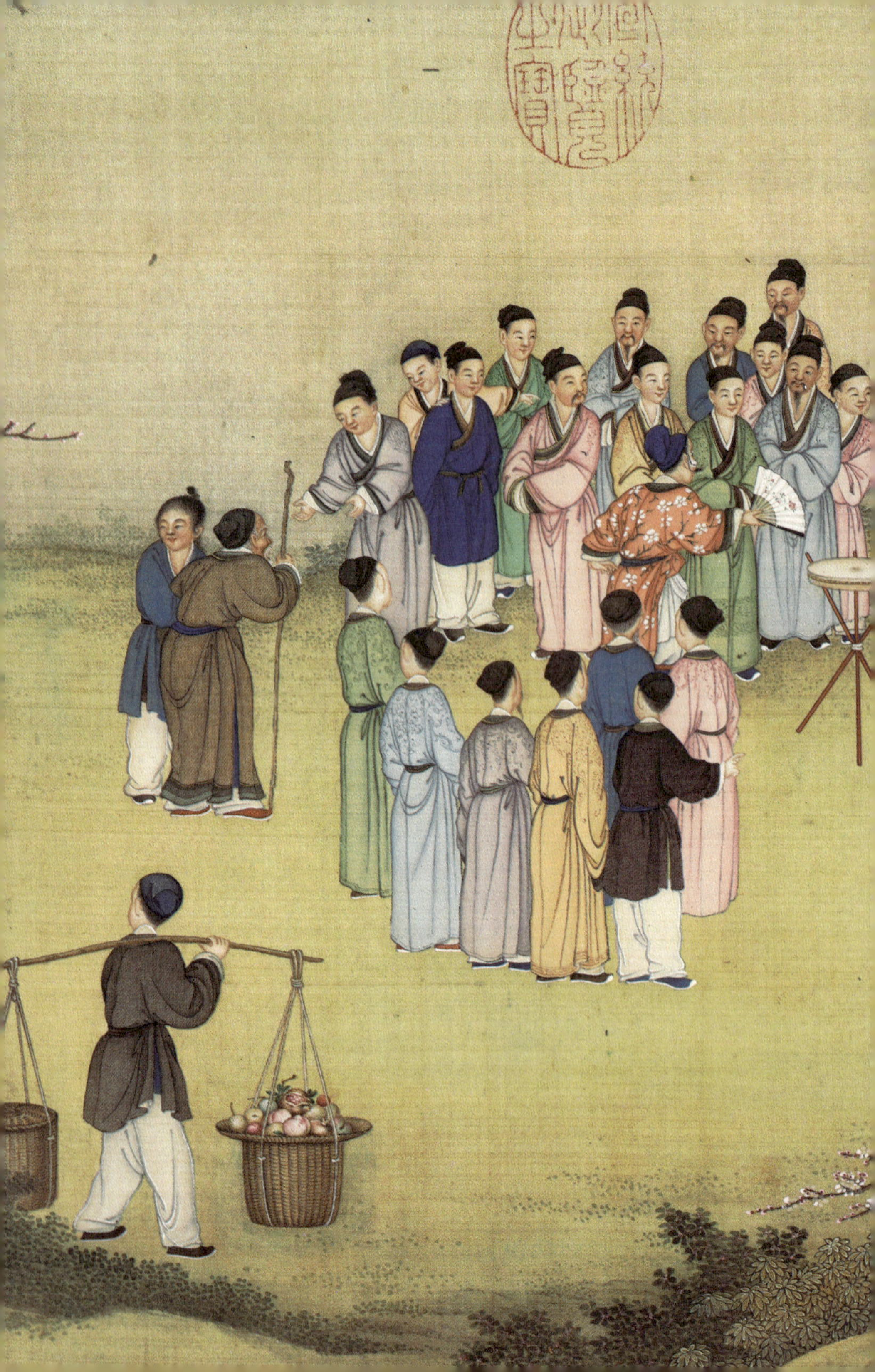

第五章 商者江湖

商者表演的舞台

市是商人进行商业贸易的主要场所,关于它的起源至少有两种说法,一说它在原始社会的中后期就已产生,那时候人们的住所大多围绕水源来建造,汲水是日常生活中的一件大事,在井边总会聚集众多的人。聚在一起的人们有了剩余的货物,便拿出来洗净相互交换,形成了最初的市,所以,最初的市也被称为市井。另一种说法认为市起源于神农氏时代,《易经·系辞下》就说神农氏规定人们"日中为市,致天下之民,聚天下之货,交易而退,各得其所"。不管这两种说法哪一种正确,市在中国很早就出现的事实看来是不错的了。不过,这时的市只是人们相互间的货物交换,还不能算是真正意义上的市场。

固定的市最早出现在周代,其称谓仍然是市井,意思是城中的集市。有完整城墙的城出现于殷商时期,在城中买卖货物的记载也在那时开始出现。比如周的开国功臣姜子牙就曾在朝歌城里卖过酒。只是姜子牙卖酒的时候还没有固定的市,他大约只能算是后来出现的游商一样,走街串巷推销自己的商品。而到了周代，这种情况终于发生了变化，记载中国古代城市建筑的《考工记》谈起周代城市的格局时曾说，周代王宫的周围是"左祖右社，面朝后市"，此处所指的后市就是专供商人买卖货物的市场。另外，"处工就官府，处商就市井"也是人们对当时情况的具体描述，也就是说周代的工匠是由官府管辖的，可以在君主的宫殿中做事，而商人则只能到市井中去做买卖。市井在这时还只有市场一个意思，到了春秋战国时期，这个词的含义被延伸，平民住宅区也被称为市井。其实细想想，把平民居住区称为市井也还是脱胎于集市的概念，以战国时商业最发达的齐国临淄为例，它的市场就继承了周时就形成的前朝后市的格局，商业经营都在北门以外，而在这片繁华的地区又恰恰是齐国人口最密集的地方。居民围集市而居，集市在民居当中设市，市井含义的扩张也就是一件自然而然的事情了。周朝的市作为商品经营的场所，还分为中市、朝市和夕市。中市开在市场的中间，又叫大市，中午进行交易，交易的货物主要是奴隶和珍宝；朝市开在市场的东边，早晨进行交易，大宗货物的批发是这里的主要经营项目，经营者一般为比较富有的商贾；夕市开在市场的西部，傍晚进行交易，售卖的多为百姓日常需要的物品，小商小贩是其中的主角。在这里，市的分类已经非常严格，而且地点也更为固定。也正是从这时起，居所和市场分离的商品交易方式即坊市制度开始具备了雏形。

城郊小商铺

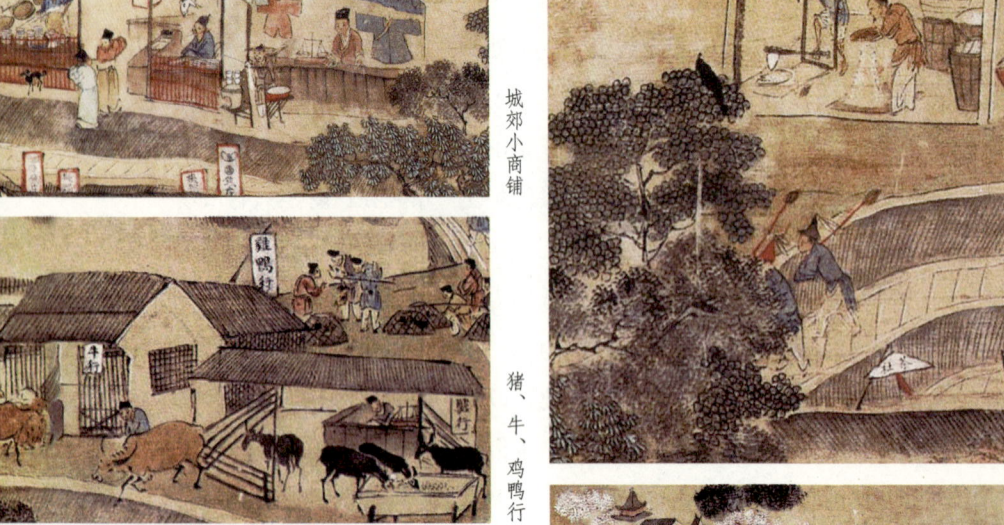

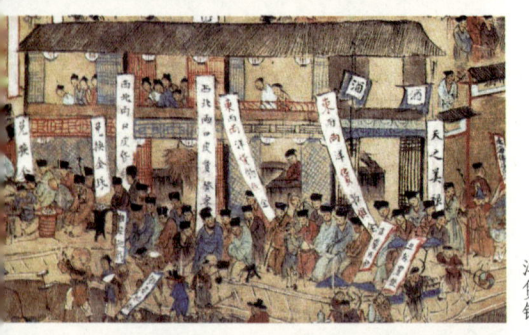

猪、牛、鸡鸭行

洋货铺

供外国人住宿的旅馆

城郊舂米坊

银铺

《南都繁会景物图》卷（局部）

（明）仇英　收藏于国家博物馆

《南都繁会景物图》卷有「南京本土的《清明上河图》」的盛誉，其真实地再现了明朝晚期旧都南京秦淮河沿岸的商业盛景。猪行、羊行、牛行、粮油谷行等表明市场的齐备，「京式靴鞋店」「川广杂货」等宣传标语说明商家都在力求特色，以吸引更多的顾客。

摊贩卖爆竹

太平鼓表演

禽鸟商贩

耍猴戏

金鱼贩

戏棚

《太平春市图》卷
（清）丁观鹏　收藏于中国台北故宫博物院

此图反映的是新春时节乡下人草市上贩卖爆竹、打太平鼓、耍猴戏等一系列欢庆场景。在此罗列，与《南都繁会景物图》卷所表现的城市商业面貌做个对比。

货郎

　　货郎在古时对于民间商品的流动有着重要的作用，挑着货物，走街串巷，沿路叫卖，是货郎最为鲜明的形象。不管在城市还是农村，都有货郎的身影。货郎把农村的新鲜瓜果蔬菜及手工艺品贩卖到城市，又将城市的生活用品贩卖到农村，就这样链接城市与农村的商品。至少在宋代，货郎是一种较为普遍的职业。另外，在古代通俗小说中，货郎通常是收集消息的人。如《水浒传》第七十四回有"范青扮做山东货郎，腰里插着一把串鼓儿，挑一条高肩杂货担子"的描写。元代王晔的《桃花女》楔子也有"我待绣几朵花儿，可没针使，急切里等不得货郎担儿来买"。说明，货郎在当时的人们生活中起着很大的作用。旧时有货郎肩挑货担走乡串户、摇鼓叫卖，货郎摇鼓还有名堂，进村摇的鼓点是"出动，出动，出出动"，唤人们出来购货；人出来多了，货郎就高兴地摇"嘿得隆咚！嘿得隆咚！"

《货郎图》（五代·南唐）李昇　收藏于北京故宫博物院

255

《婴戏货郎图》 （唐）李公麟 收藏于赛克勒美术馆

《婴戏货郎图》 （唐）李公麟 收藏于赛克勒美术馆

《春景货郎图》 （元）佚名 收藏于中国台北故宫博物院

《货郎图》 （明）佚名

  从周朝到汉朝，中国的商业经历了一个全面兴盛的时期，这也直接促进了市的发展。到汉代时，许多商业发达城市的市场都具备了相当的规模。从四川省成都市西郊出土的一块汉代画像砖上看，当时的市井是一座四面用墙围起来的方城，其中的三面设门，中心向四方延伸有市4条交叉的大道，每条道的两旁都有数目不等的店肆，而在道路交叉口的正中心，是一座悬有皮鼓的市楼。市楼为砖木建筑，饰有重檐，楼下正中开门，名为"旗亭"，是专门的市场管理机构驻地。在大道的一些角落，分别建有市宅和店房，靠近市垣的店房堆满了商人用于交易的货物。从这里不难发现，这时的市场与现代的贸易市场已经相当接近，专业化程度非常之高。让人吃惊的是，这样的市场在西汉十分普遍，光是京城长安就有9处，对此张衡的《西京赋》就有"尔乃郭开九市，通阛带阓，旗亭五重，俯察百隧"的记载，而班固的《西都赋》也说长安是"街衢通达，闾阎且千；九市开场，货别隧分。人不得顾，车不得旋，填城溢郭，傍流百廛"。由此可见，汉时市场之多应该是有据可查的事情。

从秦汉兴盛起来的市场商业在此后得到了进一步的发展，特别是隋唐时期，以坊市制度为特征的市场交易行为日趋完善，市场的专业化程度达到了一个新的高度。"东市买骏马，西市买鞍鞯，南市买辔头，北市买长鞭。"这是流传甚广的《木兰辞》中的几段诗句，写的是巾帼英雄花木兰从军前在集市购买作战装备时的情景。英姿飒爽的花木兰代父从军，需要在不同的市场购买不同的商品，虽说这中间有词作者讲求辙韵的成分在里边，却也反映了当时社会的商业特点。到了北宋年间，进行货物贸易的市的区分更为细致，从经营的时间上讲有早市、日市和夜市之分，从经营的行业中看又有鱼市、马市、牛市、花市、茶市、柴市等区别。米店和米行，药店和药行，木器店与木器行等行业的分工这时也渐趋明朗。与此同时，依据一些约定俗成的节日和祭祀活动的纪念日举办的集市也在各地形成，如各种"庙会""灯会""梅市""蚕市""三月街"集日等。如此频繁的商业活动，使传统的坊市分离的商品经营模式越来越不能适应需要，于是大批的商家店肆纷纷走入百姓住宅区，坊市合一的市场经营体制终于出现。

此后，市的概念不再局限于一个四方的城，相对丰富的交易方式和可以任意选择的经营空间使商业的交流更为便利，这种自由的市场模式到今天依然没有太大的改变。

《苏州市景商业图》册（局部）

（清）佚名　收藏于法国国家图书馆

画中随处可见百货游商、杂什小贩、小吃食摊、应时果铺的场景，反映明清时期苏州繁华的商业氛围。除此之外，图册里人们宴饮雅聚、江湖演艺、田种农作、林樵山猎、草牧水渔，俨然一派百业兴旺的景象。

请遵守行会规矩

行会是以进行商品贸易的店肆为管理对象结成的一种行业组织。行的称谓出现很早，但最初的意义与今天所说的行有所不同。在商市初兴的时代，商业经营在特定的区域内进行，同一类商品必须集中在同一条街上出售，形成一个行列，那时所讲的行其实指的是市或铺，如铺户也叫行户，上市又叫上行，并没有一个组织的概念在里边。现在人们理解的行的概念大约始于唐代，这时，在指定的商业区内，一些经营商品相同的店肆有意识地结为具有垄断色彩的商业团体，并由具体的人负责管理，是为真正的行会。

最早的行会是奉官府的行政命令来组建的，主要是为了易于市场管理，同时也希望借这样一个组织更有效地向商人们征敛税收、摊派杂役。对此，《都城胜记·诸行》中便说："市肆谓之行者，因官府科索而得此名。"由此可知，这时的行会功能是比较简单的。后来，随着行会的不断完善和发展，避免同行业的恶性竞争，保护会员利益才逐渐成为行会的主要功能。在行会中，会员被称为行人、行商、行户等，每行中都设有经政府批准的行头，行头负责协调会内外的一切事务，有时又称为行首或行老。由于有着官办的背景，有时，行头还扮有官府耳目的角色。"司县到任，体察奸细盗贼阴私谋害不明公事，密问三姑六婆，茶房、酒肆、妓馆、食店、柜坊、马牙、解库、银铺、旅店，各立行老察知物色名目，多必得情，密切告报，无不知也"是史料对此的详尽记载。在一般情况下，商人入行是带有强制性的，只有交纳了免行钱，成为行会成员的商铺，才允许在特定的市上经营买卖，非会员自行经商者则会被认为有罪，要受到相应的惩罚。为了避免商户不经允许私自开肆，官府还专门定有对告发商人私开店肆者的赏赐制度。依照行会的规定，外来客商的货物必须由当地行会议价收购，再由当地店铺商人上市买卖，这个收购分配的权力当然归行头所有。为了使人容易辩认，不同行会成员的衣服装束也会不同，人们从商人所穿的衣服上，就可看出他所经营的具体行业。

行会的涉及范围很广，经营商品买卖的店肆和手工业的店铺都设有类似的组织，绢行、米行、牛行等是商品买卖的行会，而油作、木作、裁缝作等则是经营手工业的行会。唐代中后期，一些都市的行会已经初具规模，唐都长安设有东、西两市，两市中各有220余行，唐朝的另一座大城市洛阳也有120行，店肆3000余座，这中间的很多行业都建立了简单的组织机构，具备了行会的性质。唐代行会规模的庞大在幽州（即现在的北京）也得到了印证，1950年，北京房山区发现了唐代的石刻佛经，里边就有关于幽州商行的记录，从佛经里可以看出，当时的幽州已有米行、丝棉行、肉行、油行、果子行、炭行、磨行、布行、绢行、生铁行、杂货行等诸多行会，如果不是会员，商人们很难涉足这些商业领域，在市中找到立足之处。北宋年间是行会普及最快的时候，在当时

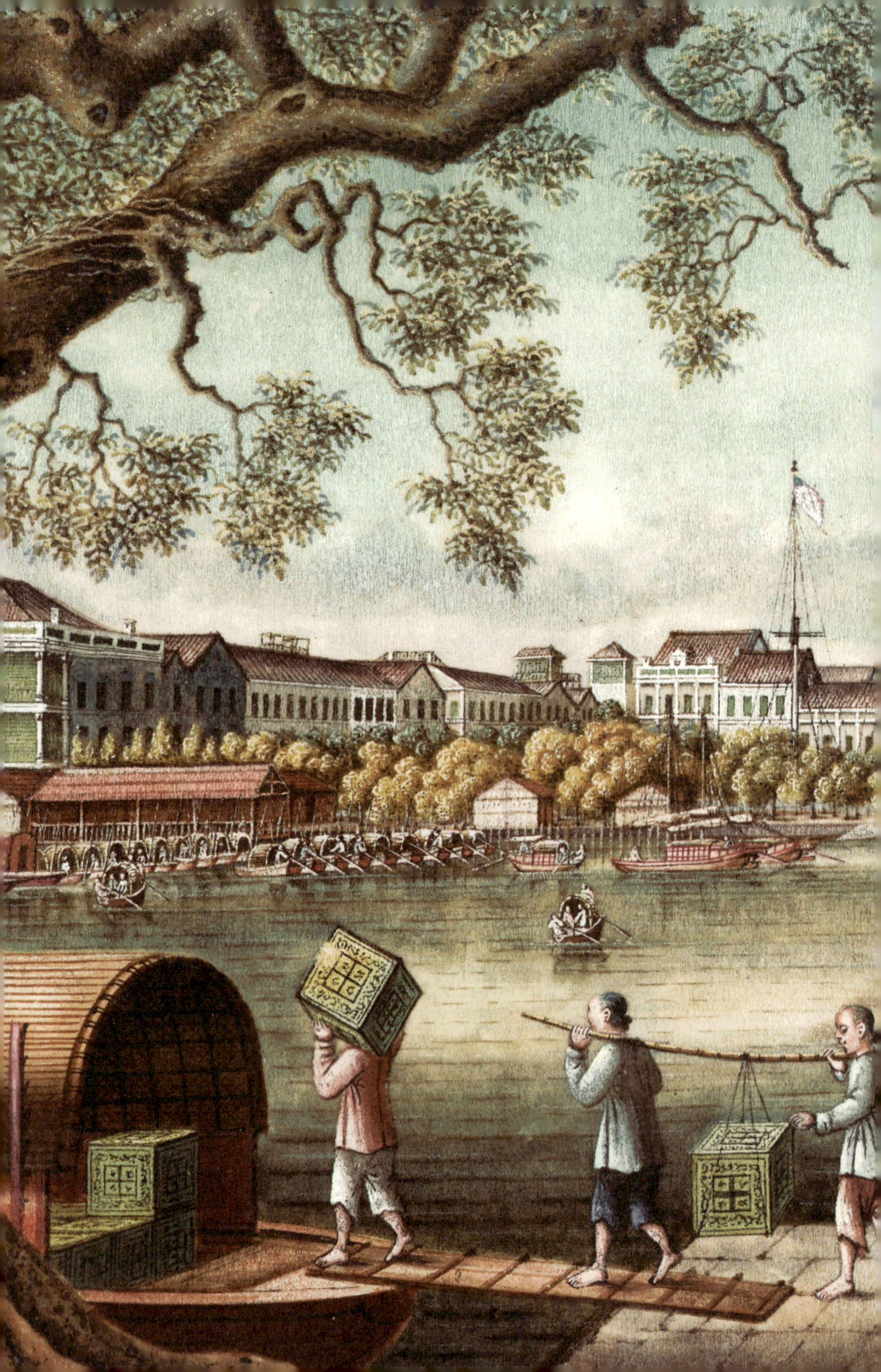

《广州十三行河景图》
（清）佚名

广州十三行是清政府指定专营对外贸易的垄断牙行。1684年，广东政府招募了包括怡和行、广利行、同孚行、东兴行、天宝行、兴泰行、中和行、顺泰行、仁和行、同顺行、学泰行、东昌行、安昌行等13家较有实力的行商，指定他们与外商做生意并代海关征缴关税。1757年，乾隆皇帝宣布撤销原设的沿海各关，仅留广东的粤海关，广州十三行成为清帝国唯一合法的外贸特区，迎来鼎盛时期。直至鸦片战争为止，广州十三行独揽中国外贸长达85年。每年，粤海关向清朝中央政府上交的关税占全国税收的40%，因此广州十三行也有"天子南库"之称。十三行中的"潘、卢、伍、叶"四大行商富可敌国，伍秉鉴更是被称为"世界首富"，据说他的资产高达2600万两白银，相当于现在的50亿人民币。

的都城东京开封，市上至少有160行，入会的行户就多达6400余户。北宋的行会已较为成熟，会员间相互协商产生的一些约束经营行为的契约也开始产生，成为维护行业整体利益的重要手段。这时，传统的坊市经商制度已被打破，商业经营的相对自由使市场的管理更为困难。为了维护本行会的利益，行会的行头们往往要费尽心机，付出更多的努力。在继续为官府服务负责课税摊派的同时，他们还要主动出去，代表本行向外承接生意；与官府交涉周旋，争取行户最大的利益；打击行会外商人在市经商的势头，杜绝其他商行涉足本行业的业务，等等。在做这些事情时，他们的行为倾向也在不自觉当中更加靠近行户。在行头的领导下，各行会经常会进行一些公开的集会，如修订章程，商议兴办义庄、义塾等善事。有时，不同的行会还会进行统一的祭祀活动，如《梦粱录》卷十九"社会"条中提到，在神的诞生之日，各个行会要一起行动，献祭品、行祭礼。在这种活动中，根据行会行业的不同，奉献的祭品也不相同。如七宝行献的是七宝的玩具，青果行则要奉献时果，鱼儿活行献各种的龟鱼等。据说这样做的目的是为了传达各行对神的共同敬畏，以求神灵保佑，市场兴隆。

从唐宋的兴起到清末的兴盛，行会经历了一个漫长的发展过程，也积累了一套成熟的经验，形成了一系列的管理制度，即所谓行规。在行会的章程中，行会成员的所有行为都要严格受行规的约束，不允许任何人自行其是。一般来说，商品经营过程中的工价、商品价格、经营地点、规模和经营手段等方面的议题都要由行会来确定，而且一经确定单独的会员便不得擅自修改。对于行会会员中囤积居奇、欺行霸市、中途兜拦生意的不正当竞争行为，行会都要按相关条款进行制裁。在某些行业的行规中，条款的制定非常细致，连每年招收学徒和帮工的数量也要统一规定。凡违反规定者都要被带到行业会所，由本会会员评判是非，拿出惩罚意见，进行相应的处置。行会处置违规会员的手段非常严厉，有时达到了不近情理的地步。在商户云集的苏州曾发生了这样一个极端的例子：苏州的金箔制造业行会商定，每家作坊只许收一名徒工。行会中一名姓董的工匠因生意较好，便多收了一名。同行闻讯后纷纷劝他辞去一名，都被他挡了回去。于是，大家便按照行规，相约来到行会的会所解决。在约定的日子里，姓董的工匠一进会所便觉出了不对，他看到100多名同行已站满了院子，情绪异常激愤。经过一番激烈的辩论，试图为自己行为辩解的董姓工匠引来众人更大的愤怒。大家一拥而上，把他绑在柱子上，并在为首者的号令下，相继上前狠咬，竟用牙齿将他活活咬死。

这样的事例在今天来看是难以置信的，在当时却实实在在地发生了。这件事情的过程尽管残酷血腥，甚至可以说失去了人性，但也从一个侧面反映了行会的权威和行规的不可动摇。

同在异乡为异商

最早的会馆出现于唐代,当时,中国的科举考试制度初步完善,每逢大比之年,各地文武举子都要赴京赶考,这些人在京城的住宿开销就是一笔庞大的数字,家境差的人家很难支付得起。为了照顾同乡子弟,一些乡土观念较重的官僚便出资建起了供同乡举子休息居住的场所,称之为会馆。这种会馆发展到明代时,开始有商人参与建造,纯粹的商人会馆就这样产生了。

商人会馆出现在明朝末年,盛行于清代前期,是由籍贯相同的商人筹资兴建,专供乡人集会、寄寓的场所。与早期会馆不同,商人会馆不仅仅建在京城,只要是商人聚积的大商埠,都会有不同形式的会馆存在。会馆是商业发展繁荣的产物,当贩运贸易有了比较稳定的市场后,营建固定的房舍作为来往住宿、贮货、交易以及酬绅、议事、宴乐的场所,便成了讲求实际的商人最合适的选择。通过会馆这种形式,平时各自为战的同乡可以有效地团结起来,抵御外地商帮的竞争,扶植本帮在商界的势力。这类会馆建立之后，商人们就以此为据点，商讨一切与业务有关的活动，比如议论商情，讨论物价及贮存货物等。在明清时期，各地的商业市场多由一种叫牙人的中间商把持，牙人倚仗官府给予的特权，垄断市场买卖和水运仓储等环节，占得了商业流通中的很大一部分利润。商人会馆建立后，逐步把商品的收购、销售、仓储以至海运等环节掌握在自己手中，在不同程度上摆脱了牙人的中间垄断。可以说商人会馆的建立，在一定程度上改变了中国封建商业组织和贸易的形式，对商业的发展具有非常积极的意义。

商人会馆的兴建大多是由商人筹资，会馆建起后再以登记注册、交纳会费的形式发展会员，因此经费比较充足，会馆的建筑规模和形式也相对来说较为讲究。一般来说，大的商人会馆除了建有祠堂、文聚堂、思敬堂等必需的房舍外，还会修建戏台、花园、水池、亭榭等，总共会有三四个院落。小的会馆虽然会舍弃一些附属设施，也会有十几间到几十间不等的房屋。木桌、坐椅、字画等是会馆内必要的生活用品陈设，另外每个会馆内还会供奉自己崇拜的偶像和保护神，并在固定的日子举办各种祭拜活动。会馆的管理会根据建馆形式的不同分为3种，第一种是值年制，适用于一些简单的会馆，就是由董事轮流负责，每人管理一年；第二种是共管制，这种方法用于由不同地区商人组成的会馆，规定各个地区派出数目相等的管理人员，共同主持馆内事务；第三种管理方法比较复杂，主要用于构成同样复杂的综合型会馆，这种方法要求组成会馆的各方按照章程规定的董事名额和分配制度，先确定诸如商界、洋行、政界等方面的人数，然后经过会员选举产生董事，由他们实行管理的权力。在全国的各大商埠中，晋商的会馆具有很高的声誉，他们建造的馆舍风格独特，精美绝伦，被很多大师誉为建筑史上的奇葩。天津的山西会馆是清朝时由山西的"十三帮四十八家"巨商筹资组建的一个较大的同乡组织，赞助者包括盐、布、票、铁、锑、锡、茶、皮货、帐、颜料、当行、银号、杂货等多个商号。每年的年节等日子，他们都会举办盛大的团拜聚餐，同时会馆的各个小帮还有按月举行的小型聚会，进行各种商业活动是这种聚会的主要内容。为了增强彼此间的凝聚力，商人会馆有时也办理一些同乡间的公益事业，在很多会馆里，都把开设义塾、救济同行失业贫困、妥善安排乡人生老病死作为大事，为此他们还特别推出了"年老无依者，酌量周助，遇有病故，助给棺殓费。无人搬柩者，代为安葬。其经费由同业捐资，并不在外募派"的规定，这些无疑会使商人们在异乡得到更多的安全感。

　　商人会馆的构成主要以商人的籍贯为纽带，但也有一部分是以商业特征来组建、类似于商行的组织，也自称为会馆。在较大的几个商业城市，如北京、上海、汉口、苏州、佛山等地，这样的会馆尤为多见。康熙年间，上海就出现了由船商和贩运商联合建立的沙船会馆，苏州的闽浙会馆、湖南会馆、两广会馆等也属此类。另外在乾隆年间之后，一些会馆还直接转化为公所，但功能与同乡的会馆仍然相同，如浙江公所、江镇公所、四明公所等。四明公所是宁波商人设在上海法租界的同乡会馆，曾做出过两件足以震惊上海滩的大事：1873年，这个会馆收到法租界当局的征地要求，法方要在租界修路，道路将通过会馆的义冢，让会馆搬迁墓地，会馆在多方论理不成的情况下，奋起反抗，最后以血的代价迫使法方放弃征地要求。20年之后，还是这个会馆，又一次遇到了法方征地的事情，这回他们的理由是要盖学校和医院。为了保护自身利益，会馆上下再次行动起来，号召乡人团结起来，据理力争，并允分利用舆论的支持，保住了会馆的土地。

　　在整个清代，会馆经历了一个迅猛扩张的过程。从清朝入关至乾隆年间，全国各州府建在北京的会馆数量就达到了180多个。到光绪年间，这个数字又增加到 400 多处。而在北京之外,广州、扬州、上海、汉口、天津等地也都是会馆集中的地区,其中光是苏州一地的会馆就达 90 余座,也算无愧于商业辐辏中心的称号了。

"丛信会馆馆规"木挂牌
收藏于广州博物馆

丛信会馆是清代广州丝织行业规模较大的会馆,这块会馆规对丛信会员的道德行为准则进行了规范,内容包括背恶扬善、防御奸匪、严禁赌博以及对偷窃盗窃等问题的处理。

270

《苏州市景商业图》册（节选）

（清）佚名　收藏于法国国家图书馆

画中呈现了百货游商、杂什小贩、小吃食摊、应时果铺等场景，反映了清代苏州百业兴旺的面貌。

一起做大做强

商帮大约兴起于中国商业发展最快的明清时期，是"行"的发展和继承。"帮"主要依据两种关系组合而成，一是以商人所在的地域，二是以商人经营的业务。一般人们认识中的帮大多是指以地域籍贯为纽带组成的商帮，但不论哪种方式组成的帮派，目的只有一个，就是方便经商活动，增加总体的抗风险能力，适应日趋激烈的商业竞争。

明清时期以地域为核心组成的商帮为数众多，民间就有十大商帮的说法。从商人实力和总体的社会影响力来说，晋商、徽商和潮商为其中最大的3个商帮。

晋商俗称"山西帮"，也被称为"西商"或"山贾"。晋商的崛起从明初朝廷推行"开中法"开始，当时，明王朝为了给北部边境各镇筹集军饷，放开了边境经商的限制，晋中一带的商人便凭借地缘上的便利条件，以粮食和盐引为主要贩运商品，大肆开展商业贩运。他们先以九边市场为基地，然后又扩张到两淮、四川和福建等地，最后进军全国盐

清代平遥蔚泰厚汇总庄执照

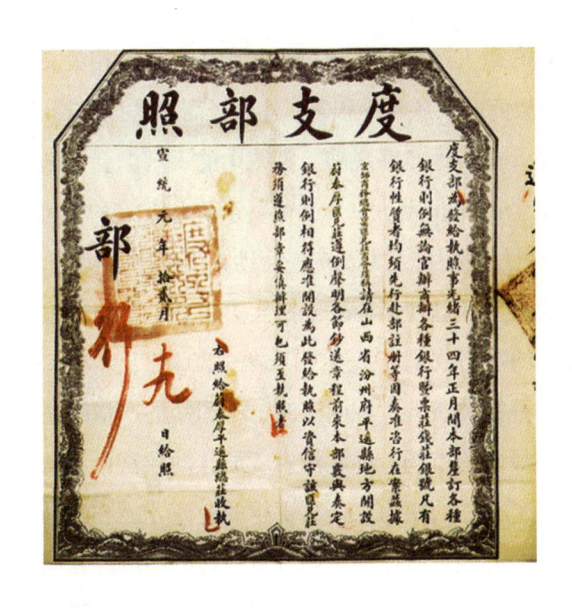

此为蔚泰厚票号的营业证照。

业贩运中心的扬州，足迹踏遍东西南北，逐步成为北方实力最雄厚的商人集团。清军入关后，努尔哈赤的后人建立了疆域辽阔的庞大帝国，中国商业活动的范围得到了延伸。地理位置优越的晋商再次抓住机遇，把山西富有的盐、铁、麦、棉、皮、毛、木材、旱烟等特产长途贩运到江南，套换江南的丝、绸、茶、米，然后再组成远途贩运的商队，把这些货物转销到西北、蒙古地区及俄罗斯，进一步壮大了实力。与此同时，王登库、靳良玉、范永斗、王大宇、梁嘉宾、翟堂、田生兰、黄云龙八家山西商人还利用与清朝廷做过生意的优势，取得了为内务府采买货物的资格，成为拥有特权的皇商，加速了晋商的辉煌。到清朝中叶时，山西商人又适应金融业汇兑业务的需要，由经营商业向金融业发展，率先在中国建立起了票号，形成了一个以日升昌为旗舰的商业金融资本集团，抢得了中国第一大帮的地位。

徽商与晋商齐名，又称新安商人、徽州商人或"徽帮"，是旧徽州府籍商人或商人集团的总称。徽人经商之风历史悠久，在东晋的相关文献中即可找到相关的记载。徽商的宗族观念很重，外出经商总是按血缘、地缘聚居，每当有一位安徽人在某地经商成功，家族中的人马上会追随而来，其后乡党也纷沓而至。在商业活动中，这种以亲情血缘关系为纽带组成的商人团体，占有在财力、物力、人力及统一行动方面的强大优势，可以最大限度地把握每一次机会，这使徽商的经济实力得到了迅速的发展。徽商形成商帮的年代大约在明成化、弘治（1464—1505年）年间，这时他们所经营的货物主要是盐和茶等。在明清时，中国盐的产量不是很高，谁在盐的经营中取得最多的市场，谁就拥有了最佳的致富机会，为此徽商在盐业贩运中投入了大量的精力。依靠卓越的经商才能和团结的精神，徽商占得了越来越多的经营盐业的份额，直至将一向以经营盐业为主的山西、陕西商人集团击败，成为最大的盐商团队。清代乾隆年间，仅扬州从事盐业的徽商资本就有四五千万两银子，快赶上清朝国库的存银数额，而徽州盐商的总资本甚至抵得上全国一年财政的总收入。乾隆末年，中国对外出口势头强劲，贸易年年保持顺差，关税盈余每年达85万两。在数目庞大的出口商品中，由徽商垄断经营的茶叶一直居于前列。到清朝中叶，微商不仅成为扬州、苏州等南方商业重镇的主要商人群体，还抢滩芜湖商道，掌控长淮水运口，并一路北上，足迹踏遍大江南北，占得了全国大部分的市场，留下了"无徽不成商""无徽不成镇"的民谚。

潮商是晋商和徽商之后又一个大的商帮，是潮洲和汕头商帮的总称。早年，潮汕商人最大的特点就是亦盗亦商，这与潮州独特的地理位置和朝廷的政策有着直接的关系。潮地远离河海交接之处，周围也没有其他大的城市，所以唐宋时就是粤东一带的货物集散地，开始了对外贸易活动。但是，由于政府重农抑商传统观念的限制，潮州的经商活动一直被严格控制，使潮商不能像广州商人那样放手去进行商业贸易。为了在夹缝中生存，潮州人便走上了"走私"和正常贸易同时进行的经商道路。明正德年间（1506？—1521年），私人海外贸易在沿海地区兴起，潮汕一带的居民开始大规模地投入海上商业冒险活动，到清代时，这种以海上贸易为主的贸易形式越来越频繁，规模也越来越大，以海运贸易为主的潮商终于成为全国较大的商人群体，走上了商业历史的潮头。潮商业务主要集中在水路，船是他们用得最多的交通工具。因为他们总爱把船头漆成红色，也有人将他们称为红头船商人。在明清形成的各大商帮中，以潮汕商人为主组成的潮商团队不但人数众多，资本雄厚，而且经商范围广阔，十分引人瞩目。潮商的足迹除了踏遍国内的北京、上海和广州等地，还遍及海外，为其他商帮所不能相比。潮商形成商帮的年代较晚，但生命力比晋、徽两个大的商帮都强，清朝末年，晋商随着票号业的衰落而衰落，徽商随着外部商业势力的侵入和自己的固守传统而消亡，只有潮商顽强地坚持下来，并在新的世纪掀起了又一次辉煌。20世纪60年代到70年代，崛起于香港及东南亚的李嘉诚、陈弼臣等一批世界级巨商在香港及东南亚迅速崛起，使潮商这个古老的称呼再次成为人们谈论的焦点。

　　以经营业务为特征组建的商帮与以地域为依据组成的商帮有着一定的重叠性。比如山西商人中，就有以金融票号业为经营内容的票帮和以商品贩运为经营内容的普通商帮之分，而这还不是划分最细的帮派。以开在北京的票帮为例，同样是山西人开的票号，又往下分为祁县帮、太谷帮和平遥帮。这显然又带有了小的地域的色彩。而在普通的商帮中，又有水路贩运的"船粮帮"、沙漠贩运的"骆驼帮"以及车载马驮的"车帮"和"马帮"等。光从字面上分析，便可知道这些所谓的帮名是取自他们贩运所用的交通工具，一个帮其实就是一个贩运团体。此外，在江南的一些地区，曾有过盐帮、漕帮等团体，这种称谓在一些影视作品中经常看到，应该是最正规的行业帮会。有时，经营同一种业务的商人也会按籍贯分帮，比如同是贩运盐或丝的商人，也会分为山西帮、山东帮等。对此，《清稗类钞》上有详尽的描述："客商之携货返行看，咸以同乡或同业之关系，结成团体，俗称客帮，有京帮、津帮、陕帮、山东帮、山西帮、宁帮、绍帮、广帮、川帮等称。"这种帮派虽然有地域的因素存在，但组成的核心是所从事的行业，因此也应归到以经营业务为特征组建的商帮行列中去。